W. H. Kretzschmar · Leben in der Toscana (2)

W. H. Kretzschmar

Leben in der Toscana (2)

Erzählungen aus dem Alltag eines Aussteigers

AUGUST VON GOETHE LITERATURVERLAG

IM GROSSEN HIRSCHGRABEN ZU FRANKFURT A/M

Das Programm des Verlages widmet sich
– in Erinnerung an die
Zusammenarbeit Heinrich Heines
und Annette von Droste-Hülshoffs
mit der Herausgeberin Elise von Hohenhausen –
der Literatur neuer Autoren.
Das Lektorat nimmt daher Manuskripte an,
um deren Einsendung das gebildete Publikum
gebeten wird.

©2011 FRANKFURTER LITERATURVERLAG FRANKFURT AM MAIN
Ein Unternehmen der Holding
FRANKFURTER VERLAGSGRUPPE
AKTIENGESELLSCHAFT AUGUST VON GOETHE
In der Straße des Goethehauses/Großer Hirschgraben 15
D-60311 Frankfurt a/M
Tel. 069-40-894-0 ✳ Fax 069-40-894-194
E-Mail: lektorat@frankfurter-literaturverlag.de

Medien- und Buchverlage
DR. VON HÄNSEL-HOHENHAUSEN
seit 1987

Websites der Verlagshäuser der Frankfurter Verlagsgruppe:

www.frankfurter-verlagsgruppe.de
www.frankfurter-literaturverlag.de
www.frankfurter-taschenbuchverlag.de
www.august-goethe-literaturverlag.de
www.fouque-literaturverlag.de
www.weimarer-schiller-presse.de
www.deutsche-hochschulschriften.de
www.deutsche-bibliothek-der-wissenschaften.de
www.haensel-hohenhausen.de

Bibliografische Information der Deutschen Nationalbibliothek
Die Deutsche Nationalbibliothek verzeichnet diese Publikation in der Deutschen
Nationalbibliografie; detaillierte bibliografische Daten sind im Internet
über http://dnb.d-nb.de abrufbar.

ISBN 978-3-8372-0890-0
ISBN 978-0-85727-029-0

Die Autoren des Verlags unterstützen den Bund Deutscher Schriftsteller e.V.,
der gemeinnützig neue Autoren bei der Verlagssuche berät.
Wenn Sie sich als Leser an dieser Förderung beteiligen möchten, überweisen Sie bitte
einen – auch gern geringen – Beitrag an die Volksbank Dreieich, Kto. 7305192, BLZ 505 922 00,
mit dem Stichwort „Literatur fördern". Die Autoren und der Verlag danken Ihnen dafür!

Gedruckt auf säurefreiem, alterungsbeständigem Papier,
hergestellt aus chlorfrei gebleichtem Zellstoff (TcF-Norm)

Printed in Germany

Allen unseren Tieren gewidmet

Prolog

Hohe Erwartungen sind immer so eine Sache. Werden sie nicht erfüllt, ist man enttäuscht. Davor bewahrt auch die Schönheit der toscanischen Landschaft nicht. Ein Toscana-Reisender verbringt hier vielleicht einen Teil seines Jahresurlaubs. In der Regel wird er zufrieden und gut erholt seine positiven Eindrücke mit nach Hause nehmen. Es sei denn, er gehört zu der Spezies von Touristen, die grundsätzlich misstrauisch sind. Sie sind ewig überzeugt, dass man sie übers Ohr haut, dass das Auto früher oder später gestohlen wird und dass man in der Türkei billiger essen und trinken kann. Letzteres stimmt vermutlich. Die meisten Urlauber kommen jedoch, um die betörende Landschaft zu erleben.

Das wollen auch jene, die das beinahe sprichwörtliche „Haus in der Toscana" gekauft haben. Sie leben ihren Traum und geben sich mehrmals im Jahr dem Rausch der Gefühle hin, den ihre Umgebung auslöst. Sie kosten das begehrenswerte Gefühl aus, ein Stückchen Toscana erworben zu haben. Allerdings erwartet sie außer sinnlichen Empfindungen auch Arbeit. Bei der Ankunft findet man Rechnungen, vielleicht auch Mahnungen, sofern nicht eine Vertrauensperson alles regelmäßig erledigt. Eine Dachrinne ist verstopft. Aus den Wasserhähnen läuft nur ein dünnes Rinnsal. Die Telefonleitung ist mal wieder der Schrotladung eines Jägers zum Opfer gefallen. Gras und Unkraut stehen kniehoch. Die Wildschweine haben den Gemüsegarten durchwühlt und im Haus hat sich ein Mäusepaar mit Nachwuchs eingerichtet. Wohl dem, der mit dem Kauf des Anwesens auch das nötige Personal angestellt hat! Für begeisterte Bastler ist das Haus in der *campagna* ein Traum ohne Ende.

Dann ist da noch eine dritte Gruppe, die *residenti*. Das sind diejenigen, die ihren Hauptwohnsitz in die Toscana verlegt haben. Die

Gründe für diese Entscheidung sind vielschichtig: Der eine hat das Glück, sein Rentenalter gesund zu erreichen und setzt sich hier zur Ruhe. Für manchen wird das irgendwann zu viel Ruhe. Nicht selten scheitert der Traum nach einigen Jahren. Die Angst vor schlimmeren Krankheiten, die abnehmende physische Mobilität oder gar der unerwartete Verlust des Partners treiben ihn wieder zurück in die alte Heimat.

Andere haben großzügig geerbt und sind nicht mehr auf eine Erwerbstätigkeit angewiesen. Sie erfüllen sich den Traum des Privatiers – oft mit dem Ergebnis, irgendwann leer zu laufen, weil eine geistige Herausforderung fehlt. Ähnlich kann es den „Mit-fünfzig-ist-Schluß"-Menschen ergehen, die sich mit *sempre festa*-Vorstellungen hier niederlassen. Das ist ähnlich wie die Leidenschaft für eine schöne Frau. Sie nutzt sich ab und wird zur Gewohnheit, wenn man nichts für den Erhalt der Liebe tut. So verglichen wird auch die Begeisterung für die Toscana zur Normalität, wenn man sie nicht immer wieder neu belebt.

Eine Gruppe nimmt seit einigen Jahren stetig zu. Es sind Freischaffende, die als Schriftsteller, Künstler, Komponisten und in ähnlichen Berufen arbeiten. Menschen, deren Büro mobil ist, zuweilen nur aus einem Laptop besteht. Sie liefern die Ergebnisse ihrer Arbeit über das Internet ab und sind weitgehend unabhängig von der Wahl ihres Wohnsitzes.
Zuletzt das Häufchen der sogenannten Aussteiger. Also derer, die einen wirklichen Neuanfang wagen. Sie suchen ein freies, unabhängiges Leben im Einklang mit der Natur, ohne gesellschaftliche Zwänge. Sie versuchen sich als Bauern, arbeiten hart auf dem Land, leben teilweise oder ganz von den erwirtschafteten Erträgen und integrieren sich in die neue Heimat. Sie leben einen ganz normalen Alltag und sind erstaunlich häufig glücklich.

Der Leser mag selbst entscheiden zu welcher Gruppe er tendieren würde. Vielleicht zu gar keiner. Er wäre nicht der erste, der nach nüchterner Betrachtung seinen Traum vom Haus in der Toscana fein säuberlich einpackt und für immer in die Ecke stellt. Das ist auf jeden Fall besser als späterer Frust oder Enttäuschung.

Für das Landleben genügt es nicht, bunte Hobbygärtner-Handschuhe über die grünen Händchen zu streifen. Die richtig kräftigen aus Leder sind gerade ausreichend. Ebenso die Schuhe, am besten mit integrierter Stahlkappe. Falls das Pferd mal auf dem falschen Fuß steht. Aus dem Vorgartenmaulwurf wird nämlich unversehens ein ungelernter Bauer. Rund ums Jahr. Als Belohnung winkt das ganz große Gefühl der Freiheit. Erfolgserlebnisse durch gelungene Arbeiten und reiche Ernten gehören ebenso zum Alltag wie die Kehrseite, durch Wetter oder landwirtschaftliches Halbwissen bedingte Missernten. Wenn beispielsweise die Oliven vorzeitig abfallen, weil der Sommer extrem trocken war. Oder weil Hagel oder Rebkrankheiten die Weinlese überflüssig machen.

Die folgenden Erzählungen schildern das Landleben und den Alltag in der Toscana ungeschönt in ihren vielen Facetten. Sie erzählen von neuen sozialen Bindungen, Erfahrungen mit Einheimischen und Freunden und natürlich von der Arbeit auf dem Land. Kauziges, Ernstes und Alltägliches wechseln sich ab, bunt und spannend wie das Leben in der Toscana sein kann. Dazu gehören auch Berichte über gescheiterte Träume. Immer jedoch bleibt es eine subjektive Betrachtungsweise – andere mögen alles ganz anders sehen.

Die meisten Leser kennen die Toscana ausschließlich zwischen Mai und September. Wer sie mit allen Sinnen erfassen will, sollte alle vier Jahreszeiten kennen. Deshalb und weil das Landleben ohnehin stark von den Jahreszeiten beeinflusst wird, sind die

Erzählungen an den Rhythmus der Natur gebunden. Man lernt so die feinen Zwischentöne kennen, die diese Landschaft so einmalig machen.

Dem Buch vorangestellt ist ein Rückblick auf unsere Anfangsjahre in der Toscana, weil viele unserer Erfahrungen auf dieser Zeit aufbauen und ein wenig Kenntnis dieser Periode beim Lesen vorausgesetzt wird. Das nachfolgende Kapitel ist eine Zusammenfassung jener Zeit.

Als ich Ende September 1980 vor meinem Büro in der Düsseldorfer Lueg-Allee stand und auf ein Taxi wartete, fühlte ich mich etwas seltsam. Ein unbekanntes Gefühl nahm von mir Besitz. Zum Teil mochte es an dem gesteigerten Whiskykonsum der vergangenen zwei Stunden liegen, aber der Hauptgrund war ein anderer.

Es war ein kühler, stark bewölkter Sonntagnachmittag. Das Firmenschild aus graviertem Edelstahl hinter meinem Rücken trug meinen Namen, aber die Firma gehörte mir nicht mehr. Ich hatte die Geschäftsanteile verkauft. Das schmerzte plötzlich. Eigentlich gab es keinen zwingenden Grund für diesen Schritt. Für eine Lebenskrise war ich mit 36 Jahren zu jung. Die Werbeagentur lief erfolgreich, die Arbeit machte meistens Freude, die Existenz war gesichert. Trotzdem würde ich nun alles hinter mir lassen und mich zusammen mit Vicky und Samy, unserem alten, bereits erblindeten Spaniel, in ein unsicheres Abenteuer stürzen. Vielleicht könnte man den Vorgang als selbst provozierte Sinnkrise bezeichnen. Ein Hinterfragen des Lebensinhaltes. Endlos viel Arbeit füllte die Monate und Jahre ohne entsprechende Freizeit. Es blieb keine Zeit, die Erfolge geistig und materiell auszuleben. Materielle Zugeständnisse gab es zwar, zwei auffällige Autos, die große Stadtwohnung, teure Restaurantbesuche, Designerklamotten. War's das? Im Theater oder bei Konzerten schlief ich häufig ein. Der Ursprung der Idee, das Leben grundlegend zu ändern und neu zu definieren, lag bereits einige Jahre zurück. Zufällig kam ich damals an Unterlagen über den Verkauf von Liegenschaften in der Toscana. Zufällig beschlossen Vicky und ich: „Lass uns doch mal was anschauen. Nur so." Wir waren noch nie in der Toscana gewesen. Nicht einmal in Italien. Damals war die Toscana das gelobte Land einiger Verrückter, die beinahe masochistisch ihre Begeisterung für halb verfallene Bauernhäuser entdeckten. Sie träumten sogar davon, mal richtig zuzupacken.

Schnell waren wir dem Charme der Toscana erlegen, drei Monate später kauften wir unseren heutigen Besitz. Wir hatten uns das *podere* im Winter angesehen. Alles leuchtete Grün, der Rosmarin blühte, die Sonne wärmte, uns gefiel das neun Hektar große Stück Land. Vieles war von duftender *macchia* überwuchert. Die riesigen Brombeerbüsche wuchsen bis in die Ställe. Ich sah mich bereits ungestüm mit dem Buschmesser Pfade frei schlagen. Das dazugehörige Haus mit dem halb eingestürzten Dach, ohne Fenster und Türen, dafür mit einem einzigen Fensterladen, der fortwährend klapperte, gefiel uns weniger. „Das können Sie ja alles so umbauen wie Sie wollen", sagte der Makler und log. „Das Land müssen Sie so nehmen wie es ist." Stimmt, dachte ich, der Mann hat Recht. Als Architektin würde Vicky sich hier austoben können.

Im darauf folgenden Sommer machten wir eine Blitzreise in die Toscana und besiegelten das Geschäft beim Notar. Ein Abstecher von einer halben Stunde zu unserem neuen Besitz war zeitlich gerade noch möglich. Da gefiel uns das Land nicht mehr so gut. Das gestanden wir uns allerdings erst Jahre später. Jeder dachte vom anderen, er schweige aus Ergriffenheit. Das Land schien dahin zu vegetieren unter der Last der sengenden Julisonne. Kein grünes Hälmchen war mehr zu sehen. Wir standen, Vicky in hochhackigen Schuhen, im ausgeblichenen kniehohen wilden Hafer und schwiegen weiter. Nur das Lärmen der Zikaden begleitete die ansonsten bleierne Stille. Das alles gehörte jetzt uns, verdorrt und vertrocknet. Aber immerhin besaßen wir nun eine Art Gegenwert für unsere Arbeit. Richtig zum Anfassen.

Zu Hause arbeiteten wir weiter wie bisher. So als hätte sich nichts verändert. Erst allmählich, auf langen Spaziergängen, begann der Prozess des Nachdenkens. Es formten sich Wünsche, Möglichkeiten, neue Perspektiven. Wir mussten viele Spaziergänge machen, bis die Entscheidung reif war.

In dieser Zeit zeichnete Vicky immer wieder neue Pläne für den Umbau, die sie immer wieder über einen befreundeten sizilianischen Architekten beim Bauamt einreichte. Die Pläne wurden immer wieder in der Baukommission abgelehnt. Die Bauvorschriften waren streng und eindeutig. Wir durften nur den ursprünglichen Zustand wiederherstellen. Außerdem musste die Nutzung so bleiben wie sie ursprünglich gewesen war. *Cantina* musste *cantina* bleiben und Ställe mussten Ställe bleiben. Nebenbei stellten wir fest, dass der sizilianische Architekt wegen seiner Herkunft von vornherein auf Misstrauen stieß. Wir beauftragten schließlich einen einheimischen *geometrà*. Paradoxerweise wurde ein aus Natursteinen gemauerter *porticato* mit vier großen Bögen vor den Ställen genehmigt, sowie eine Innentreppe vom Kuhstall in die Küche. Von meinem geplanten Atelier, dem früheren Heuboden, durfte nur die Hälfte dem künftigen Wohnraum zugeschlagen werden. Der Rest musste durch eine Mauer getrennt werden. Später, nach der Bauabnahme, haben wir alles ein wenig „angepasst". Der einheimische *geometrà* war mit der offiziellen Bauleitung beauftragt und Vicky reiste einmal pro Monat in die Toscana, besprach anstehende Fragen und kehrte mit Fotos zurück, auf denen ich das Fortschreiten des Umbaus sehen konnte. Ich war restlos begeistert.

In den letzten Monaten nach dem Verkauf der Firma arbeitete ich mit den neuen Gesellschaftern zusammen, um einen reibungslosen Übergang zu erleichtern. Rein äußerlich änderte sich für mich nicht viel, der Umzug in die Toscana war immer noch so unwirklich wie ein Phantom. Bis Vicky eines Tages verkündete: „Vergiss nicht, morgen kommen die Möbelpacker." Das war an jenem Sonntag, als ich mich an der Whiskyflasche festhielt.

Am 1. Oktober 1980 trafen wir uns mit den Umzugsleuten im Ristorante Otello in Venturina, weil dort ein großer Parkplatz für Lastzüge war. Damals musste man bei der Einreise nach Italien umfangreiche Zollpapiere beschaffen und das Umzugsgut beim Zoll in Piombino vorführen. Zum Glück hatten wir uns über italienische Freunde in Düsseldorf avisieren lassen. Sie kannten jemanden, der jemanden kannte, der den Zolldirektor kannte. Zunächst verkündete der Kontrolleur, ein Zolldirektor 2. Klasse, wir müssten alles abladen, sonst könne er den Inhalt des lückenlos vollgestopften Möbelwagens nicht prüfen. Er erstattete Meldung beim Zolldirektor 1. Klasse. Die Empfehlung funktionierte. Für ein zufällig sichtbares winziges Fernsehgerät, das ich hauptsächlich wegen des guten Designs und dem Batterie-Empfang mitgenommen hatte, schickte er uns zur Post. Wir mussten das Gerät anmelden und die Gebühren bezahlen. Nach Vorlage der Quittung erhielten wir die erforderlichen Stempel für die Einreise.

Bald schrammte der fast fabrikneue leuchtend rote Möbelwagen an den dichten Bäumen und Büschen der kleinen Staubstraße entlang, die zu unserem Haus führte. Es war sommerlich heiß, die beiden Möbelpacker schufteten mit nacktem Oberkörper, an dem der Schweiß herunterperlte. Zum Abschied sagte der Fahrer mitfühlend: „Wir holen Sie hier auch gerne wieder ab." – Wir waren angekommen.

In den nächsten zwei Monaten rauschten unsere Ohren. Die tiefe Stille, die uns hier von einem Tag zum anderen empfing, empfanden wir fast schmerzlich. Es war, als könnte sich das Gehör nicht von dem gewohnten Geräuschpegel der Großstadt befreien. Eine harmlose Schildkröte, die in der Dunkelheit über trockenes Laub stieg, vermittelte das Geräusch von kräftigen Stiefelschritten. Nachts war es zunächst ein wenig unheimlich in der Stille. Außerdem hatten wir nur Taschenlampen, Kerzen und Petroleumleuchten, aber keinen elektrischen Strom. Das sollte sich auch in den nächsten vier Jahren nicht ändern. Seitdem lösen Candlelight-Dinner bei mir keine romantischen Regungen mehr aus.

Wir beantragten Strom, aber man sagte uns, es sei nicht vorgesehen, die Elektrizität bis in unsere Gegend zu bringen. Vicky wurde beim zuständigen Gebietsdirektor vorstellig und warf ihm vor, er würde seine Monopolstellung missbrauchen. Der Direktor entschuldigte sich zuvorkommend, bestätigte aber den negativen Bescheid. Vicky „drohte", sie würde jede Woche bei ihm vorbeikommen und ihn an unseren Antrag erinnern. Der Direktor lachte: „Gerne, Signora, ich werde Ihnen dann einen *caffè* anbieten." Sie kam zwar nicht jede Woche, aber doch sehr häufig. Jedes Mal tranken sie gemeinsam *caffè* und unterhielten sich eine Weile gut. Immerhin machte Vicky nützliche Erfahrungen.

Irgendwann schafften wir einen Dieselgenerator an. Dazu eine klassisch-hässliche Blechgarage (sie flog uns Jahre später bei einem Sturm mit lautem Krachen um die Ohren und entsorgte sich dadurch selbst). Darin verstauten wir den Generator und den schon früher angeschafften Traktor. Die Blechgarage war ein wunderbarer Resonanzkörper, der aus unserem kleinen Stromlieferanten eine Höllenmaschine machte. Wir entschieden, den Lärm täglich für zweieinhalb Stunden zu ertragen. Im Winter von der Dämmerung bis zum Abendessen, im Sommer nach Bedarf. Das Haus war in dieser Zeit verschwenderisch hell erleuchtet, die Waschmaschine lief wenn nötig, wir duschten heiß, Vicky kochte. Bevor wir uns zu Tisch setzten, entzündete ich vier Kerzenleuchter, ging zur Garage und stellte das lärmende Ungeheuer ab. Die Stille hatte uns wieder. Das Esszimmer war damals relativ klein, die Wände weiß und die Tischkerzen reichten völlig aus um zu erkennen, was man auf dem Teller hatte.

Ohne Strom kann man ganz gut überleben, ohne Wasser nicht. Die Genehmigung eines Wasseranschlusses an die Gemeindeleitung des Nachbarn hatten wir bereits beim Kaufvertrag festgelegt. Immerhin waren noch 900 Meter Wasserleitung bis zu unserem Haus zu legen, die wir selbst finanzierten.

Beim Kauf des *podere* hatten wir nicht im Entferntesten daran gedacht, das Land zu bewirtschaften (allenfalls an ein hübsches Blumenbeet vor der Terrasse und einen kleinen Gemüsegarten). Deshalb ließen wir uns nur von der Schönheit des Landes beeindrucken. Dass der Boden, landwirtschaftlich gesehen, wenig taugte und unter dem vielen Grün hauptsächlich Steine wuchsen, ahnten wir nicht. Was ich als wild-romantisch angesehen hatte, war in Wirklichkeit verwahrlostes Land. Frühere Generationen von Bauern und Taglöhnern hatten es in mühsamer Handarbeit kultiviert und mehr schlecht als recht davon gelebt. Die ca. 300 Olivenbäume waren auf dem terrassierten Hügel eng von köstlich duftender *macchia* eingeschlossen. Die Pflanzen waren undurchdringlich mit stachligen Rankengewächsen verwoben.

Wir mussten eine grundsätzliche Entscheidung treffen. Sie fiel zu Gunsten der Verantwortung für das Land. Wir ließen uns bei einer Bauern-Gewerkschaft als *coltivatori diretti* eintragen. Auf dieser Basis zahlen wir auch heute noch unsere Steuern (ich beziehe inzwischen sogar Rente als Landwirt).

Unsere Gerätschaften für die Landarbeiten wurden immer umfangreicher. Wir lernten, dass für den harten steinigen Boden die schwersten Geräte gerade gut genug sind. Bald konnten wir der Versuchung, eigenen Wein zu machen, nicht wiederstehen und legten einen kleinen Weinberg mit etwa 1000 Rebstöcken an. Auf Spaziergängen hatte ich Zollstock und Notizblock dabei, maß die verschiedenen Drahthöhen für die Führung der Triebe. Außerdem Reihenabstand, Abstand der Reben untereinander, den Pfostenabstand usw. Wir übten uns in „learning by doing" und machten viele Fehler. Dafür hatten wir von der vielen frischen Luft immer eine gesunde Hautfarbe.

Die lustigste Anschaffung war eine gebrauchte Ape. („Ape" ist der Markenname des legendären Dreirades von Piaggio. Das kleinste Modell kann man ohne Führerschein fahren.) Dieses Fahrzeug mit Ladefläche sieht man heute noch oft im Straßenverkehr, auch neu. Vor allem die kleinen Modelle werden gerne von alten Leuten gefahren. Ape fahren ist Fahrerlebnis pur. 50 ccm trieben den Vespa-Motor an. Einen elektrischen Anlasser suchte man vergebens, eine Batterie ebenso. Links unter dem Sitz war der Benzinhahn zu öffnen, rechts unten der Joke zu ziehen zum anlassen. Vor einem ein langer nackter Metallgriff. Das war der Anlasser. Man zog ruckartig daran und nach zwei bis drei Versuchen sprang der Motor zuverlässig an. Die Lenkstange war wie bei einem Motorroller ausgestattet. Kupplung und vier Gänge links, Gasgriff und Vorderradbremse rechts. Davor war ein kleines Kästchen montiert für Licht, Blinker, einen kleinen Hupknopf und einen noch kleineren zum abschalten des Motors. Sogar Fuß- und Handbremse besaß meine Ape sowie einen Rückwärtsgang. Zum Einlegen fummelte man wieder unter der Sitzbank herum, fand einen weiteren Hebel zum Hochziehen. Die Sitzposition war untadelig gerade, man saß wie auf einem festen Stuhl ohne Armlehnen. Auf der Straße war und ist die Ape ein Verkehrshindernis, das mit seinen 40 Stundenkilometern auch bei doppelter durchgehender Straßenmarkierung überholt werden darf. Als Fahrer bemerkt man davon nichts, da man immer der erste in der Schlange ist. Dafür gewinnt man viel Zeit, um sich die Landschaft anzusehen. Bei schönem Wetter mit ausgestellten Klappfenstern. Bei Regen mit einem handbetriebenen Scheibenwischer. Eine Beifahrerin muss sehr anschmiegsam sein, da die Sitzposition des Fahrers genau in der Mitte der schmalen Kabine liegt.

Bald gab es die ersten Lecks in der Wasserleitung. Sie verlief in dem steinigen Boden und wir hatten nicht darauf geachtet, das dicke PVC-Rohr im Sandbett verlegen zu lassen. Vor allem im Sommer, wenn die Erde knochentrocken war und sich das Erdreich verdichtete, kam es häufiger zu einem Loch. Ich lernte also meterhohe Wasserfontänen zu bändigen und die Lecks zu reparieren. Inzwischen ist die gesamte Leitung fachgerecht ersetzt.

Durch den Bauern-Status hatten wir automatisch Zugang zum italienischen Gesundheitssystem, das recht gut funktioniert. Zunächst sucht man sich einen Hausarzt aus, der nur eine begrenzte Anzahl Patienten aufnehmen darf. Dieser wiederum bekommt von der staatlichen Gesundheitsbehörde ASL für jeden bei ihm eingetragenen Patienten eine monatliche Pauschale. Die Summe der Vergütungen ist sein Gehalt – ob man ihn aufsucht oder nicht. Das hat den angenehmen Nebeneffekt, nicht mehrmals nachbestellt zu werden, um dem Arzt weiteres Einkommen zu verschaffen. Der Hausarzt entscheidet, ob ein Facharzt benötigt wird und schreibt gegebenenfalls eine Überweisung an das ASL-Distrikt-Krankenhaus. Man macht einen Termin bei dem entsprechenden Facharzt, zahlt an der Kasse ein sogenanntes Ticket und wartet, bis man endlich drankommt. Früher kostete eine Behandlung fast nichts. Heute sind auch bei ASL die Kosten gestiegen. Der Unterschied zum niedergelassenen Facharzt ist nicht mehr so gravierend. Allerdings bezahlt man ihn heute noch genauso wie vor 30 Jahren Cash auf die Kralle. Daran beteiligt sich keine Versicherung. Besonders bei Zahnarztrechnungen wird es schnell richtig teuer. Aber man lernt, damit zu leben und für die Gesundheitsvorsorge entsprechend Geld einzuplanen. Die Qualität der Ärzte ist jedenfalls keineswegs schlechter als in Deutschland. Kunstfehler-Ärzte beziehungsweise Murkser gibt es hier wie dort.

Im ersten Winter, der noch dazu sehr kalt war, froren wir in unserem Haus erbärmlich. Sonniger Süden, hatten wir naiv gedacht; da genügt ein gemütlich prasselndes Kaminfeuer. Wir kauften einen fahrbaren Gasofen. Dann noch einen und noch einen. Ich schleppte regelmäßig schwere Gasflaschen an. Nachts schalteten wir die Öfen aus. Die offene Flamme schien uns zu gefährlich. Gemütlich warm wurde es nie. Wir erfanden die Zwiebelkleidung und zogen so viele Schichten übereinander wie möglich. Nach dem Abendessen tranken wir unsäglich süßen Ramazotti, um uns wenigstens innerlich zu wärmen. Im Jahr darauf ließen wir mit endlos viel Dreck eine Zentralheizung einbauen. Gefeuert wurde mit Holz in einem dafür ausgelegten Buderus-Kessel. Er stand in der Küche, damit nur ja keine Wärme verlorenging. Ohne Strom lief keine Umwälzpumpe, aber immerhin steigt warmes Wasser von selbst nach oben. So wurden die Heizkörper in der ersten Etage zwar nicht heiß, aber warm. Und sie waren groß dimensioniert.

Nach vier Jahren bekamen wir Strom. Vicky hatte das Problem im wahrsten Sinne des Wortes ausgesessen. Der Direktor, mit dem sie häufig *caffè* trank, war in diesen vier Jahren sichtlich gealtert. Nebenbei hatte sie Verbindungen geknüpft, die hilfreich waren, das Energie-Problem zu lösen. Eine EG-Unterstützung finanzierte große Teile des Projektes. Ein normales Leben konnte beginnen.

Vicky machte sich an die Erfüllung ihrer Jugendträume. Wir bekamen Hühner, Gänse und Enten, bauten für die Hühner einen verfallenen Schweinestall auf und machten unterteilte Einzäunungen für die Gehege. Ich legte für Enten und Gänse einen Teich an und mauerte ihnen Unterkünfte. Vicky kaufte Susi, ein Fohlen, das die Mutter des legendären Frizzi wurde, den sie heute noch reitet. Nach wenigen Monaten kam die schöne Maremma-Stute Sarah dazu. Wir errichteten einen sehr funktionellen Stall aus Holz mit Futterklappe und gemauerten Fresströgen. Für das Schlachten von Federvieh ließ Vicky einen Bekannten kommen. Keiner von uns beiden kann dieses blutige Handwerk verrichten. Da ich zart besaitet bin, verschwand ich an solchen Tagen unter Vorschützung dringender Erledigungen.

Um Haustiere brauchten wir uns nicht zu bemühen. Ausgesetzte Hunde oder Katzen fanden wir immer mal wieder vor unserem Tor. Manchmal konnten wir anderweitig einen Platz für sie organisieren, manchmal behielten wir sie selbst. Irgendwann fing dann die „Eselei" an. Theresa war die Erste, eine betagte graue Eselin, die wir aus Mitleid zu uns nahmen. Bis dahin hatte sie ein geschundenes Leben hinter sich. Vom ewigen Anpflocken war das Fell an den Beinen abgerieben. Im Sommer bandagierte Vicky ihr die Vorderbeine mit einer hübschen roten Elastikbinde. Fliegen und andere Insekten bissen ihr die nackten Beine blutig. Anfangs war Theresa so schreckhaft, dass man sich nur mit den Händen auf dem Rücken nähern durfte. Bewegte man einen Arm, dann rannte sie aus Angst vor Schlägen davon. Ihr Mittagsschläfchen hielt sie in der Holzlege gleich neben der Terrasse. Wenn sie Gesellschaft suchte, streckte sie den Kopf durch die offene Küchentüre. Wir ließen sie decken und nach 13 Monaten brachte sie problemlos und ohne Hilfe I-aah zur Welt. Bald danach kauften wir auf dem Pferdemarkt in Massa Marittima die fünf Monate alte Bruna. Wir holten sie mit einem geliehenen Kastenwagen bei den Besitzern ab. Bruna gebar Augustin und später Emely. Als Theresa nach neun zufriedenen Jahren an Altersschwäche starb, schenkten uns Freunde Paolina. Zurück blieb ihr Fohlen, das so kläglich schrie, dass wir es am nächsten Tag ebenfalls abholten. Das war Lulu. Da Vicky wieder einen grauen Esel wollte, ließen wir Paolina decken. Den passenden Leih-Hengst fanden wir in Siena. (Inzwischen besaßen wir einen Pferdeanhänger zum Abholen.) Es war Liebe auf den ersten Blick. Trotzdem behielten wir Tobia noch einige Wochen, um möglichst sicher zu gehen, dass Paolina trächtig würde. Die übrigen Esel hielten wir so lange getrennt. Nach der Devise „wenn ich schon mal da bin" wäre Tobia gerne bereit gewesen, es auch den anderen Eselmädchen zu „besorgen". Pünktlich kam nach wiederum 13 Monaten Violetta zur Welt. Danach meinte Vicky, sieben Esel würden erst mal ausreichen.

1985 terrorisierte uns ein gewaltiges Feuer. Einen guten Kilometer entfernt befand sich eine offene Mülldeponie, die auch im brandgefährlichen Sommer am Schwelen gehalten wurde. In der Hitze explodierte vermutlich eine Spraydose und entzündete in der trockenen *macchia* ein Feuer. Von kräftigem Wind getrieben erreichte uns eine Stunde später eine mehrere Meter hohe Feuerwalze. Wir mussten mitsamt unseren Tieren fliehen. Der zuständige Löschhubschrauber war auf der Insel Elba im Einsatz. Unser Glück war das vehemente Tempo des Feuers, das den Flammen keine Zeit ließ, sich an größeren Objekten festzufressen. So wurden Haus und Stall gerettet, auch der Weinberg war nur an den äußeren Reihen verbrannt. Das übrige Land fanden wir nach zwei Stunden bangen Wartens als Mondlandschaft vor. Schwarz und silbrig von der Asche, überall Rauch. Sämtliche Olivenbäume verbrannt. Zweieinhalb Jahre schufteten Vicky und ich in den Wintermonaten mit Motorsäge und Buschmesser, bis alles abgeholzt und nochmals verbrannt war. Als wir fertig waren, feierten wir mit Hummer und Champagner. Wir hatten uns nicht entmutigen lassen.

Die Natur hat unglaubliche Kraftreserven. Bald trieben die Oliven wieder direkt aus dem Wurzelstock aus. Manche angebrannten Bäume waren durch das Feuer so verwirrt, dass sie im gleichen Herbst blühten.

Zur eigenen Sicherheit und um wegen der Tiere unabhängig von Gemeindewasser zu sein, ließen wir einen Brunnen bohren. Lange Zeit waren wir unentschlossen. Die hohen Kosten und das Risiko, doch kein Wasser zu finden, machten das Projekt zum Glücksspiel. Dann gab uns einer der Wünschelrutengänger, die wir auf die Wassersuche „angesetzt" hatten, Vertrauen. Er machte keinerlei Schau oder Hokuspokus um seine übersinnliche Gabe. Nach etwa zwanzig Minuten hatte er eine Wasserader gefunden. Er nannte uns die genaue Tiefe der Ader, wusste auch, dass in 17-18 Metern Tiefe bereits Wasser wäre, allerdings wenig. Trotzdem blieb das spätere Bohren eine spannende Angelegenheit. Allein schon das museumsreife Bohrfahrzeug war sehenswert. Wie ein Saurier kroch der knatschgelb lackierte Chrysler in einer riesigen Staubwolke unsere Auffahrt hoch. Das Fahrzeug war aus amerikanischen Armeebeständen aus dem zweiten Weltkrieg übrig geblieben. Die Frontscheibe war zweigeteilt, die riesigen Scheinwerfer aufgesetzt. Statt der früheren Ladefläche war Platz für den Bohrturm, einen gewaltigen Schiffsdiesel sowie die „Kommandobrücke". Der Bohrer war ein vier Meter langes Eisenrohr (25 Zentimeter Durchmesser) mit einem spezial-gehärteten Bohrkranz am Ende. Auf der Kommandobrücke waren im Wesentlichen nur ein langer Hebel und eine Seilwinde. Hebel anziehen hieß das Stahlseil aufrollen und den Bohrer hochziehen. Hebel wegdrücken bedeutete Ausklinken des Seils und freier Fall des Bohrers aus der Spitze des Bohrturms in das Bohrloch. Dies geschah alles mit ohrenbetäubendem Lärm. Die Vibrationen des Aufpralls waren noch in 80 Meter Entfernung bis in mein Atelier zu spüren. 20 Tage dauerte das Gewummer. Dann war in 38 Meter Tiefe die Wasserader angebohrt. Alles war exakt so abgelaufen, wie es der Wünschelrutengänger vorhergesehen hatte. Am Abend überschütteten wir uns übermütig eimerweise mit dem eisigen kristallklaren Brunnenwasser. Im Einzugsbereich von Haus, Gemüsegarten und Stall baute ich insgesamt zehn Wasseranschlüsse. Von einem höher gelegenen 5000-Liter- Behälter werden sie gespeist.

Alle diese Erfahrungen und Erlebnisse (und noch viele mehr) sammelte ich in dem Band „Leben in der Toscana. Erfahrungen aus dem Alltag für Realisten und Träumer" (Oase Verlag). Leider ist es inzwischen vergriffen. Mit etwas Glück findet man das Buch noch bei Amazon oder anderen Versendern.

Das neue Jahr begann nicht besonders fröhlich.
Man könnte sogar eher sagen, es begann ärgerlich. Frustrierend und dann ärgerlich. Ja, in dieser Reihenfolge war es. Sylvester frustrierend, Neujahr ärgerlich.
Für den Sylvesterabend waren wir ursprünglich bei Freunden eingeladen. Das wäre sicher ein lustiges Fest geworden. Doch wir sagten ab. Eine Stunde Fahrzeit braucht man etwa, um in das kleine Bergdorf zu gelangen, in dessen Nähe die Freunde wohnen. Das wäre an sich kein Hinderungsgrund gewesen. Nur fürchtete ich ein wenig auf fröhlichen Alkoholkonsum verzichten zu müssen. Früher führte Alkohol am Steuer nur im Falle eines Unfalls zu ernsthaften Problemen. Heute gibt es auch in Italien eine ein-Glas-Wein-und-basta-Promille-Grenze. Es gibt Kontrollen und bei Übertretung drakonische Strafen.

Der Hauptgrund für die Absage war jedoch eine Alternative.
In unserer Gemeinde hatte sich vor einem halben Jahr eine Bürgerinitiative formiert. Sie tritt mit demokratischen Mitteln gegen Bausünden und die undurchsichtige Kommunalpolitik an. Das ist eine gute Sache, zumal es nicht um Ideologien geht, sondern um nicht zu übersehende Fakten.

Vicky und ich wurden Mitglieder. Zu diesem Zeitpunkt gab es ein aktuelles Problem: Geplant wurde der Bau einer großen Zementfabrik inmitten fruchtbarer Gemüsefelder. Die Bauern wehrten sich verzweifelt. Wer würde ihnen zum Beispiel Spinat abkaufen, der mit Zementstaub überzogen ist? Unser Komitee rief zur Solidarität auf. Mit den Betroffenen wurde ein großes Sylvesterfest organisiert – Protestplakate inklusive. Die Presse wurde informiert.

Da müssen wir hin, entschieden wir. Solidarität zeigen. Sicherlich würde es ganz lustig werden. Solidarität schweißt zusammen. Wir meldeten uns an. Jeder sollte mit Eigenem zum gemeinsamen Essen

beitragen. Unser Beitrag bestand hauptsächlich aus einer Gulaschsuppe für mindestens 40 Personen. (In unserer Familie war das ein
traditionelles Sylvestergericht, immer nach Mitternacht gereicht,
um weiteren Alkoholkonsum bekömmlicher zu machen). Außerdem machte Vicky Käsegebäck. Ebenfalls in Großauflage produziert. Beträchtliche Mengen unseres Rotweins wurden zu Glühwein
vergewaltigt. Frisches Brot gehörte dazu sowie Unmengen von Weg-
werfgeschirr (aus Pappe!).

Wer schon einmal einen riesigen Topf mit Flüssigkeit zwischen den
Beinen transportiert hat weiß, dass man damit fahren muss, als hätte man einen Schwerverletzten an Bord. Einen, der nicht den leises-
ten Stoß eines Schlaglochs erträgt. Ich schlich im Schneckentem-
po unsere Holperstraße entlang. Vicky protestierte: „Warum rast du
denn heute so?" – „Gegenfrage: weißt du eigentlich wo wir hinmüs-
sen?" – „Ja ja, fahr nur. Aber langsam!"

Doch die Nacht wollte es anders. Wir verfuhren uns mitsamt unserem Topf. Der Hof „Campo di sotto" lag irgendwo in der weiten
Ebene, im Schutz der Dunkelheit verborgen. Wir holperten jeden
Feldweg entlang, an dessen Ende ein Lichtlein winkte. Doch entweder waren die Besitzer des dazugehörigen Hauses selbst zum Feiern unterwegs, oder aus der Gegensprechanlage kicherte eine be-
schwipste Stimme. Nach fast einer Stunde waren wir endlich am
Ziel. Eigentlich sah der Gebäudekomplex gar nicht nach Landwirtschaft aus. Eher wie eine Ansammlung von gepflegten Ferienwoh-
nungen (was auch stimmte). Die Hausnummer 43 war aber richtig. Sie reichte allerdings von 43a bis 43k. Damit begann ein neues Problem. Hinter welcher Türe war das Fest? Für eine größere
Veranstaltung war es erstaunlich ruhig. Mit einiger Hartnäckigkeit
wurden wir schließlich fündig. Um eine lange Tafel saßen etwa 20
Personen vor abgegessenen Tellern. Am Kopfende saß der Organi-
sator. „Oh", sagte er, „das Fest findet nicht statt. Tut mir leid, hat

man Sie denn nicht angerufen? Es gab ein paar Schwierigkeiten mit der Gemeinde, weil..." (nuschel, nuschel, murmel.) „Wir sind hier nur ein paar Freunde, die privat feiern." Man bat uns nicht herein, noch bot man uns ein Gläschen Wein an. Als wir später italienischen Freunden davon erzählten, waren sie empört über diese Ungastlichkeit.

Wir schwappten unsere Suppe frustriert wieder nach Hause. Immer noch stocknüchtern und inzwischen auch hungrig.

Es wurde trotzdem noch ein lustiger Restabend mit viel Gulaschsuppe. „Iss nur, iss nur, es ist reichlich da."

Unsere Hunde waren begeistert, dass wir so früh zurück waren. Pferde und Esel bekamen mitternächtliche Streicheleinheiten und eine extra Portion Heu. Dann sahen wir uns gemeinsam den bunten Raketenbeschuss des weiten klaren Sternenhimmels an.

Am Neujahrstag entdeckte ich in der Küche eine Pfütze. Ich wollte schon voreilig fluchend eine der Katzen dafür verantwortlich machen. Doch da platschte mir ein Tropfen auf den Kopf. Der erstaunte Blick nach oben offenbarte einen großen nassen Fleck, aus dem es gerade wieder tropfte. Ich stellte zunächst eine Schüssel unter die Tropfquelle. Später würden wir gemeinsam überlegen, was zu tun sei.

Zuerst wollte ich noch ein paar Neujahrsgrüße per E-Mail versenden. Im Posteingang war eine Mail von unserem Komitee. Es wies auf den neuesten Beitrag auf der Homepage hin. Dort sprangen mir große Lettern ins Auge: **Großes Sylvesterfest in den Campi di Sotto.** Der Abdruck eines Presseartikels war zu lesen. Dazu war eine Fotoserie gestellt, die das fröhliche Treiben sowie zahlreiche Protestplakate zeigte. Auch eine Abbildung der uns bekannten langen Tafel war zu sehen. An dieser Stelle wich der Frust dem Ärger. Zum Teufel, man hatte das ganze Spektakel nur für die Presse in Szene gesetzt! Am nächsten Tag machte ich mir im Blog des Komitees Luft und erklärte am Ende meinen Austritt. Ich hatte das Vertrauen in die Sache verloren. Wie sollte ich künftig feststellen, was an den Aktivitäten oder Sachverhalten wahr sei und wo bereits wieder eigene Interessen verfolgt wurden. Den Besitzern der Hausnummern 43a bis 43k war es vielleicht völlig gleichgültig, ob der Spinat auf den Feldern nebenan zementstaubig wurde. Möglicherweise war die wahre Sorge der dadurch sinkende Wert ihrer Ferien- und Wochenend-Immobilie.

Die Gulaschsuppe verfolgte mich. Die Frage „möchtest du vorher vielleicht einen Teller Gulaschsuppe?" konnte ich nicht mehr hören. Jeder der vorbeikam musste mit aufessen helfen.

Beinahe ebenso lange verfolgte mich das Loch in der Wasserleitung. Ein Leck ist selten da, wo es tropft. Ich besprach mich mit dem Installateur. Er wusste sicher besser als ich, wie die Rohre auf ihrem Weg zu den Wasserhähnen verlaufen. Sogar ein Ortungsgerät brachte er mit und rutschte damit auf dem Fliesenboden herum. „Hier muss die Leitung sein! Nein, hier!" Das Gerät blinkte hysterisch und zeichnete ordentlich jedes Raster eines Baustahlgewebes nach, das unter den Fliesen verlegt war. Trotz der Ratschläge perforierte ich allmählich das Haus auf meiner Suche nach der undichten Stelle. 40 Zentimeter dicke Natursteinmauern hinterlassen beachtliche Löcher. Irgendwann kam dann doch noch das große Erfolgserlebnis. Der Putz und die Steine wurden immer nasser. Wir beschlossen, die alten Kupferleitungen stillzulegen und durch neues zeitgemäßes Kunststoffmaterial zu ersetzen. „Kommt aus Deutschland" sagte der Installateur stolz. Er konnte mit der Arbeit beginnen.

In aller Regel beginnt ein neues Jahr bei uns aber freundlich und friedlich. (Es gab schon Jahre, da konnte man am Neujahrsmorgen in der Sonne frühstücken.) Auf jeden Fall kann man sich den Wintergerüchen hingeben. Vorausgesetzt, man erwacht ohne Kater. Von den Äckern steigt würziger, erdiger Geruch auf. Die weißen Tupfer darauf sind unsere Gänse. Sie zwicken sich die feinen Spitzen der aufgehenden Saat ab. Morgen werden wir sie wieder in ihr Gehege neben den Enten sperren, bevor sie größeren Schaden anrichten. Der Erdgeruch vermischt sich in Nähe des Hauses mit dem milden, leicht süßlichen Duft des Holzfeuers. Wenige Meter weiter, im Schutz einer hohen Stützmauer, verströmen die Citrusfrüchte ihr köstliches Aroma. Einige Orangen und Grapefruits nehme ich mit ins Haus und presse für jeden ein Glas frischen Saft zum Frühstück.

Zum Mittagessen sitzen wir an einem geschützten Platz in der Sonne. An Wochentagen fällt es richtig schwer, nach Espresso und zehn Minuten Sonnenbad aufzustehen, um sich an die Arbeit zu machen.

Nachmittags gehe ich durch den Weinberg und markiere morsch gewordenen Pfosten. Sie müssen bis Anfang März ersetzt werden. Ebenso einige abgestorbene Rebstöcke. Noch ist der Boden zu weich, um mit Traktor und schwerem Gerät in die Weinreihen zu fahren.

Für den nächsten Tag stehen Weinkeller-Arbeiten auf dem Programm. Rot- und Weißwein werden in frische Fässer umgefüllt. Wir filtern unseren Wein nicht. Durch mehrmaliges Umfüllen wird er trotzdem kristallklar und behält alle seine Aromen. Trübende Schwebeteilchen setzen sich im Laufe der Wochen und Monate am Fassboden ab. Bei manchem Weinbauern auch in der Flasche. Bodensatz in einer Flasche jüngeren Weines ist der Faulheit des Winzers zuzuschreiben.

Das Umpumpen des Weins ist der mühelose Teil der Arbeit. Vorher muss allerdings eine Reihe von Dingen bereitgestellt werden. Dazu gehören außer der Weinpumpe Ablaufhähne, Wannen, Schläuche, Kabelrolle, Leiter, saubere Tücher, Schraubenschlüssel und natürlich ein Probierglas. Wir heben ein unbenutztes 1000-Liter-Edelstahlfass von seinem 60 Zentimeter hohen Fundament. Die Höhe des Sockels errechnet sich aus den Abmessungen einer *damigiana* (52-Liter-Glasballon). Sie soll unter den Auslasshahn passen. Über die Treppe tragen wir das Fass hoch ins Freie. Dort wird es aus hygienischen Gründen nochmals ausgewaschen und dann an seinen Platz zurückgebracht. Dieser kleine Kraftakt ist jedes Mal ein netter Test, ob wir noch im vollen Besitz unserer Kräfte sind. Na schön, einigen wir uns darauf: Wir sind noch ganz gut im Besitz unserer Kräfte. Schwer vorstellbar, dass man für solche Arbeiten einmal Hilfe nötig haben müsste. Besser nicht daran denken. Denn dieses Problem träfe auf sehr viele Landarbeiten zu.

Ich setze den großen Deckel vor die Fassöffnung. Die Handgriffe müssen sehr präzise sein. Sitzt die Dichtung nicht absolut gleichmäßig auf der Öffnung, dann wird es später tropfen. Sorgfältig ziehe ich beide Schrauben gleichmäßig fest und überprüfe ständig den exakten Sitz des Deckels. Am Weißweinfass schließe ich den Ansaugschlauch der Pumpe an. Vicky steigt auf die Leiter und schiebt den Förderschlauch auf den Grund des leeren Fasses. So wird vermieden, dass sich der Weißwein beim Austritt aus dem Schlauch zusätzlich mit Sauerstoff anreichert und oxidiert. Oxidation hat nichts mit der Qualität zu tun, aber mit der Farbe. Je mehr Sauerstoff an den Weißwein kommt, umso stärker tendiert seine Farbe Richtung Sherry. Beim Rotwein tritt dieses Problem kaum auf. Ihm tut es eher gut, wenn er etwas „gelüftet" wird.
Eine letzte Kontrolle: „Bist du so weit?" Ich öffne den Hahn. Die Pumpe läuft. Es ist immer wieder ein befriedigendes Gefühl, wenn Hektoliter um Hektoliter das frische Fass füllen. Irgendwann saugt die Pumpe ein wenig Luft an. Das Gurgeln zeigt an, dass der Flüssigkeitspegel den Abflusshahn erreicht hat. Sofort hänge ich mich

an den Fassrand und kippe das Fass vorsichtig zu mir. Um ein Abrutschen zu vermeiden, stemme ich ein Knie davor. Jetzt läuft die Pumpe wieder mit vollem Rohr. Saugt sie zum zweiten Mal Luft, schalte ich ab. „Lass mich mal probieren!" ruft Vicky von der Leiter. Prüfend hält sie das gefüllte Glas gegen das Licht. Man sieht die klare Transparenz. Sie schnuppert, trinkt einen winzigen Schluck. Kaut, schwenkt das Glas, trinkt nochmal. „Probier! Das wird ein köstlicher Tropfen." Den Rest des Weins lasse ich vorsichtig in eine Wanne laufen, reiche sie hinauf zu Vicky und öffne den Deckel. Nur noch wenig Bodensatz ist zu sehen. Zwischendurch hatte ich zwei Flaschen abgefüllt. Sie werden abends am Kamin nochmals einer eingehenden Prüfung unterzogen. Letzteres darf man auch als Ausrede für gesteigerten Alkoholgenuss ansehen. Aber irgendwie muss man ja auch die Bekömmlichkeit testen. (Wie gewohnt verursachte unser Wein weder einen schweren Kopf noch Kopfschmerzen).

Nun wiederholen sich die Arbeitsgänge. Das geleerte Fass wird ins Freie gebracht und gründlich gereinigt. Auch vom Weinstein, hinter dem sich leicht Bakterien bilden können. Es wird dämmrig, bis wir auch mit dem Rotwein fertig sind. Wir beschließen, das letzte Fass und die übrigen Reinigungsarbeiten am nächsten Tag zu machen. Es ist Zeit geworden, die Esel von der Weide zu holen.
Gelegentlich frage ich mich, ob die viele Arbeit wirklich lohnt, bis man eine Flasche Wein vor sich stehen hat. Ein Geschäft sind die wenigen tausend Liter ohnehin nicht. Bisher genügen immer noch zwei Gründe, um meinen Anteil an den Strapazen auf mich zu nehmen. Einer davon ist rational: Ich weiß genau, was ich täglich trinke. Dass der Wein wirklich zu 100% aus Trauben besteht. Dass der Wein biologisch rein und sauber ist. Nichts ist gepanscht, nicht einmal sortenfremde Trauben sind untergemischt, um die Fässer voll zu machen.
Der zweite Grund ist emotional: In der pre-Toscanazeit lagerte gekaufter Wein im Keller. War die abendliche Flasche geleert, dann

blieb auch das Glas leer. Das heißt, für ein letztes Glas öffnete ich keine neue Flasche mehr. Heute entkorke ich auch für ein halbes Glas noch mal eine Flasche. Oder hole mir den Wein direkt von einem 100-Liter-Fässchen. Vielleicht klingt der zweite Grund etwas dürftig, Für mich ist der winzige Unterschied zu früher ein absolut „cooles" Gefühl. Es wiegt zumindest einen Teil der vielen Mühe auf.

Abends am Telefon: „Pronto? Oh, ciao Anna. Wie geht's? ... Was? Du hast tatsächlich verkauft? Ich dachte das war nur mal so dahingesagt. Naja, wahrscheinlich hast du jetzt alle verheirateten Männer durch. ... Was heißt blöder Macho, du weißt doch wie ich das meine. Entschuldige! Außerdem spreche ich nur von deutschen oder schweizer Ehemännern. ... Nein, ich ärgere dich jetzt nicht mehr in deiner trübsinnigen Abschiedsstimmung. War nur Geflachse um meine Rührung zu verbergen. – Ehrlich! Aber einen gewissen Ruf als mögliche Ehe-Killerin hast du dir immerhin erworben. Hast du selbst vor einiger Zeit gesagt! ... Zu Unrecht, ich weiß. Trotzdem wird eine alleinstehende jugendliche Witwe von jeder Ehefrau als potentielle Gefahr für ihre eigene Beziehung betrachtet. Ob heil oder weniger heil. Die Beziehung, meine ich. Klar, dass dir da automatisch Misstrauen entgegenschlägt. – Abgesehen davon hat es dir aber auch immer Spaß gemacht, ein wenig zu provozieren. ... Doch doch, gib's zu! Ich finde einen frivolen Schlagabtausch ja lustig, aber Frauen können darüber überhaupt nicht lachen. – Du willst dich also wirklich einfach so aus dem Staub machen? Für immer und endgültig? Und wo gehst du jetzt hin? Zurück nach Berlin? ... Kulturell ist da natürlich etwas mehr los als hier in Campiglia. Lebt nicht auch deine Tochter in Berlin? ... Genau, man muss allmählich an das Alter denken." ... Das ist nicht ironisch, ich finde das ganz normal, wenn jemand näher bei seinen Kindern leben möchte. Und wenn die Rente kommt, bist du auch näher dran."

Das Gespräch mit Anna ging noch eine Weile weiter, bis wir mit einem letzten ciao, ciao und nochmals einem ciao auflegten.

Wieder war ein Toscanatraum geplatzt. Ich glaube, Anna ist hier nie wirklich angekommen. Ihr Haus am Ortsrand war gepflegt und erlesen eingerichtet. Sie liebte die häufige Arbeit in ihrem prächtigen Garten. Sie fand einige ebenfalls alleinstehende Frauen, zu denen sich eher oberflächliche freundschaftliche Beziehungen entwickelten. Männer waren überzeugt, mit ihr ein bequemes, unkompliziertes Verhältnis unterhalten zu können. Sie war kulturell interessiert, ich traf sie im Theater oder in Konzerten. Sie besuchte meine Vernissagen und andere Ausstellungen. Trotzdem vereinsamte sie mehr und mehr. Nun schaffte sie es also, ihrem Leben nochmals eine neue Richtung zu geben.

„Wir sollten die Mimose fällen" beantragt Vicky. Aus Respekt vor jeder Art von Pflanze reagiere ich wie üblich sehr zurückhaltend. Leider muss ich feststellen, dass sie Recht hat. Der Baum ist immer größer geworden und war nun nach all den Jahren zwischen einer säkularen Eiche im Hühnergehege und zwei Cypressen auf der Seite zum Haus eingeklemmt. Der Stamm hat sich frühzeitig geteilt. Ein Teil neigt sich stark zu der Eiche hin und ist fast abgestorben. Vermutlich spürte der Baum, dass er in unmittelbarer Nähe zur Eiche zu wenig Licht und Entfaltungsmöglichkeit hatte. Er entwickelte einen zweiten Stamm, der sich im Laufe der Jahre immer mehr zur anderen Seite neigte. So stießen die Äste irgendwann auf die beiden Cypressen. Auch dieser Teil leidet inzwischen unter der Enge. Ende Januar senden die Mimosen ihre leuchtend gelben Farbtupfer als Frühlingshoffnung in die Landschaft. Unsere blüht blass und kränklich. Auch die Üppigkeit der Blüte ist verlorengegangen. Etwas zögerlich beschließe ich, zunächst den absterbenden Teil zu fällen und das Ganze dann nochmals zu prüfen. Außerdem möchte ich die Blüte nicht stören.

Einen Baum zu fällen ist an sich nicht schwierig. Man muss sich nur darüber im Klaren sein: Wenn sich der Stamm erst einmal neigt, ist nichts mehr zu korrigieren. Der Baum kracht mit seinem ganzen Gewicht zu Boden und reißt alles mit, was eventuell im Weg ist. Im Fall der Mimose ist die Arbeit etwas delikat. Stamm und Krone neigen sich in die falsche Richtung. Dorthin durfte sie keinesfalls fallen. Sonst würde der Zaun des Hühnergeheges umgerissen und zumindest ein Orangenbaum stark beschädigt werden.

Die einzige halbwegs sichere Fallrichtung ist das unterhalb der Mimose liegende Feld. Ich werfe die Säge an und setze Kerb- und Fällschnitt – sauber und präzise wie aus dem Lehrbuch. Gerade noch rechtzeitig bemerke ich, wie der Baum sich in die falsche Richtung zu neigen beginnt. Mit einem schnellen Ruck bringe ich die Motorsäge in Sicherheit, bevor sie sich unverrückbar festfrisst. Bedrohlich wippt die Mimose auf dem noch etwa zwei Zentimeter starken Grat. Ich bringe einen comicartigen Laut heraus, etwa so wie Urps oder Grumpf, und schicke ein paar italienische Flüche hinterher, die man nicht unbedingt wiedergeben muss. Der Traktor muss her. Dazu ein kräftiges Seil und eine massive Kette. Dass ich den Kopf einziehe, als ich vorsichtig an dem zitternden Baum vorbeifahre, ist eher ein Reflex. Zumindest ist es sinnlos. würde der Baum in diesem Moment fallen, könnte ich nicht mehr ausweichen. Ein Windhauch würde jetzt wahrscheinlich genügen, um mich unter dem Baum zu begraben. Aber es gibt keinen anderen Weg. In sicherem Abstand steige ich vom Traktor. Über den nächsterreichbaren Ast werfe ich ein Seilende und verknote es. Das Seil, alleine zu kurz, verbinde ich mit der Kette und befestige sie am Traktor. Langsam ziehe ich an, das Seil strafft sich, das Seil reißt. In der Eile habe ich eine schadhafte Stelle an dem Seil übersehen. Gut, dass es fast sofort riss. Bei mehr Spannung hätte der Baum in Gegenrichtung gefedert und wäre mit Sicherheit gestürzt. Ich setze meine Flüche fort, zische ein fünf Millimeter langes Cigarilloende aus dem Mundwinkel, verknote die ausgefransten Seilhälften und mache mich an den zweiten Versuch. Mein Blick hängt gebannt an dem sich straffenden Seil. Zentimeterweise fährt der Traktor weiter. Endlich höre ich das vertraute Spleißen und Krachen des berstenden Holzes. Unmittelbar darauf donnert der Baum zu Boden. Dorthin, wo ich ihn haben wollte. Ich zünde mir ein neues Cigarillo an. Das Zerlegen von Stamm und Krone ist jetzt nur noch Routinearbeit.

Wenige Wochen später fällte ich auch den zweiten Stamm der Mimose. Diesmal problemlos, er fiel wie vorgesehen genau zwischen Olivenbaum, Cypressen und Stützmauer. Vicky grub einige der frischen Bodentriebe aus und pflanzte sie ein Stück oberhalb des Hauses. Dort können sie sich nach Belieben entfalten.

Der Januar hat auch seine erfreulichen Seiten. Besonders liebe ich den Einunddreißigsten. Das ist der letzte Jagdtag. Für die nächsten sieben Monate kehrt Ruhe ein in der *campagna*. Im Laufe der Jahre stumpft man ziemlich ab gegenüber den italienischen Jagdgewohnheiten. Der Belagerungszustand wird zur Normalität, die ewige Schießerei zum Teil des Alltags. So stelle ich mir einen Partisanenkrieg vor (die Verkleidung ist ja ähnlich). Hinter dem Gebüsch lauern, warten bis der Feind vorbeikommt und abdrücken. Bei den Jägern scheint dauernd jemand vorbeizukommen. Aber zum Glück schießen sie nur zum „Spaß" und nur sehr selten auf Menschen.

In den ersten Toscana-Jahren haben wir heftig rebelliert und versucht, mit der Macht des Wortes die gegnerischen Stellungen einzunehmen. Vor allem gegen die Jagd auf Singvögel. Es war nervenaufreibend und doch vergeblich. Als wären wir stumm geblieben, ging der Kampf um den letzten Fasan weiter. Nachdem einer unserer Hunde qualvoll an einem Giftknödel starb, resignierten wir in ohnmächtiger Wut. Wegen vorsätzlichem Mord an einem Tier muss niemand ins Gefängnis. Ein Giftknödel besteht aus Rindertalg, der mit Wildschweinborsten zu einer tennisballgroßen Kugel geformt ist. Statt gerösteter Brotwürfel lagert im Inneren eine ordentliche Portion Rattengift. Den Knödel kann man gut im Morgengrauen weit über den Zaun werfen. Der Jäger-Täter hat sich anonym geoutet, nachdem eine Zeitung meinen zornigen Brief veröffentlichte. Er hatte sich geärgert, dass wir alles eingezäunt hatten. (Was vor dem Gesetz einem Jagdverbot entspricht, wenn man dazu die entsprechenden Schilder anbringt.)

Ich weiß nicht, ob man behaupten kann, wir hätten uns mit der Unvermeidlichkeit der Jagd arrangiert. Natürlich leiden wir um jeden abgeknallten Vogel. Umweltverbände kämpfen erfolglos. Auch die EU macht seit Jahren Druck. Doch in Rom wird man einen Teufel tun und die Vogeljagd verbieten. Zu viele Wählerstimmen wären in Gefahr und sorgen so für Tatenlosigkeit. Selbst wenn es zu einem Verbot käme, wäre die Einhaltung praktisch nicht kontrollierbar.

Einen besonderen Stellenwert in der Beliebtheitsskala der Jäger hat die Wildschweinjagd. Was man schon an dem Sperrfeuer hören kann. Bis zu 30 Schützen umfasst so eine *squadra*. Mittwochs, Samstags oder Sonntags (das sind die drei zulässigen Tage für die Jagd auf Wildschweine) fahren die Jäger am Morgen im Konvoi unsere Straße entlang. Die Schützen verteilen sich, die Treiber verschwinden mit ihren kläffenden Hunden im Wald. Bis zum Abend, abzüglich einer Mittagspause, wird geschossen, geschrien, angefeuert und gebellt. Wenn in der Dämmerung das Feuer eingestellt wird, bleiben meist einige Jäger zurück, die ihre versprengten Hunde suchen. Sie hören alle auf den Namen Qua. Mit heiseren Stimmen tönt es aus verschiedenen Richtungen „qua, qua, qua." Immer dreimal hintereinander. Wahrscheinlich kommt dieser Einheitsname von dem Befehl *„vieni qua!"* („komm her"!).

Ein explosionsartiger Knall informiert, wann auf ein Wildschwein geschossen wird. Der heftige Nachhall stammt von einem Dum-Dum-Geschoß. Eine Zeitlang waren diese brutalen Kartuschen verboten, jetzt sind sie wieder erlaubt. Die zuständige neue Ministerin machte es möglich. Sie sieht vor allem gut aus und hat vermutlich eine Schwäche für knallharte Männer. Oder für Waffenlobbyisten. Die Schützen tragen inzwischen leuchtend rote Gilets und Mützen, um sie von Wildschweinen zu unterscheiden und so Unfälle vermeiden zu helfen.

Im vergangenen Jahr gab es in der Nähe trotzdem mal wieder einen tödlichen Unfall. Ein Schütze wollte rasch zu seinem Auto, um Gummistiefel anzuziehen. Es hatte angefangen zu regnen. „Halt mal eben mein Gewehr", soll er zu einem Kollegen gesagt haben, „ich bin gleich zurück." Das Schicksal wollte es, dass der Kollege in der kurzen Wartezeit ein Wildschwein aus dem Wald treten sah. Obwohl er nicht in der vorgeschriebenen Schussstellung stand, feuerte er mit der fremden Waffe auf das Schwein. Kurz darauf fand man einen anderen Schützen mit einem tödlichen Loch an einen Baum gelehnt. Es war der Bürgermeister des benachbarten Ortes.

Bei der Wildschweinjagd sind wir immer hin- und hergerissen. Zu viele Schäden richten diese Tiere bei uns an, um sich unsere Sympathie zu sichern. Allerdings finde ich Wilderer wesentlich humaner. Sie geben zu ihrer eigenen Sicherheit nur einen Schuß ab und bevor das Schwein erkennt, dass es in einen Hinterhalt geraten ist, ist es auch schon tot.

Aber zurück zum 31. Januar. Wir holten wie üblich bei beginnender Dämmerung unsere Esel von der Weide. Ein Stück des Weges müssen wir am Zaun entlang gehen, parallel zur Straße, bevor wir in Höhe des Tores in die Auffahrt einbiegen. Leo hat die dumme Angewohnheit, schnell mal irgendwo unter dem Zaun durchzuschlüpfen und unseren Tross auf der Straße zu begleiten. Bei dieser Gelegenheit riecht er intensiv das Stück Straßenrand ab, wo die Jäger ihre Autos parken und ihre Hunde Spuren und Gerüche hinterlassen.

Ein Fahrzeug stand noch da, der letzte Jäger der Saison machte sich gerade bereit zur Abfahrt. Plötzlich schrie er los: „Verdammter Köter!

Hau ab! Ich erschieß dich! Jawohl ich erschieß dich jetzt! *Ti sparo, ti sparo!*" Im Dämmerlicht sah ich, wie der Jäger das Gewehr hob und hörte das metallene Klicken des Durchladens. Leo rannte weg. Fassungslos rief ich: „Nehmen Sie sofort die Waffe runter!" Vicky schrie: „Leo, komm rein!" – „Ist das Ihr Hund?", ertönte es vom Auto her, „der hat mich gerade ins Bein gebissen. Was macht der überhaupt hier auf der Straße? Ich bring ihn um!" – „Der Hund beißt nicht, legen Sie endlich die Waffe weg! Sie dürfen auf der Straße sowieso keine geladene Waffe tragen!"

Wir waren am Tor angekommen, ich hielt mühsam meine vier Esel fest, öffnete das Tor einen Spalt und rief nach Leo. Der spurtete sofort durch die Öffnung und die Auffahrt hinauf. Wütend riet Vicky dem Jäger, möglichst schnell zu verschwinden. Wir zogen mit den Eseln entschlossen weiter. Bleibt man erst einmal stehen, fangen sie sofort an zu fressen. Jeder in einer anderen Richtung. Es kostet dann richtig Kraft sie wieder in Bewegung zu setzen. Der Jäger rief uns noch einiges hinterher, was wir aber akustisch nicht verstanden. Am Stall wurde Leo sofort in den Heuboden eingeschlossen. Wir hatten Sorge, er könnte nochmals zur Straße hinunterlaufen und womöglich schoss dieser Idiot dann wirklich. Während der Arbeit behielt ich die Straße im Auge, sah aber kein Auto vorbeifahren. Ich beschloss, zur Auffahrt zurückzukehren und nachzusehen, ob das Auto noch da stand. Es stand. Ich ging hinunter und konnte den kleinen weißen Panda deutlich am Straßenrand erkennen. Dahinter glomm im Dunkel eines Baumes eine Zigarette. Ich öffnete das Tor und ging auf die Zigarette zu. Keine Provokationen, sagte ich zu mir, bleib ruhig. *„Buonasera*, ich wollte nur wissen, ob es irgend einen Grund gibt warum Sie immer noch hier sind?" Ich konnte erkennen, dass der Jäger noch sehr jung war. Er trug eine olivgrüne warme Wollmütze, die bis zum Hals reichte. Nur das Gesicht war einigermaßen frei. Es war tatsächlich ungemütlich kalt. „Ich warte auf die *carabinieri*." – „Wieso auf die *carabinieri?*" – „Weil ich Sie anzeigen will." – „Ach so, ja dann, halten Sie das denn für notwendig?" – „Ja, Ihr Hund hat mich gebissen und ich weiß ja nicht, ob er vielleicht krank ist." – „Für den Fall, dass er Sie wirklich gebissen hat, können Sie ganz beruhigt sein, mein Hund hat keine ansteckende Krankheit." Als hätte er nicht zugehört, fügte er hinzu: „Wenn ich die Anzeige gemacht habe, muss ich zum *pronto soccorso*" (Notdienst im Krankenhaus). Sein Handy klingelte. Er ging um den Panda herum und nahm das *telefonino* vom Beifahrersitz. Was heißt ging? Er hinkte. Er hinkte ganz fürchterlich. Es sah aus, als würde das linke Bein die Belastung kaum aushalten und jeden Moment wegknicken. „*Pronto?*" Am anderen Ende waren offenbar die angeforderten *carabinieri*, die unsere kleine Staubstraße nicht fanden. Es folgte eine endlose Wegbeschreibung, immer wieder unterbrochen von Fragen. In Varianten wiederholte der Jäger mehrmals seine Beschreibung. Schließlich war er bereit, die *carabinieri* in Cafaggio abzuholen. Ich fror. „Klingeln Sie einfach, wenn die *carabinieri* da sind. Ich komme dann runter."

Zehn Minuten später stand der dunkelblaue Fiat mit rotem seitlichen Streifen am Tor. Mit laufendem Motor und abgeblendeten Scheinwerfern. Sie waren zu zweit. Böse Zungen behaupten, *carabinieri* seien deshalb zu zweit, weil der eine lesen kann und der andere schreiben. Zumindest der Beifahrer im Rang eines *brigadiere* konnte beides, wie ich bald feststellen sollte. Meinen ersten Impuls, sie zu bitten den Motor abzuschalten, unterdrückte ich feige. Ich fürchtete, nach einer Kritik schlechtere Karten zu haben. Die Beamten blieben im Wagen sitzen, der Fahrer war gerade dabei die Personalien des Jägers aufzunehmen. Ich stand auf der Beifahrerseite und wurde ebenfalls um ein Dokument gebeten. Also flitzte ich wieder zum Haus hinauf (was wenigstens wärmte) und brachte das gewünschte Dokument. Inzwischen war der Jäger fast mit seinem Bericht über Leos hinterhältigen Anschlag fertig geworden. Über das Fahrzeugdach hinweg fragte ich ganz harmlos: „Haben Sie auch

nicht die Sache mit dem Gewehr vergessen?" – „Wie, Gewehr?",
mischte sich der *brigadiere* prompt ein.

Nun folgte meine Version der Ereignisse. Der *brigadiere* hatte ein quer-
formatiges Formular auf ein Schreibbrett geklemmt und schrieb und
schrieb in kleinen Buchstaben. Er lehnte sich zur Fahrerseite: „Und
Sie haben wirklich mit dem Gewehr auf offener Straße…?" Den Rest
ließ er in der Luft stehen. Der Jäger bejahte immerhin, behauptete
aber, er hätte die Waffe lediglich ins Futteral schieben wollen. Wieder
an mich gewandt fragte der Polizist: „Wo ist der Hund jetzt? Ich müßte ihn einmal sehen." Ich flitzte wieder zum Haus zurück, begeistert,
dass ich mich wieder warm laufen konnte.

„Weißt du wo ich eine Hundeleine finde?", rief ich Vicky in der Küche zu, „die wollen den Leo sehen." Sie brachte Leo und einen langen
Strick. „Was anderes habe ich auf die Schnelle nicht gefunden. Was
wollen die denn von Leo?" – „Was wohl? Das Untier aus der Nähe betrachten wahrscheinlich. *Carabinieri* brauchen diesen Nervenkitzel."
Natürlich wäre Leo auch ohne Strick mitgelaufen. Vermutlich wäre
er außerhalb des Tores erst mal zu einem kurzen Trip in der Dunkelheit verschwunden. Was wiederum keinen guten Eindruck gemacht
hätte. Fröhlich wedelnd zerrte er mich die Auffahrt hinunter, die anderen vier kamen bellend hinterher. Sie hatten die Anwesenheit eines fremden Fahrzeuges noch gar nicht bemerkt und spielten jetzt die
Wachhunde. Im Licht der Scheinwerfer hatte die Hundemeute wahrscheinlich Eindruck gemacht, denn die Türen des Fiat schlossen sich
plötzlich. Erst als sich das Tor vor den anderen Hunden schloss, öffnete sich die Beifahrertüre wieder, wenn auch nur auf etwa ein Drittel. Leo nichts wie hin zu dem Auto. „Vorsicht!", rief ich und die Türe
schloss sich wieder. „Nein, nein, Sie können die Türe ruhig offen lassen. Es ist nur, weil Leo so leidenschaftlich gerne Auto fährt und deshalb sofort auf Ihren Schoß springt. Ich dachte nur an Ihre saubere
Uniform."

Der Jäger hatte sich währenddessen unauffällig zu seinem Panda zu-rückgezogen. Ich konnte gerade noch sehen, dass er dabei nicht hink-te. Das bewahrte ihn aber nicht davor, dass Leo auch heftig in seine Richtung wedelte. An den *carabiniere* gewandt fragte ich „Können Sie sich vorstellen, dass dieser Hund ohne Grund beißt? Sehen Sie, wir haben einen *Agriturismo*-Betrieb, im Sommer tummeln sich hier jede Menge Kinder, die mit den Hunden spielen. Würde einer unse-rer Hunde beißen, könnten wir den Laden dicht machen. Sollte er den *cacciatore* wirklich gebissen haben, dann muss irgendetwas vorge-fallen sein. Vielleicht hat er einen Fußtritt bekommen." Der *brigadiere* überging die Frage mit Schweigen. Der Motor lief immer noch. „Ha-ben Sie einen Impfpass für Leo?", wollte er stattdessen wissen. „Da müsste ich meine Frau fragen. Sie kümmert sich um diese Dinge." – „Wenn Sie das bitte tun würden. Den Hund können Sie mitnehmen." Zum dritten Mal rannte ich bergauf und rief Vicky. „Die wollen Leos Impfpass sehen." – „Wieso das denn? Ein Impfpass ist keine Pflicht." – „Weiß ich nicht, soll ich mich deswegen rumstreiten? Der Jäger hat Angst wegen Tetanus." – „Hunde werden aber nicht gegen Tetanus geimpft." – „Nun hol schon den Ausweis!" – „Schon gut, ich meine ja nur…"

Der *brigadiere* prüfte sichtlich hilflos die Eintragungen. Das Handy des Jägers klingelte. „Mama? Ich bin immer noch hier. Ja, wegen der Anzeige. Ja, die sind da. Wie? Heb' mir einfach von der Pasta auf. Ich esse sie dann später. Ja, das dauert noch. Ciao Mama!" Der *brigadie-re* übertrug mittlerweile Buchstabe für Buchstabe der eingetragenen Medikamente, dass Leo einen Mikrochip trägt und dass er Leismani-osi-negativ ist. Wieder klingelte das *telefonino* des Jägers.
„*Pronto*, Sandra, ich bin immer noch hier. Ja, wegen der Anzeige. Ja, die sind schon eine Weile hier. Nicht mehr lange, denke ich. Pass auf, fahr mit dem *bimbo* nach Cafaggio zur Bar. Da komme ich hin. Wir fahren dann zusammen zum *pronto soccorso* nach Piombino. Ciao, bis gleich."

„Zeigen Sie doch mal Ihre Verletzung", forderte der *brigadiere* und stieg erstmals aus dem Wagen. Gemeinsam mit dem Jäger (der jetzt wieder hinkte, wenn auch längst nicht so übertrieben wie am Anfang) trat er vor die Scheinwerfer. Der Jäger zog das linke Hosenbein ein Stück hoch. Zum Vorschein kam eine rote Schramme. Kein angetrocknetes Blut, keine Schwellung. „Aha" kommentierte der *brigadiere*, setzte sich wieder ins Auto und schrieb. Der Motor lief. Dann riss er von einem Notizblock eine Seite kariertes Papier ab und schrieb Leos Medikamente drauf. Den Zettel drückte er dem Jäger in die Hand. „Das geben Sie dem Arzt beim *pronto soccorso*. Vergessen Sie nicht zu sagen, dass der Hund Leismaniosi-negativ ist." (Leismaniosi ist eine tückische Sumpfkrankheit, die durch eine kleine Fliege übertragen wird und nicht heilbar ist. Ein Hund kann aber häufig trotzdem damit leben, wenn die Ansteckung frühzeitig erkannt und behandelt wird).

Der Fahrer, der während der ganzen Zeit auf seinem Handy gespielt hatte, wollte noch wissen, wie man meinen Namen ausspricht. „K r e t z s c h m a r", antwortete ich möglichst deutlich. „Ketschmaa?" – „Ja, das ist schon ganz gut." – „Ist das der Vorname oder der Familienname?" – „Wir sind dann fertig", verkündet der *brigadiere*, „*buonasera*." Auf dieses Signal hin legte der Fahrer den Gang ein, wendete und die *carabinieri* verschwanden in der Nacht. Ich blieb frierend mit dem Jäger zurück. Er streckte mir die Hand hin „*Mi chiamo Paolo.*" – „*Io mi chiamo Wolfgang*", antwortete ich und schüttelte die angebotene Hand. „Wenn Sie mir gesagt hätten, dass der Hund nicht krank ist, hätte ich die *carabinieri* gar nicht angerufen!" – „Sie haben mich ja nicht gefragt." – „Ich habe Ihnen doch hinterhergerufen, aber Sie sind mit den Eseln einfach weitergegangen." – „Tut mir leid. Wenn Sie irgendwelche Kosten durch Ihre Verletzung haben, sagen Sie mir Bescheid. Gute Besserung, *ciao Paolo.*" – „*Ciao Wolfgang.*"

Über eine Stunde hatte ich jetzt in der Kälte gestanden, während Leo bestimmt längst gefüttert und gemütlich auf einem bequemen

Sessel lag. Für Paolo war der Abend erst mal gelaufen. Beim *pronto soccorso* saßen um diese Zeit erfahrungsgemäß jede Menge Leute mit ähnlichen Beschwerden und diversen Familienangehörigen. Natürlich hofften sie, krank geschrieben zu werden. Ob es bei Paolos Schramme dafür reichte, war zu bezweifeln.

Die Geschichte hatte noch ein zweites Ende. Eine gute Woche später kam ein Anruf von der Gesundheitsbehörde. Eine nette Dame bat mich, Leo am nächsten Tag beim Amtstierarzt vorzuführen. Vom *pronto soccorso* hätte sie die Mitteilung erhalten, dass der Hund Leo eine Person gebissen habe. Am nächsten Morgen war Leo hell begeistert, Auto fahren zu dürfen. Die Freude war aber schnell vorbei, als wir ins Veterinärbüro traten. Zwar wedelte er noch, aber nur mit stark eingeklemmtem Schwanz. Außerdem zitterte er zum Erbarmen. Ich kannte Luciano, den Tierarzt, seit vielen Jahren. Als er noch privat praktizierte, hatte er jahrelang alle unsere Tiere versorgt. Wir plauderten über dies und das, nebenher füllte er ein Formular aus. Ich glaube, es hatte mit Tollwut zu tun. Damit war der Dienstweg abgeschlossen und wir entlassen. Auf dem Heimweg überwog bei Leo doch bald wieder die Begeisterung fürs Auto fahren.

Noch zweimal musste ich in diesem Winter einen Problem-Baum fällen. Der eine war ein überalterter Aprikosenbaum. Er stand genau zwischen der Halle mit den Ackergeräten und dem Hühnerstall. Die Krone lag teilweise auf den Dachziegeln der Halle auf. Die Entfernung zwischen Gerätehalle und dem ummauerten Vorhof des Hühnerstalls beträgt etwa drei Meter. Also viel zu wenig Platz, um den ganzen Baum liegend aufzunehmen. Über eine lange Leiter sägte ich deshalb Stück für Stück der Krone ab. Von Hand, denn ich arbeite auf einer Leiter nie mit der Motorsäge. Das ist einfach ein Sicherheitsgrundsatz. (Ich kenne einen Olivenschneider,

41

der zweimal auf der Leiter das Gleichgewicht durch die schwere Säge verlor. Er rettete sich nur dadurch, indem er die laufende Säge im Fallen geistesgegenwärtig wegwarf). Eine Motorsäge ist eine gefährliche Waffe.

Ohne die ausladenden Teile der Krone war der Aprikosenbaum schlank genug, um ohne Schaden anzurichten in den engen Raum zu fallen. Ich fällte ihn in etwa einem Meter über dem Boden. Knapp darunter wächst ein gesunder, junger Trieb, aus dem wir einen neuen Baum ziehen.

Ähnlich war es bei dem immergrünen Pfefferbaum am Porticato. Er war in seinem Wuchs nicht mehr zu bändigen. Auf wiederholtes Verjüngen reagierte er mit noch rascher wachsenden Trieben. Leider zu spät hatte ich bemerkt, dass 50 Zentimeter tiefer eine Felsplatte liegt, die sich in alle Richtungen erstreckt. Deshalb wurzelte er schlecht und neigte sich immer bedrohlicher zum Porticato hin. Trotz stabiler Abstützung. Auch in diesem Fall war kein Platz, um den Baum im ganzen zu fällen. Ich sägte erst mal wieder von Hand. Aus den Schnittstellen tropfte sofort stark klebriger, weißer Sirup. Ähnlich stelle ich mir das bei einem Kautschukbaum vor. Die erdrückende Masse von sperrigen Zweigen und Ästen zerlegte ich sofort. Das spart Platz beim Abtransport und erleichtert das spätere Verbrennen. Für diese Arbeit verwende ich eine elektrische Schere. Besonders für den Olivenschnitt ist sie eine unverzichtbare Hilfe geworden. Die Batterie trägt man wie einen Minirucksack auf dem Rücken. Für einen festen Sitz schließt man einen Brustgurt. An der Hüfte ist ein Schaltkästchen befestigt. Damit wird die Schere ein- und ausgeschaltet. Akustische Signale teilen mit, wann die Sicherheitssperre aufgehoben ist. Wird die Schere eine Minute nicht benutzt, schaltet sie automatisch ab. Per Knopfdruck schneidet sie ohne jeden Kraftaufwand bis zu zweieinhalb Zentimeter dicke Äste. Allerdings sollte man das Gerät sehr konzentriert benutzen. Die freie Hand hat nichts in der Nähe der Schneide zu suchen. Anders als eine mechanische Schere führt die elektrische den Schnitt voll durch, sobald der Auslöser gedrückt wird. Das heißt: Man kann bei Gefahr den Schneidvorgang nicht stoppen.

Nur sehr ungern fällte ich den schönen Pfefferbaum. Er ist eine Bereicherung für jeden großen Garten. Seine langen, meist hängenden Zweige tragen paarweise feine, schmale, etwa vier Zentimeter lange Blätter. Dazwischen wachsen die traubenartigen Fruchtrispen. Die Früchte sehen wirklich aus wie Pfefferkörner. Sie schmecken auch so. Ein bisschen milder. Das Pfefferkorn ist von einer rötlich-braunen, hauchdünnen Schale umgeben, die beim Reifen aufspringt. Im Sommer trockneten wir sie in der Sonne und füllten sie in ehemalige Marmeladegläser. Vicky streut sie gelegentlich über ein Pastagericht. Sie knacken schön beim Kauen und verfeinern unaufdringlich den Geschmack der Pasta.

Auch in diesem Fall wuchs am Fuß des Baumes ein kerzengerader, kräftiger Trieb, den ich stehen ließ. (Inzwischen ist daraus wieder ein ansehnliches Pfefferbäumchen geworden).

In den Wintermonaten greife ich noch oft zur Motorsäge, um Nachschub an Brennholz zu beschaffen. Die ein Jahr zuvor gefällten Bäume, zumeist Eichen, liegen als Meterstücke noch dort, wo sie zerlegt wurden. Da die Holzlege nicht unbegrenzt Platz zum Aufschichten hat, säge ich in Etappen. Das reicht dann jeweils etwa einen Monat. Um das Holz möglichst zügig in Stücke zu sägen, benutze ich ein einfaches Eisengestell. Es besteht aus vier senkrechten Eisen, die unten miteinander verschweißt sind. Die Schmalseiten haben einen Abstand von 30 Zentimeter. Parallel dazu fülle ich das Gestell mit Meterstücken so auf, dass die Holzstücke ungefähr gleichmäßig nach beiden Seiten überstehen. Unten meist dünneres Holz, damit es gut beschwert wird von den dickeren Stücken. Das dauert ein wenig. Dafür geht das Schneiden umso zügiger. Ich säge einmal links von oben nach unten durch und einmal rechts. So produziere ich in wenigen Minuten eine beachtliche Menge Scheite, jedes gut 30 Zentimeter lang. Auf dem Heimweg ist die Hucke am Traktor regelmäßig überladen. Die Hydraulik hebt die Last nur widerwillig bis in halbe Höhe. Die Vorderräder haben trotz Zusatzgewichten nur noch ein Minimum an Bodenhaftung. Bei der kleinsten Unebenheit heben sie vom Boden ab. Bisher habe ich meinen Monatsvorrat aber immer gut an der Holzlege angeliefert.

Meine große Begeisterung gilt seit Beginn der Heizperiode einem motorbetriebenen Holzspalter. Er ist rot und gelb lackiert und etwa 1,70 Meter hoch. Die Plattform für das Holz ist in der Höhe verstellbar. Ein Elektromotor und zwei Hydraulikpumpen fahren den Spaltkeil herunter. Mit einem Druck von 10 Tonnen gleitet er durch die dicken Stammstücke. Es kracht eindrucksvoll, wenn das Holz anfängt zu bersten und der Keil sich scheinbar mühelos seinen Weg bahnt. Zugegeben, vor dem Kauf war ich etwas misstrauisch. Glatte Stücke ja, die konnte ich aber auch hacken. Würde aber die Kraft ausreichen, um verwachsene, knorrige und steinharte Riesenstücke zu spalten? Ich suchte mir das übelste Stück in der Holzlege aus. Es war vom Jahr zuvor als nicht spaltbar übriggeblieben. Diesen Brocken schleppte ich zum Händler. „Ich interessiere mich für einen Holzspalter. Kann der auch so ein Stück hacken?" Der Händler betrachtete leicht verunsichert den verwachsenen Baumstumpf, machte dann aber auf Optimismus. Wollte er verkaufen, musste er die Herausforderung annehmen. Kurz darauf strahlte er selbstbewusst. Der Holzspalter hatte den Test ohne sichtbare Mühe bestanden. Am nächsten Tag stand das Gerät in meiner Holzlege. Die Einzelteile des Probestückes überließ ich dem Händler für Demonstrationszwecke.

Seitdem spalte ich jedes zu große Stück sofort beim Abladen. Die Mühelosigkeit macht Spaß und spart außerdem eine Menge Zeit. Früher habe ich zunächst alles Holz aufgestapelt und bei Bedarf ein paar Stunden Holzhacken eingeschoben. Eigentlich hat mir Holzhacken Spaß gemacht, bis... (siehe einige Absätze weiter).

Mit dem Brennholz wird ein offener Kamin beheizt. Über der Feuerstelle sind zwei Eisenbehälter angebracht, die mit der Zentralheizung verbunden sind. So genießt man nicht nur das gemütliche Kaminfeuer, sondern wärmt gleichzeitig alle Heizkörper im Haus. Viel Wärme wird dabei nicht produziert. Sonst müsste man den ganzen Tag neben dem Kamin stehen und darauf achten, dass ununterbrochen kräftiges Feuer lodert. Trotzdem ist es erstaunlich, wie gut das Haus erwärmt wird. Ab etwa sechs Grad Außentemperatur schalte ich in den Abendstunden die Methan-Gasheizung dazu. Man kann sich sehr gut an Zimmertemperaturen von etwa 17 Grad gewöhnen, ohne zu frieren. Außerdem gibt es warme Pullover. Das T-Shirt bleibt dem Sommer vorbehalten. Trotzdem ist das Kaminfeuer das abendliche Unterhaltungs- und Lesezentrum.

Aus ökologischer Sicht kann man über das Heizen mit Holz streiten. Neuerdings ist der offene Kamin als Giftschleuder in Verruf geraten. Giftige Gase und Feinstaub sollen in einer Menge freigesetzt werden, die die Emissionen heutiger Autos oder Ölheizungen um das zig-fache übersteigen. Bei Kindern soll der Feinstaub sogar Hirnschäden verursachen. Ich las von Nervenentzündungen, verursacht durch die entstandenen Schadstoffe. Sie sollen zumindest zur Entstehung so hübscher Krankheiten wie Alzheimer und Parkinson beitragen. Wie oft bei solchen Grusel-Forschungsergebnissen gibt es auch Wissenschaftler, die abwiegeln und darauf hinweisen, dass die Untersuchungen an Mensch, Hund, Maus und Ratte noch längst nicht ausreichten, um ein schlüssiges Ergebnis zu zeigen. Nun, der Verdacht bleibt.
Für mich bleibt unverständlich, wieso holzbefeuerte Heizungen und Öfen als klimaschonende Alternative zu Öl und Gas beworben werden, wenn sie hochschädigende Luftverschmutzer sein sollen. Vielleicht stimmen die Ausgangswerte nicht überein und der Vergleich

mit den „sauberen" Autos hinkt. Die Heizperiode dauert, wie der Name sagt, eine begrenzte Zeit. Autos sind 365 Tage im Jahr giftig.

Umweltprobleme darf man keineswegs verharmlosen. Aber man sollte auch berücksichtigen, dass Gutachten jeder Art käuflich sind. Und Gegengutachten auch. Das Heer der Lobbyisten tut sicher das Seine dazu, die jeweilige Konkurrenz schlecht aussehen zu lassen. In vergangenen Werbejahren konnte ich diesen Lobby-Effekt bei beschichteten Pfannen verfolgen. Immer wenn der Umsatz von Gusseisen verarbeitenden Firmen stagnierte, tauchte in der Presse das Gespenst der Krebserkrankung durch überhitzte beschichtete Pfannen auf. Die schönste Story titelte mit der Schlagzeile: „Singvogel Hansi stirbt an Teflon". Im Artikel erfuhr man, dass Hansis Sing-Sing-Käfig über dem Herd aufgehängt war. Mit Sicherheit wurde dort auch in der Pfanne gebrutzelt. Ich vermute, dass *povero* Hansis finaler Schaden viel eher mit häufigem Dampf, hohen Temperaturen oder altem Frittierfett zusammenhing. Man hätte der Köchin (ja, es war ausnahmsweise eine Frau) für ihre Dummheit und Tierquälerei die Pfanne auf den Kopf hauen sollen. Aber solche Geschichten verfehlen nie ihre Wirkung beim Konsumenten.

Aber ich wollte noch über das Holzhacken und seine möglichen Folgen berichten. Es war im Winter, bevor die Ära des 10-Tonner-Holzspalters begann. Ich hackte wieder einmal einen beachtlichen Berg Holz. Richtig mit Schwung und Energie, denn ich brauchte ein Ventil für irgendeinen Ärger, den ich unmittelbar vorher hatte. Es waren dicke Eichenstämme dabei, die einfach nicht nachgeben wollten. Zum Teufel, dachte ich, du wirst doch nicht vor einem Stück Holz schlapp machen!, und legte noch eine Tonne Schlagkraft zu. Na bitte, es geht doch. Nur der Rücken schmerzte am Abend stark. Am nächsten Morgen zog sich der Schmerz um die Hüften herum und landete in der Bauchgegend. Schließlich konzentrierte er sich auf der linken Bauchseite. Da blieb er. Nach ein paar Tagen ging ich zur Hausärztin, mit der wir auch herzlich befreundet sind. „Kein Grund zur Sorge. Du hast dich einfach überanstrengt. Das ist durchaus normal, dass die Schmerzen in den Bauch ausstrahlen können. Ich gebe dir Schmerztabletten, in ein paar Tagen ist alles o.k." War es aber nicht (Ärzte neigen bei Angehörigen und Freunden ohnehin zur Verharmlosung). Ich ging zu einem Internisten. „Legen Sie sich bitte mal auf das Bett." Er presste die Hand auf den schmerzenden Bereich. „Jetzt husten Sie mal!" Ich hatte das Gefühl, gleich zerreißt meine Bauchdecke vor Schmerz. „Eindeutig Leistenbruch", verkündete der Professor strahlend seine Diagnose. „Wenn Sie sich hinlegen rutscht alles rein, wenn Sie aufstehen kommt es wieder raus". Was da rein- und rausrutscht war mir nicht ganz klar, aber der Mann hatte den Nerv dabei zu kichern. Abends machte ich das, was jeder in meinem Fall heute tun würde: Ich surfte im Internet und las alles über Leistenbruch und die neuesten Operationsmethoden. Am nächsten Tag saß ich wieder bei meiner Hausärztin und beschwerte mich (milde) über ihre falsche Diagnose. Sie nahm meine Kritik recht cool und riet mir, meinen Fall vorsorglich bei der Gemeinde als landwirtschaftlichen Unglücksfall zu melden. Nebenbei schrieb sie mich noch für diverse Wochen krank. Außerdem bekam ich eine Überweisung für die Klinik.

Meine Krankmeldung in der Gemeinde kommentierte eine hübsche Angestellte: „Für vier Wochen krank geschrieben sehen Sie eigentlich ganz gut aus." – „*Bellissima*, der zweite Teil Ihres Satzes würde mir absolut als Kompliment genügen."

Beim Kliniktermin musste ich nochmals die Hustenprobe ablegen. Vorsichtshalber hustete ich ganz dünn und jaulte sofort gepeinigt auf. Ich war als Patient akzeptiert und einer Operation würdig. Meinerseits stellte ich befriedigt fest, dass die Operationsmethode meinem Internetwissen standhielt. Man setzte mich auf die Warteliste. Der

Arzt legte mir nahe, ab sofort eine Stützunterhose zu tragen. „Natürlich keine schwere Arbeit, nichts heben, am besten Sie gehen nur spazieren."

Im nächsten Sanitätsgeschäft kaufte ich mit ziemlichem Widerwillen diese wenig attraktive Unterhose. Sie sah aus wie für eine alte Oma, die ein wenig Halt braucht. Mit allen möglichen elastischen Verstärkungen ausgestattet hatte sie als orthopädischen Clou eine eingebaute Kunststoffplatte, die sich der Soll-Bruchstelle anpasste. Bald bezeichnete ich sie als Blechhose, obwohl die Kunststoffplatte recht angenehm war. Was ich nicht ahnte war, dass ich sie fast sechs Monate tragen musste. Aber wahrscheinlich gibt es Schlimmeres. Hygiene-Fetischisten sei gesagt, dass sie auch mal gewaschen wurde. Außerdem trug ich immer einen Slip darunter.

In den folgenden Wochen versuchte ich wiederholt, auf der Warteliste weiter nach vorne zu kommen. Wenn schon nicht als Künstler, so mussten doch die dringenden landwirtschaftlichen Arbeiten ein überzeugendes Argument sein. Zumindest gegenüber Karten spielenden alten Rentnern. Vergebens. Selbst Beziehungen über dritte Personen halfen nicht weiter. Italien ist auch nicht mehr das, was es einmal war. Statt dessen hatte ich nun häufig starke Schmerzen. Der linke Teil der Bauchdecke wurde steinhart. Am meisten irritierten mich Beschwerden, die ich nicht deuten konnte. Nachdem ich etwas gegessen hatte, fing es wenig später an der Bruchstelle an zu gurgeln. Ich bekam Magenkrämpfe und musste ziemlich plötzlich zur Toilette. Nein, das hätte mit dem Leistenbruch absolut nichts zu tun, meinten drei befragte Ärzte. Allerdings sollte man diese Symptome nach der Operation gewissenhaft untersuchen. Ich machte den Fehler, wieder das Internet zu konsultieren. Meine Selbstdiagnose war völlig klar: Verdacht auf Darmkrebs. Leicht hysterisch geworden machte ich einen Test. Der war gottlob negativ, aber das Problem blieb ungelöst. Schwierig wurde es mit der anfallenden Landarbeit. Ich musste selbst entscheiden, was ich mir zumuten wollte und was nicht. Sollte ich mich vor schwerer Arbeit drücken oder heroisch den Leistenbruch ignorieren? Ein gebrochenes Bein etwa lässt sich in seiner Einsatzfähigkeit ziemlich genau definieren. Aber etwas, was man nicht sieht, von dem man die Grenzen der Belastbarkeit nicht kennt...

Traktor fahren ging ganz gut. Nur die harten Stöße, vom ungleichen Boden aufgenommen und ungefedert an den Fahrer weitergegeben, schmerzten. Dann war für ein anderes Gerät die Gelenkwelle auszutauschen. Das sind wenige Handgriffe, aber ich vergaß, dass ich die schwere Welle beim Aufsetzen mit einer Hand führen und mit der anderen heben und in der Waage halten muss. Das war offenbar zu viel. Zumindest behaupteten es die heftigen Schmerzen. So blieben viele Arbeiten liegen. Vicky schuftete für zwei. Schweres wurde in Lohnarbeit erledigt. Mitte Juni kam endlich ein Anruf aus der Klinik. „Können Sie übermorgen um halb acht nüchtern in der Klinik sein?"

Und ob ich konnte! Dreieinhalb Monate waren inzwischen vergangen. Pünktlich nahm ich um halb acht als Letzter im vollen Warteraum Platz. Die Hälfte der Wartenden waren Kunden wie ich, die andere Hälfte „Begleitpersonal". In Italien geht man nicht alleine den schweren Gang ins Krankenhaus. Vorsichtshalber meldete ich am Empfang meine Ankunft. „Sie werden von uns aufgerufen", sagte die gestresst wirkende Signorina, „setzen Sie sich bitte solange ins Wartezimmer."

Ein Leistenbruch wird heute meist im Day Hospital repariert. Nach dem Motto: morgens gebracht, abends gemacht. Einer nach dem anderen meiner Mit-Patienten wurde aufgerufen und verschwand mit Begleitung. Gegen halb neun Uhr saß ich alleine da, gläubig wartend. Eine Schwester erschien und wollte die gläserne Doppeltüre abschließen. „Hallo! Nicht zusperren! Ich warte noch." – „Keine Angst Signore, hier wird niemand vergessen. Ich muss nur abschließen, weil jetzt die Betten in die OP-Säle gefahren werden."

Nicht mehr gläubig, sondern misstrauisch warte ich weiter. Durch die Glastüre sehe ich mit gemischten Gefühlen, wie Betten eilig vorbeigeschoben werden. Dann wird es merklich ruhiger. Um neun Uhr wechselt mein Misstrauen in Zorn. Neben der Türe ist eine Klingel mit Sprechanlage. „Bitte nur in echten Notfällen benutzen" steht darunter zu lesen. Ich betrachte mich als echten Notfall und drücke die Klingel. Einmal, zweimal, dann lasse ich den Finger auf dem Knopf. „Si, dica!" meldet sich unwirsch eine Frauenstimme. Meine Stimme vibriert leicht als ich hörbar verärgert mein Anliegen vortrage. Statt einer Antwort summt der elektrische Türöffner. Am Empfang steht eine Gruppe Ärzte, die mit der jungen Frau hinter dem Tresen schäkern. Beherrscht erkläre ich nochmals mein Problem. Einer der Ärzte wendet sich mir zu und sagt in väterlichfreundlichem Ton: „Sie sollten ja auch um halb acht da sein, jetzt ist es nach neun Uhr." An diesem Punkt weist mein Gedächtnis eine Lücke auf. Mir muss wohl lautstark der Kragen geplatzt sein, denn plötzlich standen die Ärzte besänftigend um mich herum. Einer legte mir kumpelhaft den Arm um die Schultern und entschuldigte sich für das Missgeschick. Ich möge mich doch beruhigen. Die Signorina am Desk würde jetzt alles regeln. Die Assistentin bekam einen Rüffel und feuchte Augen. Sie steckte den roten Kopf in die Patientenliste, hob ihn kurz darauf wieder und verkündete triumphierend in die Runde: „Der Name steht nicht in meiner Liste." Längeres Hin und Her, Aktensuchen im Archivraum, schließlich war die Rechtmäßigkeit meiner Präsenz geklärt.

Ein Oberpfleger begleitete mich zu einem hübschen Zweibettzimmer, das leer stand. Irgendwie fühlte ich mich merkwürdig. Du fährst mit dem Auto zur Klinik, ziehst dich aus, legst dich am hellichten Tag ins Bett und giltst ab sofort als krank. Aber so ist das eben, Bedienung gibt es hier nur in der Horizontalen. Bald bekam ich Besuch von einer hübschen Schwester. Etwas verlegen fragte sie: „Ääh, haben Sie, ich meine, sind Sie da unten herum rasiert?" Dabei deutete sie erklärend zwischen ihre Beine. „Äh…, nein", antwortete ich genauso verlegen. In der Hoffnung witzig zu wirken fügte ich hinzu: „Ausgerechnet heute nicht." – „Muss aber sein. Vielleicht schicke ich Ihnen lieber einen Pfleger." Mich jetzt von einem Mann anfassen lassen? Egal, immerhin war es etwas Neues. Vielleicht entdeckte ich unbekannte Anlagen in mir. Der Pfleger brachte mich in sein Friseur-Studio. Er bat mich in die Horizontale, griff sich völlig selbstverständlich meinen Penis (der inzwischen vor Schreck auf Minimum war) und scherte drauf los wie ein gelernter Schafscherer. Nein, dieser Mann würde keine gleichgeschlechtlichen Empfindungen in mir wecken. Trotzdem war ich irgendwie froh, in männlicher Obhut zu sein.

Später, ich lag längst wieder in meinem kostenlosen Hotelbett, erschien eine neue Schwester. Sie erklärte mir sehr kategorisch, was ich alles abzulegen hätte. „Auch den Ohrring!"
Plötzlich war ich aller meiner weltlichen Konsumgüter beraubt. So nackt und nun selbst zu einer Art Ware degradiert, wurde mir etwas mulmig. Wie um mich zu beruhigen reichte sie mir ein grünliches Flieshemdchen, das kaum das Nötigste bedeckte. Zwei weitere Schwestern deckten mich zu und schoben mein Bett eilig durch die Gänge, einer ungewissen Zukunft entgegen. Diese Fahrt habe ich in schöner Erinnerung. Schicksalsergeben und ohne eigenes Zutun rollte ich durch die Flure. Wartende Angehörige (nicht von mir) standen dort und sahen neugierig auf mich herab. Sie versuchten einen Blick auf mein Gesicht zu erhaschen, als wollten sie so auf die Schwere der Operation schließen. Aus meiner Perspektive flogen die Gesichter vorbei wie im Zeitraffer. Nach einem Zwischenhalt für Spritzen und Tropf-Anschluss rollte ich meinem eigentlichen Ziel entgegen. Im Operationssaal sortierten zwei Grünbekittelte blitzende Skalpelle. Sie nahmen von der frisch eingetroffenen Ware keine Notiz.
„Hallo", sagte ich und versuchte aus meiner horizontalen Position mehr von meiner Umgebung zu erspähen. „Ich bin Wolfgang Kretzschmar und Kunde hier." Kichern als Antwort. „Erzählen Sie doch

ein bisschen, was gleich passiert." Das Eintreffen des Chirurgen befreite die beiden von meiner Neugier. Ich stellte mich nochmals vor, was den Arzt immerhin veranlasste, ebenfalls seinen Namen zu sagen. Ich hasse Anonymität. Schließlich bin ich nicht nur ein Stück Fleisch mit Knochen (auch wenn ich mich bald so fühlen sollte). Im Gefolge hatte er eine schöne Blondine. Muss das denn sein bitte schön? Gleich würde ich wieder da liegen wie vorher bei dem Pfleger/Friseur, kahlrasiert, usw. In Gegenwart von *Bella Bionda* litt mein Ego wegen des auf Minimum reduzierten Geschlechts sehr. Ich wurde an Armen und Beinen festgeschnallt. Die Folter konnte beginnen. Mein Gesicht verschwand gnädig hinter einem grünen Latz. Ich musste an den Witz mit dem Bischof und den Nonnen denken. Der geht so: Der Bischof ist mit seinem Fahrer auf dem Heimweg von einem entlegenen Sprengel. Es ist heiß, der Bischof schwitzt. Sie kommen an einem kleinen, einsamen See vorbei. „Hier müsste man ein erfrischendes Bad nehmen", seufzt der Fahrer. „Gute Idee, aber ich habe keine Badehose dabei." „Ach Exzellenz, wer soll hier schon vorbeikommen?" Sie halten an, entledigen sich ihrer schwarzen Gewänder und tauchen ins Wasser. Der Bischof schwimmt einige Meter, da hält ein Bus. Heraus springen kreischend junge Nonnen, die ebenfalls baden wollen. Dem Bischof ist das sehr peinlich, er schwimmt sofort ans Ufer zurück. Auf dem Weg zu seinen Kleidern hält er sich verschämt die Hände unter den Bauch. Da ruft der Fahrer: „Exzellenz! Das Gesicht müssen Sie sich bedecken, unten kennt Sie doch keine!"

An den letzten Satz musste ich hinter meinem grünen Latz denken, aber nicht lachen.

Der Chirurg erzählte inzwischen, für mich unsichtbar geworden, wie er sich die nächste Zeit vertreiben wollte. Ich glaube, das betraf mich. „Wir arbeiten mit lokaler Anästhesie." (Das wusste ich natürlich.) „Wir setzen Ihnen einige Spritzen um das Operationsfeld. Das nimmt Ihnen die Schmerzen. Aber nicht die Empfindungen." (Das

wusste ich nicht.) „Unter die Bauchdecke schiebe ich ein künstliches Gewebe, um den Bruch zu verschließen. Dann wird alles zugeklammert." Ein Blick auf die große Wanduhr zeigte kurz nach elf Uhr. Die scheußlich schmerzenden Spritzen dauerten etwa zwei Minuten. Bis sie Wirkung zeigten, vergingen nochmals drei Minuten. Nach drei Minuten und vier Sekunden schrie ich sehr spontan und ehrlich auf. Der nächste Satz ist einem Soap-Krimi entliehen:
„Das rasierklingenscharfe Edelstahlskalpell blitzte kurz unter der Lampe auf, bevor es in die Gedärme des wehrlosen Opfers gestoßen wurde."

Tatsächlich spürte ich mit vollem Schmerzbewusstsein das Skalpell in meine Bauchdecke schneiden. Ich hatte den Fluchttrieb eines panischen Pferdes. Deshalb also war ich festgeschnallt worden. Nach kurzem Zwiegespräch mit meinem Peiniger („habe ich Ihnen weh getan?") erhielt ich zwei weitere Spritzen. Den Schnitt spürte ich zwar immer noch, aber der Schmerz ließ langsam nach.

In einer nachträglichen Wertung des Ereignisses frage ich mich, ob sich Schmerz und Empfindung überhaupt voll trennen lassen. Wahrscheinlich sagt doch mein Gehirn: „Hallo, Bauchaufschneiden tut bestimmt weh. Ich sag schon mal der Schmerzzentrale Bescheid." Und so vereinen sich in meiner Vorstellung Empfinden und Schmerz zu Schmerzempfinden. Aber die Ärzte werden es wie immer besser wissen.

Der Rest des Eingriffs beflügelte durch die gefühlten Empfindungen sehr meine Fantasie. Ich spürte, wie zwei Hände endlos lange in meinen Innereien herumwühlten. Dabei sah ich im Geiste, wie der Chirurg die Gedärme, die bis vor Kurzem ins Freie drängten, fein säuberlich entwirrte und an ihren angestammten Plätzen unterbrachte. Begleitet wurden diese Bilder von einem heftigen Brechreiz. Dessen Unterdrückung lenkte mich wenigstens zeitweise ab.

Der Chirurg unterhielt sich mit seiner Crew über Fußball und was Ronaldo oder irgendein anderer Star beim letzten Europacup für einen Mist gebaut hatte. Zweimal am Tor vorbeigeschossen. Unglaublich, bei dem Gehalt. Im Hintergrund, aber nicht zu überhören, bestätigte ein Gerät mit gleichmäßigem Ticken, dass ich noch durchhielt. „Gleich sind wir fertig. Das ist leider eine etwas größere Sache geworden." Ich blickte ein letztes Mal auf die Wanduhr, viertel nach eins. *Bella Bionda* musste mich verpflastern. Ich begann mich zu entkrampfen. Erst später sah ich, dass sie die unteren Klebstreifen an meinem Penis befestigt hatte. Das empfand ich als ausgesprochen niederträchtig, ja zynisch. Dass die einzige Extremität die nicht doppelt vorhanden war als Verbandshalterung dienen musste, konnte sich nur eine Frau ausdenken! Im übrigen war das vorgesehene Fünfzentimeterschnittchen zu stattlichen 20 Zentimetern ausgeufert. War das Messer ausgerutscht oder der Bruch so groß? Letzteres, behauptete der Chirurg mit einem Anflug von Beleidigtsein.
Am Nachmittag bot mir der Visitearzt an, über Nacht zu bleiben. Ein verlockendes Angebot, denn ich fühlte mich nicht gerade zum Bäumeausreißen und war froh um mein Bett. Doch getreu meinem Grundsatz, Krankenhäuser nicht länger als unbedingt notwendig zu frequentieren, lehnte ich dankend ab. Stattdessen rief ich Vicky an und bat sie, mich zu abzuholen. Meinen Entlassungspapieren waren Verhaltensregeln beigefügt. Drei Wochen kein Auto fahren. Null körperliche Arbeit für zwei Monate. „Blechunterhose" Pflicht für die gleiche Zeit.

Diesmal hielt ich mich ziemlich genau an die Anweisungen. Ein Aufgehen der Bruchstelle und ein weiterer Eingriff wäre ungleich unangenehmer und angeblich auch riskant. Nach einer Woche nervte mich die Abhängigkeit von Vicky beim Autofahren. Ich probierte es mit meinem Scooter. Davon hatte der Arzt nichts gesagt. Durch diese Spitzfindigkeit wurde ich wieder beweglich. Als die Klammern herausgemacht wurden (natürlich wieder von einer Frau) war der

Chefarzt anwesend. Ich lamentierte ein wenig wegen der ständigen Schmerzen. „Die werden Sie noch eine ganze Weile haben", bemerkte er cool. „Was erwarten Sie denn? Das war ein richtiger chirurgischer Eingriff, wir haben am offenen Bauch gearbeitet. Eigentlich müssten Sie mit einer solchen Wunde im Bett liegen."

Im August war ich allmählich wieder einsatzfähig. Viel Landarbeit war liegen geblieben und manche Missernte vorprogrammiert. — So viel zu Leistenbruch und Day Hospital. Ich schwor mir, nie wieder ohne Vollnarkose an mir herumschnipseln zu lassen. Was die Symptome betraf, die meine Angst vor Darmkrebs auslösten – sie waren nach dem Eingriff sofort verschwunden.

Doch ich war beim Holzhacken abgeschweift. Kehren wir also noch einmal zurück zum ausgehenden Winter. Vom Gefühl her ist er eigentlich längst abgehakt. Wenn Ende Januar die Mandelbäume im zartesten Rosa der Welt zu blühen beginnen, verdrängt man jeden Gedanken an Winter. Trotzdem, im Februar wird es nochmals kalt. Saukalt, mit Temperaturen bis zum Gefrierpunkt. Die Bauern sagen: *febbraio, febraietto, corto maledetto.* Das geht nicht gut zu übersetzen. Versuch: Der Februar ist kurz, aber er hat's in sich. Ein paar Tage später kann sich bereits ein warmer *scirocco* dazwischen drängen und schon sitzt man mittags wieder draußen in der Sonne. Das ist der Vorteil der Meernähe. Am 21. Februar ist *primavera del mare*, der Frühlingsanfang, den das Küstenklima bestimmt, nicht der Kalender.
Die großen Rosmarinbüsche blühen im Wechsel von Licht und Schatten überwiegend Blauviolett. Vor Jahren wollte ich mit dem anspruchslosen Rosmarin ein kleines Geschäft machen. An der Sonne getrocknet behalten die würzig duftenden Nadeln ihr volles Aroma. In Gläschen gefüllt, mit ansprechendem Etikett und hübsch verpackt, würde ich sie als Gewürz-Rosmarin aus der Toscana verkaufen.

Erste Versuche waren sehr vielversprechend. Ich bepflanzte eine unserer hügeligen, wenig fruchtbaren Terrassen mit vielen Rosmarinsträuchern. Doch hatte ich die Rechnung ohne Wildschweine gemacht. Sie kamen nachts und wühlten sich an die Wurzeln. Irgendwann verlor ich die Lust und gab auf. In den Resten trampeln heute unsere Pferde beim Weiden. Wahrscheinlich hätte mich auch über kurz oder lang die allgegenwärtige Gesundheitsbehörde ausgebremst. Mit ihrem Hygienewahn wäre ich mit Sicherheit zu unsinnigen Auflagen gezwungen worden. Ein Edelstahl-Trockenraum mit doppelt gefiltertem Heißluftgebläse und vorhergehender Chlordusche wäre das Mindeste gewesen. Nicht zu vergessen ein steriler Abpack-Raum. Nicht nur Wildschweine zerstören private Initiativen.

Nach dem Brennholzmachen für den nächsten Winter drängeln sich plötzlich die Vor-Frühjahrsarbeiten. Allein der Weinberg wird in den nächsten acht Monaten bis zur Lese viel Zeit kosten. Vicky hat den Rebschnitt im Januar begonnen. Die üblichen zwei Augen am einjährigen Holz bleiben stehen (Knotenpunkt mitgerechnet). Dazu ein Reserveauge. Dazwischen immer wieder Reben, die verjüngt werden. Dazu braucht es einen gesunden, etwa einen Meter langen einjährigen Trieb. Er sollte möglichst weit unten am Holz herauswachsen. Darüber wird dann das gesamte alte Holz abgesägt. Das abgeschnittene Fruchtholz habe ich früher direkt im Weinberg gehechselt. Seit einigen Jahren verfüttern wir es nach und nach an die Pferde und Esel. Sie sind begeisterte Verwerter des saftigen Holzes.

25 Kastanienpfosten müssen diesmal ersetzt werden. Sorglos flattern die rot-weißen Markierungsbänder im Wind und machen das Auffinden leicht. Die sieben Führungsdrähte glitzern trotz Rostansatz immer noch in der Sonne. Sie sind mit U-Nägeln an den Pfosten befestigt. An den kaputten Pfosten schneide ich sie durch. Manche

sind schon im Boden abgebrochen und lassen sich relativ leicht herausziehen. Andere wackeln wie ein loser Milchzahn. Trotzdem leisten sie heftigen Widerstand, meist weil sie am unteren Ende dicker
sind. Das kostet dann richtig Kraft. Aber je mehr Pfosten ich im
Ganzen herausziehen kann, umso schneller geht später das Bohren
der neuen Löcher. Holzstümpfe im Boden bewirken, dass der Erdbohrer verspringt oder nur um den Stumpf kreiselt, statt in die Tiefe
zu gehen. Da hilft dann leider nur, die Reststücke mühsam von Hand
auszugraben.

Einer der alten Pfosten rutscht mir durch die Hände, als ich ihn zwischen den Drähten heraushebe. Einer der rostigen Nägel bohrt sich
zwischen Daumen und Zeigefinger tief ins Fleisch. Die kleine Wunde blutet stark, was lediglich hinderlich ist. Vielmehr denke ich an
meinen Tetanusschutz, der seit einem Jahr verfallen ist. Ich habe
einfach vergessen, mir eine weitere Spritze geben zu lassen. Das Serum liegt noch im Kühlschrank. Auch Vicky ist der Meinung, dass
ein rostiger Nagel mit Erdspuren gefährlich sein könnte. Vorsichtshalber holt sie sich telefonisch Rat von unserer Hausärztin. „Zieh
die Hosen runter!", sagt sie nach dem Anruf. Zack! Die Spritze sitzt.
So verarztet mache ich mich wieder an die Arbeit. „In vier Wochen
die nächste Spritze. Vergiss es nicht!", ruft Vicky hinterher.

Die alten Pfosten lege ich zunächst am Rand des Weinberges ab.
Wenn Zeit ist, werde ich die morschen Stücke absägen. Die übrig-
gebliebenen Teile kann man gut für Ausbesserungsarbeiten an Wei-
dezäunen verwenden.

Man gebe Vicky im Februar eine Gartenschere. Innerhalb von
vierzehn Tagen schneidet sie alles kurz und klein. Sie beginnt
am Haus mit der riesigen Bougainvillea, der Fejoa, Sommerflieder,
Fächerpalme, Lorbeer, Oleander u.a. Dann zieht sie immer größere

Kreise, während ich leide. Durch die elektrische Schere wurde sie noch radikaler, weil sie kaum Kraft erfordert. Früher war der Radikalschnitt immer ein Streitpunkt zwischen uns. Ich liebe dichtes Buschwerk, üppige Oleander oder Lorbeer, der sich zu Bäumen auswächst. Der vorübergehende Kahlschlag verletzt mein gestalterisches Gefühl. Im Laufe der Jahre sah ich dann doch ein, dass die starke Verjüngung den Pflanzen gut tut. Sie lohnen es durch schnelles Nachwachsen.

„Hallo! Guten Morgen! Lass dir dein Frühstück schmecken! Alles in Ordnung mit den Viechern?" Diese Sätze sind in etwa das Munterste, was ich als Morgenmuffel formulieren kann. „Nein", sagte Vicky leise, „Susi geht es ganz schlecht." Susi ist eines unserer drei Pferde und die Mutter von Frizzi (Vickys heißgeliebtem Reitpferd). „Heute Morgen lag sie vor dem Stall im Matsch."

Es hatte ungewöhnlich viel geregnet in diesem Winter. Auch an den folgenden Tagen regnete es. Susi war nur nach längerem energischen Auffordern bereit aufzustehen. Vicky führte sie in den Stall und rieb sie mit trockenem Stroh ab. Susi fraß von den morgendlichen Pferdeflocken, auch etwas Heu. Dann legte sie sich wieder auf den Boden. Frizzi und Sarah warteten ungeduldig, aber vergeblich darauf, dass Susi herauskam, um mit auf die Weide zu traben. Da grundsätzlich gemeinsam auf die Weide gegangen wird, blieben sie nun auch am Stall. Sie suchten sich die letzten Strohhalme und standen dann einfach herum. An Susis Stall hatte Vicky die unteren Türflügel geschlossen.

Inzwischen telefonierte sie mit Simone. Er hatte auf Elba zu tun und würde erst am Nachmittag kommen. Simone ist unser Pferdetierarzt. Im Laufe des Tages kam Susi noch zweimal auf die Beine. Beim zweiten Mal stürzte sie und verletzte sich am Auge. Wir schütteten das Stroh noch dicker auf. Wände und Futtertrog polsterten wir mit Strohballen. Sollte sie nochmals stürzen, würde sie wenigstens weich fallen. Vicky setzte sich auf einen umgedrehten Futtereimer und nahm Susis Kopf in ihren Schoß, redete sanft mit ihr und streichelte sie dabei.

„Wie alt ist sie?", fragte Simone später. „Fünfundzwanzig." Simone wiegte besorgt den Kopf, nachdem er sie untersucht hatte. „Viel kann ich leider nicht für sie tun. Ich gebe ihr jetzt eine kräftigende Tropfinfusion. Morgen früh müsste sich ihr Zustand gebessert haben. Wenn nicht …"

Frizzi und Sarah liefen unruhig auf und ab. Immer wieder drängten sie ihre Köpfe durch die offenen oberen Türflügel und blickten auf Susi. Frizzi wieherte durchdringend in den Stall.
Nachts ging Vicky mehrmals zum Stall, um nach Susi zu sehen. Sie lag unverändert im Stroh, hob aber immerhin interessiert und aufmerksam den Kopf. Die Nüstern blähten sich leicht, ein dünnes wiehern war zu hören. Bei Susi hört sich das immer an als würde sie kichern.

Doch der Morgen brachte den Rückschlag. Apathisch lag sie auf dem Stroh, hob auch den Kopf nicht mehr. Die Augen hatten Mühe, unseren Bewegungen zu folgen. Ohne darüber zu reden wussten wir, dass Susi den Kampf verloren hatte. Ich kniete mich zu ihr ins Stroh und verabschiedete mich. Vicky erzählte ihr irgendwelche Geschichten von besonders fetten, das ganze Jahr über grünen Wiesen im Pferdehimmel.

Als ich vor den Stall trat, regnete es wieder. Wenn ich eines Tages sterben muss, denke ich, würde ich leichter an einem grauen Tag gehen als bei verlockendem Sonnenschein.
Simone macht seinen Job perfekt. Ich würde schwören, dass Susi völlig unbemerkt über die Schwelle glitt.

Nach kurzem Innehalten mussten wir sachlich werden. Die eigenen Gefühle wurden erst einmal in die Ecke gestellt. Im Stall lag ein totes Pferd mit einem Gewicht von wenigstens einer halben Tonne. Es musste entsorgt werden und es war das erste Mal, dass wir bei einem Pferd mit diesem Problem konfrontiert wurden. Ein Anruf bei der Gesundheitsbehörde belehrte uns, dass es nicht mehr gestattet ist, ein Pferd auf eigenem Grund und Boden einzugraben. Man nannte uns den Namen einer Firma, die den Kadaver abholt und für die Verbrennung sorgt. Das „Leichenauto" kam am Nachmittag aus Massa Marittima. Es regnete immer noch. Der Fahrer wollte nicht riskieren, auf dem matschigen Boden bis zum Stall zu fahren. Außerdem war er allein. Ich holte den Traktor. An der Hebehydraulik hing die Hucke. Sie ist so breit, dass das Pferd diagonal Platz haben müßte. Aber wie schaffen wir es aus dem Stall auf die Hucke? Der Fahrer band mit einem kräftigen Strick die Hinterbeine zusammen. Zu dritt gelang es uns, den Kadaver so zu drehen, dass er durch die Stalltüre passen würde. Ich verknotete das andere Seilende an der Hucke und fuhr ganz langsam an. Schließlich lag der leblose Körper genau da, wo Vicky am Morgen zuvor Susi gefunden hatte, im schlammigen Boden. Nein, befahl ich mir, das ist nicht mehr Susi. Das ist nur ein Tierkadaver. Trotzdem hätte ich mir etwas mehr Würde gewünscht. Aber die schwierigste Arbeit kam erst. Der schwere Pferdekörper ließ sich auf dem aufgeweichten Boden nicht einen Zentimeter bewegen. Ich setzte die Hucke ganz am Boden ab und versuchte sie ganz langsam unter den Körper zu schieben, während Vicky und der Fahrer den Kopf hochhielten. Über eine halbe Stunde dauerte es, bis der Körper einigermaßen verladen war.

Während dieses Kraftaktes sah ich zufällig eine Frau und einen Mann am oberen Ende des Weinbergs stehen. Zu weit, um jemanden zu erkennen. Sie winkten fröhlich unter bunten Regenschirmen, als wären sie zum Kaffeeklatsch eingeladen. „Wer ist das, zum Teufel?" – „Keine Ahnung. Versuch noch mal, die Hucke ganz langsam ranzufahren."

Einmal hob ich kurz den Arm, um das ständige Gewinke abzustellen. Sie kamen näher. „Das sind die beiden Vertreter von der Photovoltaik-Firma", knurrte Vicky. „Die Frau rief heute früh an, zwei Minuten nachdem Susi tot war. Ich habe ihr die Situation erklärt und gesagt, dass wir heute andere Probleme hätten." – „Geschmacklos, die bekommen von mir bestimmt keinen Auftrag." – „Von mir auch nicht, sind sowieso zu teuer."

Ich glaube, wir waren ganz froh, dass wir uns über irgendetwas aufregen konnten. Das baute etwas von der Anspannung ab. Durch den sumpfigen Boden behindert verzichteten sie darauf, noch näher zu kommen. Wir ignorierten sie einfach. Eine Weile starrten sie noch herüber wie Neugierige bei einem Verkehrsunfall. Irgendwann waren sie verschwunden.

Ich sprach mich kurz mit dem Fahrer ab, wie ich mir das Umladen vorstellte und steuerte den Traktor dann Richtung Haupttor. Vicky war hinten bei ihrem Pferd. Ich wendete und näherte mich dem offenen Tor rückwärts. Von der Straße kam mir der LKW, ebenfalls rückwärts, ein Stück auf der Auffahrt entgegen. Der Fahrer senkte den flachen, geschlossenen Container hydraulisch auf dem Boden ab. Ich manövrierte den Traktor einige Zentimeter über die jetzt geöffnete Heckrampe in den Container. So konnten wir das Gefälle der Auffahrt nutzen. Dank der Schräge und dem glatten Metallboden schafften wir auch den Rest der Arbeit. Susis letzte Reise konnte endlich beginnen.

Frizzi und Sarah hatten wir mittags auf die Weide gebracht und das Gatter geschlossen. Sie waren in den nächsten Tagen sehr verstört. Immer wieder riefen sie nach Susi. Genau so riefen sie einander, wenn sie sich auf den weitläufigen Oliventerrassen verloren hatten. 24 beziehungsweise 18 Jahre waren sie jeden Tag und jede Nacht zusammen gewesen, waren unzertrennlich. Was, wie man weiß, den Tod nicht im Geringsten interessiert.

Samstags fahre ich vor der Atelierarbeit zum Metzger, um den Wochenbedarf für die Hunde einzukaufen. Vor der Bar auf der Piazza sitzen Chris und Barbara mit Hund bei einem Cappuccino. „Ciao ihr beiden, lange nicht gesehen. Habt ihr einen neuen Hund?" Rasch werde ich aufgeklärt, dass der Hund nicht einfach ein Hund sei, sondern ein „Irish Soft Coated Wheaten Terrier". Mit langem Stammbaum und aus Deutschland importiert. Ich spare mir die Frage, warum sie nicht vorher dem Tierheim einen Besuch abgestattet hatten. Bei Menschen, deren Hund einen Markennamen führen muss, ist diese Frage ohnehin zwecklos.

Wir machen ein bisschen Smalltalk in der Art „geht ihr immer noch jeden Morgen ins Thermalbad?" oder „ja, bei uns war die Olivenernte auch schlecht" und „wie geht es Vicky, wir haben sie länger nicht vorbeireiten sehen". Chris und Barbara haben ein Haus mit etwas Land außerhalb des *centro storico*. Früher verbrachten sie nur den Sommer hier. Seit einem Jahr sind sie ganz ansässig und versuchen ihren Toscana-Alltag zu gestalten. Sie besuchten z.B. einen Kurs in Olivenschneiden und machen das Kaminholz selbst (wer Chris kennt, wird das als Leistung zu bewundern wissen). Sie bearbeiten ein kleines Stück ihres Landes wie einen Vorgarten, Barbara malt. Vor ein paar Monaten hatten wir beide im Theater getroffen. Irgendein unbestimmtes Gefühl sagte mir, hier kriselt etwas. So freute es mich, sie so einträchtig in der Sonne sitzend anzutreffen. Nur kurze Zeit später berichteten die einschlägigen Klatschquellen, Barbara und Chris hätten sich getrennt. Er sei zurück nach Stuttgart gezogen. Sie soll noch hier wohnen. Angeblich hätte sie Chris' Namen mit Hammer und Meißel von der hübschen Keramikfliese neben der Haustüre abgeschlagen. So viel Leidenschaft lässt eigentlich auf Versöhnung hoffen.

Warum passieren solche Fälle relativ häufig? Zwei Menschen erfüllen sich den Traum vom Haus in der Toscana, vom unabhängigen Leben im sonnigen Süden. Und scheitern daran. Ertragen sie die ständige Nähe des Partners nicht? Oder können sie die viele freie Zeit nicht steuern? Ein entspannter Urlaub kann durchaus aus Sonne, Strand und Barbesuchen bestehen. Auf den Alltag übertragen sind solche Vergnügungen auf die Dauer etwas dünn. Laufen sie geistig leer, weil sie nicht mehr gefordert werden? Vereinsamen sie, weil sie es nicht schaffen, sich zu integrieren? Es gibt viele Gründe hier zu scheitern. Vielleicht war der eigentliche Anlass für das Scheitern schon viel früher entstanden. Solange wegen des Berufes nur wenige gemeinsame Stunden bleiben, lassen sich viele Meinungsverschiedenheiten unter den berühmten Teppich kehren. Man will die kurzen Phasen der Intimität nicht durch Probleme belasten. Auf toscanischen *cotto*-Böden liegen selten Teppiche. Da muss ausgetragen werden, was im Weg steht. Das kann befreiend sein und zusammenschweißen. Es kann einem aber auch die Augen öffnen. Manch einer lernt hier seinen Partner besser kennen, als für ein glückliches Zusammenleben gut ist.

Sonntags frühstücke ich gerne in der Bar. Ich treffe Alessandro. Wir müssen lachen, denn wir tragen beide einen dicken Schal. Zweifach um den Hals geschlungen, um der morgendlichen Kälte zu trotzen. Ich freue mich, ihn hier zu sehen, so kann ich ihm endlich einen *caffè* ausgeben (nur Touristen nennen diese köstliche tägliche Droge Espresso).

Es ist beinahe ein Ritual, jemanden den man kennt (selbst wenn es nur flüchtig ist) zum *caffè* oder zu einem Drink einzuladen. Steht der Bekannte mit anderen zusammen, dann sagt man an der Kasse einfach: „Ich zahle auch das, was Bruno konsumiert hat." Der *barista* übernimmt es, Bruno zu sagen, wer seinen Cappuccino bereits bezahlt hat. So harmlos dieses Spielchen ist, so freut es mich, gelegentlich den Satz zu hören: „Deinen *caffè* hat schon der Sowieso bezahlt." Dazu gehört aber auch, dass niemand nachzählt, wie oft der andere bezahlt hat, ob die Rechnung sozusagen ausgeglichen ist. Selbst für geizige Gemüter ist das Ganze problemlos, weil man weiß: das nächste Mal wirst du wieder eingeladen.

Alessandro war gerade mit seiner Familie zehn Tage in Paris. Für 70 Euro am Tag hat er eine kleine Wohnung direkt am Montmartre gemietet. Ganz in der Nähe wo Modigliani gelebt hat. Er besäuft sich nachts mit Antoine, einem Maler, der auch am Montmartre wohnt. Lange Jahre vor meiner Zeit in der Toscana hat Antoine in unserem Städtchen verbracht und gemalt. Besonders angesehen war er offenbar nicht, weil er Aktbilder malte. Darüber regten sich die Alteingesessenen auf. Trotzdem machten sie lange Hälse, wenn sie an seinem Studio vorbeigingen. Immer in der Hoffnung, einen Blick auf das Modell zu erhaschen. Die Geschichte habe ich schon öfter im Ort gehört. Irgendwann ging Antoine die ausschweifende Fantasie der Einwohner wohl auf die Nerven. Er zog weg. Vergangenes Jahr hat ihm die Gemeinde aber eine große Retrospektive gewidmet.

„Wie hast du das mit den Kindern und der Schule geregelt?" Alessandro zuckt die Achseln und grinst. „Ich habe Bescheid gesagt und sie mitgenommen. Die beiden versäumen nichts. Während unserer Reise haben die Lehrer zum Beispiel zwei Tage gestreikt." Er zuckt wieder die Achseln. Was Alessandro gelernt hat, weiß ich nicht, aber er ist ein intelligenter Bursche. Früher arbeitete er auf einem Weingut. Seit einem Arbeitsunfall, der eine ewige Rekonvaleszenz und Reha erforderte. darf er nicht mehr schwer heben. Jetzt hat er einen Job in der Toscana/Lazio-Zentrale einer großen Supermarktkette. Mit einem Handcomputer kontrolliert er die Waren auf den riesigen Auslieferungs-Lastwagen. In seiner Freizeit macht er ausgezeichnete künstlerische Fotos. Zuletzt stellte er in Florenz aus.

An der Kasse stritten wir noch hin und her, weil er schon wieder bezahlen wollte. Aber diesmal war ich schneller und energischer. Auch das gehört zum Ritual. „Pago io!" – "No, dai, pago io!" – „No! Pago io." – „Te paghi la prossima volta." – "Basta, questa volta pago io!"

Der dicke Schal endete zwei Tage später doch noch einmal unter einer gefütterten Jacke. Im Radio-Wetterbericht spricht der Oberst vom militärischen Wetterdienst wieder einmal von „la coda del inverno" (wörtlich: der Schwanz vom Winter). Die kräftige tramontana (Nordwind) bringt eisige Luft heran und einige Arbeiten durcheinander. So kann ich nicht wie geplant mit dem Schwefelzerstäuber durch die Weinreihen fahren. Diese Behandlung soll Pilze am Rebstock bekämpfen. Sie hatten uns im Jahr zuvor sehr zu schaffen gemacht. Dazu muss es aber nahezu windstill sein. Erstens bin ich sonst selbst gelblich gepudert (trotz Schutzbrille setzt sich der Schwefelstaub auch auf Wimpern und Augenlidern ab. Einmal gezwinkert und sofort fangen die Augen an, höllisch zu brennen und zu tränen). Zweitens würde der Wind den Schwefel überall hin blasen, nur nicht dahin, wo ich ihn haben will. Diese Arbeit wollte ich vor dem Aufpflügen machen. Auf gepflügter Erde fährt es sich mit dem Traktor miserabel. Zeitlich gesehen müsste diese Arbeit bereits gemacht sein. Die neuen Triebe schwellen schon kräftig. Aber der lange Regen (der ja wiederum auch gewünscht war) bestimmt, was wann gemacht wird. Immerhin sind die 25 neuen Kastanienpfosten eingesetzt. Der kalte Wind pfeift mir um die Ohren, während ich am Nachmittag die Drähte an die neuen Pfosten nagele. Für jeden Pfosten benötige ich sieben Nägel. Die U-förmigen Nägel werden nicht ganz ins Holz geschlagen, damit die Drähte sich bewegen können. Wenn die frischen Weinranken erst einmal die Drähte umklammern, entsteht ein kräftiger Zug, den die Pfosten alleine aushalten müssten, wäre der Draht in Zugrichtung nicht beweglich.

Als im Winter die Holzfällerarbeiten anstanden, musste ich auch die *forestale*, die Forstpolizei, informieren. Ich markierte 18 Bäume und rief den *maresciallo* an. Ohne seine Genehmigung sollte man keine Bäume fällen oder andere Veränderungen in der Natur durchführen (z.B. einen Weg anlegen). Die Forstpolizei macht Kontrollfahrten. Die Beamten sind bewaffnet. Wenn sie irgendwo eine Motorsäge hören (und die hört man weit), machen sie sich im Geländewagen auf die Suche. Wehe, die Waldarbeiten sind dann nicht genehmigt! Die Strafen sind drakonisch und gehen in die Tausende. Bei uns genügt inzwischen ein Telefonanruf, denn der *maresciallo* machte schon zwei Ortsbesichtigungen. Er weiß, dass ich nur Bäume fälle, die sich gegenseitig im Wuchs behindern. Ich lichte aus.

Bekanntlich gibt es in Italien reichlich Auswahl an verschiedenen Polizeigewalten. Uniform-Fetischisten kommen auf ihre Kosten. Allen voran natürlich die *carabinieri*. Bekannt durch Film, Funk und Fernsehen. Das sind die Leute mit den quietschenden Autoreifen, Sirene und Blaulicht. Letzteres hat sich bei Filmaufnahmen im nassen Asphalt zu spiegeln. Auch im Einsatz sehen die dunkelblauen Uniformen mit den roten Hosennaht-Streifen immer wie frischgebügelt aus. *carabinieri* sind manchmal recht menschlich. Kürzlich lieh ich mein Auto einem deutschen Freund. Irgendwann in der Mittagszeit musste er tanken, kam aber mit dem Benzinautomaten nicht zurecht. Ein Streifenwagen stand im Tankstellenbereich, ein *carabiniere* kam herüber und half. Am nächsten Tag machten wir zusammen einen kleinen Ausflug. Bei der Rückkehr, kurz hinter dem Ortsschild, winkte mich ein *carabiniere* aus dem Verkehr. Bei solchen Kontrollen regt sich sofort mein schlechtes Gewissen. Zu Recht, wie ich feststellen musste. Der Beamte überprüfte meine Papiere, ging zum Streifenwagen, prüfte nochmal, kam zurück, hielt die Ausweise in der Hand, machte aber keine Anstalten sie mir zurückzugeben. Die ganze Zeit hielt der Kollege sein Maschinengewehr auf mich gerichtet.

„Der mit der Kalaschnikow hat mir gestern beim Tanken geholfen", raunte mein Freund. „Freu dich, dass er nicht nach den Wagenpapieren gefragt hat", gab ich zurück.

„Sie hätten das Fahrzeug vor sechs Wochen zum *collaudo* (ital. TÜV) bringen müssen." Oh Gott, das hatte ich tatsächlich vergessen. Das reicht mindestens um… „Das reicht, um das Fahrzeug sofort zu beschlagnahmen sowie den Führerschein einzuziehen", klärte mich der Gedanken lesende *carabiniere* auf. Um den Zustand eines abgefahrenen Reifens kann man feilschen, aber hier waren die Fakten klar. Also versuchte ich gar nicht erst zu handeln sondern war „geständig". Mehr noch, ich zeigte Verständnis für die Einhaltung des Gesetzes und meine gerechte Bestrafung. Ich schimpfte mich einen Trottel, dem Recht geschieht. Das Schlusswort meiner längeren Kopf-und-Kragen-Rede war: „Ich kann mich nur entschuldigen, ich habe den Termin wirklich vergessen." Der *carabiniere* ging einige Meter zur Seite und beriet sich mit seinem Kollegen, der für das Gespräch sogar sein Schnellfeuergewehr senkte. Bange Minuten, dann kam er zurück und gab mir meine Papiere mit den Anweisungen: „Sie versprechen, unverzüglich den *collaudo* zu machen. Außerdem wurden Sie von mir weder angehalten noch kontrolliert. Ich habe Sie nie gesehen, *buonasera*."

Die dritte Gruppe Uniformierter mit Dienstpistole ist die *finanza*, die Steuerfahndung. Sie ist ziemlich gefürchtet und findet grundsätzlich irgendwelche Gesetzesverstöße. Am Straßenrand fischt sie genauso wie die *carabinieri* Autos und Lastwagen heraus. Sie kontrolliert mitgeführte Waren und deren Begleitscheine. Wobei das Ganze etwas verschwommen erscheint. Meine Einkäufe vom Supermarkt kann ich ohne Papiere nach Hause bringen. Transportiere ich aber einige meiner Bilder zu einer Ausstellung, benötige ich genaue Aufstellungen. Wie viel, wie groß, wohin, welcher Wert und so weiter. Besonders gefürchtet ist die *finanza* bei Kleingewerbebetrieben, Handwerkern und Ladenbesitzern. Zwischen ihnen gibt es eine gut funktionierende Buschtrommel, denn die *finanza* kommt unangemeldet. Bei Ladenkontrollen gerne auch in Zivil. Wenn die zwei mausgrauen Typen das *centro storico* von Campiglia betont unauffällig betreten, werden sie sofort erkannt. Sie riechen förmlich nach *finanza*. Wenige Minuten später wissen alle Ladenbesitzer Bescheid. An diesem Vormittag schreibt Luciano, mein Friseur, für jeden seiner Kunden eine Rechnung. Nicht wie sonst für jeden Dritten. In den Bars wird ordentlich mit *scontrini* (Kassenbon) abgerechnet, wie sonst meist nur mit Unbekannten oder Touristen. Bei der letzten Razzia wäre den Beamten beinahe ein Überraschungsangriff gelungen. Sie kamen in mehreren Dienstfahrzeugen, die sie außerhalb parkten, und mischten den Ort von mehreren Seiten her auf. Aber auch diesmal funktionierte die Buschtrommel und niemand wurde überrascht. Den Staat zu betrügen, ihm Steuern vorzuenthalten, war einmal ein beliebter Sport. Heute gehört Steuerhinterziehung immer mehr zum Überlebenskampf des einfachen Bürgers. Er kann die wachsende Steuerlast nur noch durch Entbehrungen verkraften. Schuld daran ist der Staat selbst, der es nie geschafft hat den Bürger so einzubeziehen, dass er sich als Teil des Staates sieht.

Ich hatte bisher erst einmal mit den „*fiamme gialle*" zu tun. In offiziellen Berichten spricht man meist von den „Gelben Flammen". Der Begriff bezieht sich auf das Logo der Finanzbehörde, das jeden Kragenspiegel der grauen Uniformen ziert. Es sind hochzüngelnde Flammen, vielleicht ein Symbol für die unersättliche Gier des Staates nach Geld. Nicht sehr geschickt.

Der graue Alfa mit den gelben Streifen fuhr dreist bis vor das Haus. Das machen nicht einmal die *carabinieri*. Sie warten höflich am Tor. Bis ich im Atelier durch das Hupen aufmerksam wurde, war der Wagen schon von fünf Hunden umlagert. Das machte offenbar Eindruck. Zumindest verhinderte es, dass sie ausstiegen. Der Beifahrer ließ das Fenster herunter: „Sie haben nach unseren Unterlagen einen *agriturismo*-Betrieb. Wir wollen ihre Buchungen einsehen." Zum Glück ließ ich mich nicht einschüchtern. Obwohl wir nichts zu verstecken haben, wusste ich, irgend etwas würden sie finden was nicht dem Gesetz entsprach. Diese Erfahrung stammt noch aus Deutschland. Steuerprüfer müssen etwas finden. Eher gehen sie nicht nach Hause. (Ich denke nur an so absurde Dinge wie „versteckte Gehaltszuwendung durch kostenlosen Ausschank von Kaffee an Mitarbeiter".)

Wahrheitsgemäß sagte ich: „Tut mir leid, *titolare* (Inhaber) der *azienda* ist meine Frau. Ich kann Ihnen da nicht weiterhelfen." „Dann holen Sie Ihre Frau."

„Tut mir leid, die ist nicht zu Hause."

„Wann kommt sie zurück?"

„Tut mir leid, das weiß ich nicht."

„Na, dann warten wir eben."

„Das kann aber dauern."

„Das macht nichts, wir haben Zeit. Vielleicht können Sie mal auf ihrem Handy anrufen wie lange es dauert."

„Kann ich machen, ich komme gleich wieder."

Dummkopf, dachte ich, rief Vicky an und erklärte ihr, dass ich nochmal anrufen würde, wenn die beiden weg wären.

„Tut mir leid, ich kann meine Frau nicht erreichen."

„Wir warten."

Der Typ, der das Gespräch alleine führte, rutschte leicht auf seinem Sitz nach unten und zündete eine Zigarette an. Sie blieben noch eine Stunde, dann hatten sie keine Geduld mehr. Wahrscheinlich war Mittagspause. Mein Gesprächspartner sagte: „Wir fahren jetzt, aber wir kommen in den nächsten Tagen wieder."

„Jeder Zeit, kein Problem. Vielleicht rufen Sie kurz vorher an, damit meine Frau auch zu Hause ist."

Keine Antwort. Natürlich kamen sie nicht wieder, sonst wäre ja der Überraschungseffekt verloren. Irgendwann werden sie mit Sicherheit kommen. Und zwar genau dann, wenn keiner damit rechnet. In der Campagna gibt es leider keine Buschtrommel. Ich rief Vicky an und gab Entwarnung.

Über die *polizia stradale* weiß ich wenig. Außer, dass diese Einheit schnelle, hellblaue Autos mit weißer Bemalung fährt (bis zum Lamborghini) und permanent den Nachweis erbringt, dass man damit auch Vollgas fahren muss. Sie gehört zur *polizia di stato*, die immerhin über 105000 Mitarbeiter beschäftigt (7000 weniger als die *carabinieri*). Man sieht sie hauptsächlich auf Schnellstraßen und Autobahnen. Sehr unangenehm empfinde ich die faschistisch anmutende Aufmachung in langschaftigen Stiefeln und grauen Reithosen mit rotem Seitenstreifen. Angeblich gibt es hinter den Kulissen immer wieder Kompetenz-Gerangel zwischen der *stradale* und *carabinieri*. Alle Versuche, die beiden Einheiten zusammenzufügen, sind bisher am Machtbewusstsein ihrer Generäle gescheitert.

Dann wäre da noch das Corps der *vigili urbani* (auch *polizia municipale* genannt), der städtischen Ordnungspolizei. Sie ist in ihrem Einfluss auf die Brieftasche des Bürgers nicht zu unterschätzen, denn ihre Zuständigkeit umfasst auch den Bereich Knöllchen. 36 Euro sind das absolute Minimum. Ohne Gnade oder Rabatt. Ab 40 Euro werden die Strafzettel inzwischen, dank Amtshilfe, europaweit nachgeschickt. Im Sommer ist unsere Altstadt von 18 bis 24 Uhr für den Verkehr gesperrt. Einer unserer Gäste brauste ohne auf die Hinweisschilder zu achten um 19 Uhr ins *centro storico* und fand einen der wenigen Parkplätze. Bei seiner gutgelaunten Rückkehr klemmte unter dem Scheibenwischer ein Strafzettel mit der stolzen Summe von 180 Euro. Vicky wollte dem Gast helfen und ging beim *commando dei vigili* vorbei. Sie versuchte glaubhaft zu machen, der Gast sei schon vor 18 Uhr im Ort gewesen. „Einen Moment Signora, ich seh mal eben nach", sagte hilfsbereit die nette Polizistin hinter ihrem Schreibtisch. „Das tut mir aber wirklich leid Signora. Unsere Politessen notieren alle Fahrzeugnummern, die vor 18 Uhr im Ort parken. Die Nummer von Ihrem Gast ist nicht dabei. Er muss also später gekommen sein. Außerdem sehe ich hier, dass der Fahrer die

Parkzeit überschritten hat und ohne Ausweis auf einem Behinderten-Parkplatz stand. Das summiert sich", fügte sie noch mitfühlend hinzu. Diese Polizistin ist überhaupt umwerfend. Kommt man in Sack und Asche und fleht um Gnade oder wenigstens Rabatt, dann leidet sie mit einem. Ihr Mitgefühl wirkt so echt, dass man schließlich bereitwillig zahlt. Am liebsten würde man noch ein Trinkgeld drauflegen.

Außer Knöllchen verteilen regeln die *vigili* den Verkehr und achten darauf, dass ein Trauerzug ungestört von der Kirche zum Friedhof kommt. Bei Radrennen sperren sie Straßen und denken sich abstruse Umleitungen aus. Außerdem können sie im Ortsbereich Radarkontrollen durchführen.

Von der Forstpolizei war bereits die Rede; was noch fehlt, ist die *polizia provinciale* (Provinzpolizei). Andere Einheiten wie die Bahnpolizei, Postpolizei oder Gefängnispolizei lasse ich beiseite, bevor es nervt. Die *provinciale* ist für die Jagdaufsicht zuständig. Mit ihr hatten wir kürzlich zu tun. Für die Wildschweine ist das Ende der Jagdsaison das Signal so richtig loszulegen. Wenn unsere fünf Hunde gemeinsam wütend in die Nacht bellen ist klar: die wilden Schweine kommen. Und am Morgen sieht es auch so aus. Mittlerweile gibt es kaum eine Böschung oder Oliventerrasse, die nicht auf der Suche nach frischen Würzelchen durchwühlt wäre. Sie reißen große Steinbrocken aus den Trockenmauern, die wie Findlinge auf dem Boden verteilt sind. Ein Gemüsegarten ohne Zaun herum war einmal ein Gemüsegarten. Die Wildschweine richten Schaden an wo auch immer sie hintreten. Anfang Januar redete ich mit dem benachbarten Gutsverwalter. Er ist selbst Jäger und gehört einer der beiden Wildschwein-Mannschaften unserer Gemeinde an. „Hör mal, Roberto, könntest du nicht mal…" – „Ich organisiere was, verlass dich drauf." 123 Schweine hat seine *squadra* in der letzten Jagdsaison vom ersten November an in unserer Gegend erschossen.

(Auf unserem Land darf nicht gejagt werden, weil wegen der allgegenwärtigen Schießerei alles eingezäunt ist.) Wenn man bedenkt, dass die Wildschweinjagd nur zweimal pro Woche erlaubt ist und die Tiere innerhalb von drei Monaten erlegt wurden, sind das pro Jagdtag ca. fünf Schweine. Die Gefriertruhen der Jäger dürften voll sein. Manch einer mault vielleicht, wenn seine Frau zum x-ten Mal *cinghiale in umido* (das ist das klassische toscanische Wildschweingericht) auf den Tisch bringt: „Was? Schon wieder Wildschwein?" Und seine Frau entgegnet vielleicht: „Bring ein Rind nach Hause, dann mach ich Wiener Schnitzel!"

Roberto konnte jedenfalls nichts organisieren. Wie üblich konnten sich die Jäger nicht einigen. Außerdem hätten sie ihre gewohnten Pfründe verlassen müssen, um bei uns zunächst das Terrain zu sondieren. Auf Einladung kommt allerdings schon mal der eine oder andere nachts als Wilderer verkleidet, d.h. ohne Jagdkleidung. Lohnend ist das aber nicht. Ein Wilderer hat viele Vorsichtsmaßnahmen zu treffen. Er schießt ein Schwein ab und lässt sich dann vorsichtshalber eine Zeit lang nicht mehr blicken.
So verstrich die Saison der offiziellen Wildschweinjagd. Roberto sagte, wir sollten wegen der Schäden einen Sonderjagdtag beantragen. Vicky machte die förmliche Anfrage bei der *polizia provinciale*. Schriftlich, Einschreiben mit Rückschein. Wenige Tage später rumpelten drei Uniformierte mit ihrem Geländewagen zu uns herauf. Angesichts der wilden Wühlerei waren sie schnell überzeugt, dass dies ein Fall zum Einschreiten sei. Der nächste Schritt war ein Gespräch der Jagdpolizei mit der zuständigen Wildschwein-*squadra*. Damit begannen die Schwierigkeiten. Die Jäger haben grundsätzlich Angst, der Bestand könnte zu stark reduziert werden. Es kam wieder keine Einigung zustande. Als Laie möchte man denken, sie freuten sich, außerhalb der gesetzlichen Jagdzeit nochmal richtig herumballern zu dürfen. Offenbar kann die Jagdpolizei die Jäger aber nicht zwingen zu jagen. Um nicht ganz erfolglos abzuziehen kam es

zu einem Kompromiss, der die Lachmuskeln reizte. Eine Gruppe Jäger würde an einem Vormittag mit Rufen und Händeklatschen die Schweine vertreiben. Das klang für mich nach Kindergeburtstags-Spiel. Tatsächlich zogen sie zehn Tage später in Jagdkleidung kreuz und quer über unseren Hügel und lärmten. Ihre Hunde kläfften, wie sie auf der Jagd zu kläffen haben. Es fehlten nur die Schüsse. Es war wie ein Übungseinsatz des technischen Hilfswerkes ohne Katastrophe. In der Nacht darauf statteten uns die Wildschweine wieder ihren Besuch ab. Auch die zweite Jägergruppe durfte eine Woche später nochmals Wildschweinerschrecken spielen. Mit dem gleichen Ergebnis. Die Möglichkeiten, letztlich doch eine Jagd zu erzwingen, sind noch nicht erschöpft. Die Chancen dafür halte ich für gering. Frei nach dem Motto: Stelle dir vor, morgen sei Wildschweinjagd und keiner geht hin.

Trotz der durchwühlten Erde wächst an vielen Stellen ab Ende Februar der wilde Spargel. An Sonntagen mache ich dann dasselbe, was viele Italiener in dieser Zeit machen, ich suche Spargel. Nicht nur weil die dünnen Stengel eine äußerst gesunde Delikatesse sind. Spargel suchen ist auch wunderbar entspannend, eine echte Anti-Stress-Betätigung. Langsame Bewegung, Konzentration auf eine Sache, den Blick immer Richtung Boden gesenkt. Endlos viele kleine und größere Pflanzen, stachlige und blühende, versuchen abzulenken oder zu täuschen. Dazwischen lugt gelegentlich im Tarnkleid ein Spargel hervor. Das stumpfe Violettgrün löst sich häufig in den Farben des dichten Gestrüpps auf. Das einmal gespeicherte Bild des Spargels vor Augen hilft gegen Ablenkung. Die Konzentration auf einen einzigen Gegenstand verdrängt garantiert alle Probleme und Gedanken, die man mit sich herumschleppt. Am Ende kommt dann noch das Erfolgserlebnis hinzu, einen Bund frischen Spargel nach Hause tragen zu dürfen. (In Zentimeterstückchen geschnitten, wird er in Olivenöl und Knoblauch leicht angedünstet und unter *al dente* gekochte Spaghetti gemischt. Zuletzt ein rohes Ei unterziehen – fertig ist ein köstliches Frühjahrsgericht.) Dazu muss ich gestehen der vermutlich einzige Mensch zu sein, der keinen gezüchteten Spargel mag.

A propos „al dente". In Vickys Deutschunterricht ging es einmal darum, was das Wort Zahnpasta bedeutet. Ein Schüler meldete sich: „Pasta al dente, Signora." Das nur nebenbei.

Auf dem Weg zur Eselweide gibt es eine Engstelle. Sie ist genau dort, wo die *agrumi* wachsen. (*Agrumi* nennt man die Gattung der Citrusfrüchte.)

Wenn wir unsere sieben Esel am Abend zum Stall bringen, wird die Engstelle zur Kraftprobe. Zunächst kommt ein Salbeistrauch. Derjenige Esel, der rechts außen geht, reißt sich im Vorbeigehen einen Büschel davon ab. Spätestens jetzt straffen wir die Leinen und nehmen die Esel ganz kurz. Trotzdem versuchen sie, schnell noch ein paar Zweige mit dem dichten dunkelgrünen Blattwerk abzureißen. Die Früchte sind ihnen nicht wichtig, umso mehr die Blätter. Einen Esel allein kann man davon abhalten. Bei drei oder vier wird es schon schwierig, wenn man nicht ausweichen kann. Aufreizend schmatzend lassen sie sich nur widerwillig weiterzerren. Auf den letzten hundert Metern zum Stall zerren sie mal nach links zu einem duftenden Gräschen, ein anderer nach rechts zu einem wichtigen Grasbüschel. Obwohl ich energisch zupacke komme ich mir vor wie ein Fußball, der hin und her gespielt wird.

Am Stall beginnt sofort ein anderes Spiel. Gerade als ich die Halfter abnehmen will, springt Paolina auf Bruna. Bruna hält still und neigt den Kopf zum Boden.

„Oh, sind unsere Signorine schon wieder heiß?", rufe ich zu Vicky hinüber.

„Wie man unschwer sieht."

„Aber Bruna war doch erst heiß."

„Das ist immerhin sechs Wochen her."

Bruna macht als einzige Bewegung das Maul auf und zu und sabbert dabei jedes Mal in ihrer Lust. Esel sind bisexuell. Im Moment vergnügen sie sich also mit der lesbischen Variante. Wenn die fünf Eselinnen nacheinander heiß werden, geht es munter zu im Stall. Da wird kreuz und quer bestiegen. Wenn der untere Esel genug hat, wird auch mal ausgeschlagen. Auch die Buben dürfen mitmachen. Sie sind zwar kastriert, aber das hindert sie nicht, am fröhlichen Gruppensex teilzunehmen. Den Eselinnen scheint auch diese erotische Geste Befriedigung zu verschaffen. Nur wenn der träge I-aah zu faul ist richtig aufzusteigen, werden sie unwirsch. Er legt dann seinen schweren Kopf auf Brunas oder Paolinas Rückenende und schielt mit verdrehten Augen darüber hinweg. Vielleicht ist er auch nur müde, weil er sich schon auf der Weide verausgabt hat.

Auch der Frühlingsanfang stand noch im Zeichen der Wetterkapriolen. Ich musste die Reihenfolge der Arbeiten im Weinberg ändern und bearbeitete den Boden zunächst mit dem Tiefenlüfter. Nach den Ruhemonaten ist die Erde steinhart. Auch der viele Regen änderte daran nichts. Mühsam gruben sich die sieben Schaufeln in die Erde. Oft krallten sie sich fest und zwangen den Traktor in eine diagonale Position. (Der Weinberg in Hügellage neigt sich nicht nur nach unten, sondern auch leicht nach links.) In dieser Stellung rutscht der Traktor leicht an die talseitig stehenden Reben. Die kleinste Berührung mit einem Reifen genügt, um eine der Knospen abzubrechen. Das zurückmanövrieren wird zur Millimeterarbeit. Je dreimal fuhr ich durch jede Reihe, um den Boden gut zu lockern.

Als nächstes tauschte ich den Tiefenlüfter gegen einen Pflug aus, um die Reben sauber aufzupflügen. Je dichter man den Pflug an den Reben entlang zieht, umso besser. Aber auch bei dieser Arbeit drifteten Traktor und Pflug gelegentlich ab. Der Pflug, dessen Spitze ich nicht sehen kann, erfasst dann leicht unter der Erde einen

Rebstock. Bei schneller Reaktion schafft man es, rechtzeitig auf die Kupplung zu steigen und den Rückwärtsgang einzulegen. (Wenn ein Traktor unter Zug ist, genügt ein Tritt auf die Kupplung, um ihn umgehend zum Stillstand zu bringen.) Ein winziger Moment mangelnder Konzentration genügt, um die Rebe wie ein Streichholz abzubrechen. Das ist sehr ärgerlich und zum Glück erst einmal passiert . Diesmal gab ich nach fünf Reihen auf. Der schneidende Nordwind vermischte sich mit aufkommendem Regen. Er peitschte das eisige Gemisch fast waagrecht ins Gesicht. Es traktierte die Haut mit kleinen Nadelstichen. Ich wollte weiterpflügen, aber der Regen nahm zu. Die lockere Erde begann in dem groben Reifenprofil zu haften. Die Räder drehten durch und rutschten. Es hatte keinen Sinn weiterzumachen. Unter dem Porticato traf ich auf Vicky. Sie hatte auch aufgehört in der Erde zu wühlen. Wir machten uns erst mal *caffè*. Ich werde es nie lernen, die Dominanz des Wetters in der Landarbeit zu akzeptieren. Bei allem Bestreben effizient zu arbeiten ist es immer wieder das Wetter, das vorschreibt, was ich wann zu machen habe. Vicky ist da gelassener. „Das ist eben so bei der Landarbeit."

Jetzt hieß es also erst einmal warten bis der Boden wieder abgetrocknet war. Nur die Natur wartete nicht. Wo man hinsah spross es und begann zu blühen. Sogar die Eichen schimmerten schon zartgrün. Sie treiben ihr frisches Laub als letzte aus.
Ich nahm meinen alten grünen Bauernschirm mit dem schweren rotlackierten Griff und ging ein paar Schritte den Hügel hinauf. Entlang der Auffahrt blühten wilde Veilchen. Die Lorbeerbäume trugen mehr cremig-weiße Blüten als Blätter. Selbst das unscheinbarste Unkraut, das kaum vom Boden abhebt, versteckte sich unter einem rotvioletten Farbteppich. Zahllose winzige, kaum fünf Millimeter messende Blüten fügen ihn zusammen. Ein achtlos übersehenes Wunderwerk. Gelbe und zartblaue (mit kräftigem Stich ins Violette) Ringelblumen blühten schon seit Wochen aus frischem Grün. Letztere heißen *viola*. Ich nenne sie Kinderblume. Ihre Blütenblätter sind

so einfach angeordnet, als wären sie von Kinderhand gezeichnet. Aufwendiger und auffallend schön sind die Blüten der *miseria*. Warum sie im Volksmund mit dem Namen „Elend" leben muss? Vielleicht weil sie sehr genügsam ist? Auch die *miseria* trägt Blauviolett, hat kräftig dunkelgrüne Blätter und bedeckt den Boden. Besonders an schattigen Stellen. Ein Stück weiter steht der Judasbaum, verschwenderisch überzogen mit einem weinroten Blütenmeer.

Im Obstgarten begannen die ersten Bäume je nach Lage und Sorte ihre pastellfarbene Pracht zu entfalten. Ich stellte mir vor eine Biene zu sein, um wie sie mit dem ganzen Körper in die seidigen Blüten einzutauchen.

Die ausgelassene, üppige und bunte Jahreszeit hatte begonnen, Winterrückfälle hin oder her. Es ist kein Zufall, dass es für die Menschen auch die sinnlichste Jahreszeit ist. Der stärkste Instinkt des Menschen ist sein Drang zu überleben. Im Frühling wird dieser Drang zur Lebensgier. Ich will nicht, wenn meine Zeit abgelaufen ist, im Frühling sterben müssen. Auch nicht bei blauem Himmel. Aber diesen Wunsch hatte ich schon bei Susis Tod.

Es machte Spaß durch den Regen zu laufen, auch wenn keiner der Hunde Lust hatte mich zu begleiten. Irgendwo bog ich vom Weg ab, ging eine Oliventerrasse entlang, stieg über die Natursteinmauern zwei Terrassen höher und war an meinem Paradiesplatz. Eine ausladende Pinie markiert ihn. Seit einigen Jahren steht dort eine Bank. Zwei Praktikanten hatten sie aus Bambusrohren gebaut. Den Platz hatte ich ihnen gezeigt. Die Bank war eine Überraschung zum Abschied. Ich entzündete ein Cigarillo, wischte mit der freien Hand über die nasse Bank und setzte mich. Der Regen machte den mediterranen Duft nach Myrte, Sondro, Mastix und Ginster noch intensiver. Hier war man der Welt entrückt, Haus und Hof waren nicht mehr zu sehen. Bei schönem Wetter sah man nach links weit in die Hügel und, noch weiter, ins bergige Landesinnere. Nach rechts reichte der Blick über Wald und Felder hinweg bis hinaus zum Meer.

Nie ist der Anblick gleich. In den Mittagstunden gleißt es blau und weiß, verläuft graugrün bis zu dunklem Blauschwarz am Horizont. Hohe Wellen und aufgewühltes Meer erkennt man an weißen Spitzen in unruhigem Graublau. Nach Sonnenuntergang ist das Meer blauviolett. Dann wirkt es stumm und träge.

Heute endete der Blick an den Baumspitzen des gegenüberliegenden Waldes. Das Meer hatte sich entzogen. Meine Welt war nun kleiner. Auch die Sicht in die Hügel war begrenzt. Schon nach geringer Entfernung verloren sich die Farben in undifferenziertem, verschwommenem Graugrün. Danach schienen sie sich in Nichts aufzulösen.

Plötzlich stand Leo, schwarz und sehr sichtbar, vor mir, wedelte weit ausholend mit dem Schwanz, schüttelte sich den Regen aus dem kurzen Fell. Die Wassertropfen gingen als Sprühregen auf mir nieder. Leo sprang mich an, legte seine nassen, langen Pfoten über meine Knie. Wollte unter dem nun gemeinsamen Regenschirm gestreichelt werden. Der Regen wurde stärker. „Komm Leo, wir gehen nach Hause, mein Hintern wird allmählich klamm und kalt." Auf dem Rückweg verschwand er wieder. Die kräftigen, durch die Nässe verstärkten Gerüche waren verlockender als mich zu begleiten. Als ich am Haus um die Ecke bog, hörte ich Vicky erbost rufen: „Raus mit dir Leo, du musst dich nicht in der frisch geputzten Küche schütteln!"

Später kam Giovanni vorbei. „Ciao Giovanni, das ist aber eine Überraschung! Ewig, dass wir uns nicht gesehen haben." „Ciao *caro*, stimmt. Es ist eine Weile her. Gib mir einen Kuss!" Seine laute kehlige Stimme ist immer noch die gleiche. Nur die weißen Haare hatte er jetzt im Nacken gebunden wie Karl Lagerfeld. Die ehemals mächtige Mähne war damit trotzdem nicht ganz gebändigt. Ich wusste, dass sein Leben etwas komplizierter geworden war. Tagsüber arbeitet Giovanni auf seinem Land. Dort wohnen auch seine Frau und der Sohn mit Familie. Mittags isst man zusammen, doch gegen Abend beginnt Giovannis zweites Leben. Er fährt dann in die Stadt zu seiner Geliebten. Dort bleibt er jeweils bis zum nächsten Morgen. Da das Verhältnis schon seit Jahren nach diesem Rhythmus verläuft, kann man davon ausgehen, dass es funktioniert. Giovanni ist über siebzig, die Freundin könnte vom Alter her seine Tochter sein. Und – der Neid muss es ihm lassen – sie ist sehr attraktiv.

„Ist Vicky zu Hause? Ich müsste mal mit ihr reden." Sie war zu Hause. Es folgte die herzliche Begrüßung und mir fiel ein, dass Giovanni ihr vor Jahren ganz ungeniert den Hof gemacht hatte. „Hör mal Vicky, hast du noch deine Gänse?"
„Ja, aber nur noch eine Gans und einen Gänserich. Sie sind beide alt. Warum? Brauchst du Eier zum brüten?"
„Nein, nein, weißt du, ich habe kürzlich bei Fontanella drei Gänse gekauft. Zwei weibliche und eine männliche. Jetzt habe ich festgestellt, dass alle drei männlich sind. Sie prügeln sich dauernd und basta. Ich brauche eine Gans."
„Aber dann prügeln sie sich ja noch mehr."
„Genau. Deshalb dachte ich, wenn du mir deine Gans gibst schenke ich dir zwei Gänseriche."
Vicky behauptete einmal, Giovanni hätte ein einfaches Gemüt. Aber ich dachte, dass er sich absichtlich dumm stellte, um andere zu überrumpeln.
„Was soll ich denn damit, Giovanni, dann hätte ich ja drei Gänseriche, die sich prügeln. Davon abgesehen brütet meine Gans nicht mehr."
Aber so schnell gab Giovanni nicht auf. Um die sinnlose Diskussion zu beenden bot Vicky an, einen Reiterkollegen anzurufen, der eine ganze Herde Gänse hatte. Giovanni rieb sich die Hände. „Du bist ein Schatz. Ich wußte doch, du würdest mich nicht hängen lassen."

„*O Dio mio*", stöhnte der Bekannte auf. „Ich habe viel mehr Gänseriche als Gänse. Manchmal prügeln die sich auch tot. Ich behalte
sie nur zum Grasfressen."

Giovanni bemerkte den negativen Verlauf des Telefonats und bes-
serte nach. „Sag ihm, ich kaufe ihm eine Gans ab und schenke ihm
trotzdem die Gänseriche." Vicky beendete das Gespräch, ohne das
neue Angebot zu erwähnen.

„Warum hast du ihm das nicht gesagt?", maulte er.

„Weil Alessandro schon gesagt hatte, dass er nicht mal gegen Geld
eine Gans hergibt."

„Auch nicht mit den zwei geschenkten Gänserichen?"

„Auch nicht mit den zwei Gänserichen."

„Geschenkten!"

„Auch nicht mit den zwei geschenkten Gänserichen! Giovanni!!!
Ora basta! Ich denke nochmal nach. Vielleicht fällt mir noch jemand ein, den ich fragen könnte."

„Ah, prima! Ich rufe dich also heute Abend nochmal an."

„Nein, nicht heute Abend."

„Morgen also."

„ O.k., ruf morgen an."

Im Gehen brummelt er trotzig wie ein kleines Kind vor sich hin:
„Dabei hätte ich sie ihm doch geschenkt. Zwei! Und die Gans hätte
ich obendrein noch bezahlt…"

Auch mit zwei weiteren Anrufen hatte Vicky kein Glück und Giovanni beruhigte sich im Laufe der nächsten Tage allmählich.

Giovanni ist übrigens ein genialer Vertreter einer Gattung, die
man in Italien gar nicht so selten antrifft. Ohne boshaft sein
zu wollen, würde ich behaupten, es sei eine typisch italienische Ei-
genart: „*l'ho detto per dire*". Dieses „*per dire*" kann man deshalb auch
nicht treffend übersetzen. „Ich sagte das einfach so" oder „um etwas zu sagen…" Oder einfach „ich sage mal…" Jedenfalls bedeutet „*per dire*", dass man das Gesagte jederzeit widerrufen kann, weil

es ja nur so hingesagt wurde. Es ist ein Beitrag zur allgemeinen Unterhaltung. Da die Italiener begnadete Redner sind, blüht auch die Fantasie. Sonst könnte man eine Rede nicht entsprechend melodiös ausschmücken. Diese Redebegabung zieht sich durch alle sozialen Schichten. Vom Schulkind über den Handlanger bis zum Ministerpräsidenten. Die wichtigsten Finanzminister sagen zum Beispiel: Wir stecken mitten in einer großen Wirtschaftskrise. Der italienische Kollege verkündet kurz darauf, die Krise sei im Wesentlichen vorbei. Die Welt staunt und weiß nicht, dass er das *„per dire"* behauptet hat. Entweder um sich international hervorzutun, oder weil er gerade wenig Medienpräsenz hat. Und nun kommt das für uns rationale Deutsche Schwierigste an der Sache: In dem Moment, in dem der Minister seine Äußerung macht, glaubt er auch ehrlich daran. Das macht alles wieder menschlich und befreit den Redner von der Lüge. Im italienischen heißt der Übersetzer übrigens *interprete*. Interpretieren verpflichtet nicht zu wörtlicher Übersetzung.

Am Ausgang des Coop-Centers begegne ich Mary. Eigentlich heißt sie Marianne, aber hier nennen sie alle Mary. Sie mag es, so genannt zu werden.

Auf geänderte Vornamen, die nicht in der Geburtsurkunde stehen, trifft man bei Ausländern häufig. Oft hängt es damit zusammen, dass der eigene Vorname für italienische Zungen schwer aussprechbar ist. Gibt es eine Übersetzung, dann wird einfach aus einem Hans ein Gianni. Wehe, der Name hat einen Konsonanten zu viel, wie Wolfgang. Dann sind die Grenzen italienischer Redekunst erreicht. Dann geht nur noch entweder Wolgan oder Wofgan.
„Na, wie geht's bei euch an der Baumgrenze", frage ich Mary nach dem Begrüßungskuss. Das mit der Baumgrenze ist so eine Art Running Gag geworden. Mary erzählte einmal enttäuscht, dass ein Orangenbaum bei ihr nicht gedeihen würde. Und Vicky lästerte darauf:

„Kein Wunder, ihr wohnt ja auch an der Baumgrenze." So ungefähr sagte sie das. Mary und ihr Mann wohnen zwar kaum zweihundert Meter höher als wir, allerdings auch 25 Kilometer weiter im Landesinneren. Tatsächlich ist das Klima dort rauher als in Meernähe.

„Gut geht's, danke. Vor drei Tagen hat es fünf Minuten geschneit."

„Nein! Ehrlich?? Wir saßen draußen in der Sonne."

„Glaub ich dir nicht!"

„Ist aber so."

Ob wir an dem Tag tatsächlich in der Sonne saßen, erinnere ich mich nicht so genau. Aber die Behauptung muss sein, um den Unterschied zur Baumgrenze zu unterstreichen. Mary lacht auch brav. „Naja, wir da oben an der Baumgrenze… Nein, weißt du was da oben passiert ist? Schrecklich! Ich bin noch ganz verstört."

„Mach's bitte nicht so spannend, du weißt doch, wie neugierig ich bin."

„Du kennst die Lederers?"

„Nein, kenne ich nicht. Interessiert mich aber trotzdem, was ihnen widerfahren ist."

„Ihm ist es widerfahren, Paolo, also eigentlich Paul, aber ist ja sowieso egal. Er hat sich umgebracht! Strick und Ende! Seine Frau hat ihn gefunden. In seiner Werkstatt. Ilse ging hinüber in die Werkstatt, weil Paolo solange nicht zum Essen kam, entsetzlich! Stell dir vor, du findest…"

„Ja, das ist wirklich scheußlich. Weißt du warum er sich umgebracht hat?"

„Nein, keine Ahnung. Paolo war ein ganz ruhiger, ausgeglichener Mensch."

Sie erzählt mir von dem prächtig renovierten Haus des Paares. Auf einem eigenen Hügel liegend, mit Blick bis zur Insel Elba. Nach einem Schreibtischleben als Finanzberater wollte Paolo hier seinen Traum von der Toscana erfüllen. In einem Nebengebäude richtete er sich eine komplette Schreinerwerkstatt ein, um sich seinen handwerklichen Neigungen zu widmen. Statt dessen bastelte er dort nach einem Jahr einen Strick mit Schlinge. Vielleicht war er einfach depressiv und ertrug die plötzliche Einsamkeit der *campagna* nicht. Ich erinnere mich an unser erstes halbes Jahr auf dem Land. Es war unglaublich still, aber in den Ohren rauschte noch lange der Geräuschpegel der Großstadt.

Vielleicht hatte er zu viel Zeit um über sein bisheriges Leben nachzudenken. Und die unbekannte Zeit, die ihm noch bleibt. Vielleicht wurde ihm bewusst, dass trotz aller finanziellen Erfolge sein Leben schief gelaufen ist. Vielleicht hat er bei privaten Finanzgeschäften viel Geld verloren, das ihm den weiteren Lebensunterhalt sichern sollte. Vielleicht, vielleicht... Es gibt, wie schon gesagt, viele Möglichkeiten, mit seinem Leben nicht mehr zurecht zu kommen. In der Hektik des Berufsalltags ist kaum Platz, über ethische oder moralische Werte nachzudenken. Nur Erfolg und Geld zählen. Sicher ist, dass die Toscana einen Denkprozess ausgelöst hat, der schließlich zu dieser Verzweiflungstat führte. Die Toscana war zur Falle geworden.

Wir haben einen Pool. Trotzdem bin ich der Meinung, ein Schwimmbad gehöre nicht in die *campagna*. Es ist und bleibt ein Fremdkörper in der Natur. Außerdem habe ich im Sommer ein ewig schlechtes Gewissen wegen des vielen Wassers, das täglich in der Sonne verdunstet. Außerdem macht ein Pool täglich Arbeit (mein Job). Wir haben einen Pool, weil wir auch eine kleine *Agriturismo*-Anlage auf unserem Land betreiben. Vicky war der Meinung, angesichts der vielen Konkurrenz müsse man etwas mehr bieten. Die Gäste lieben den Pool sehr. Für mich ist er am schönsten von Ende Oktober bis Anfang Mai. Da ist er zu. Abgedeckt mit einer maßgerechten dunkelgrünen Plane. Sie passt besser in die Landschaft als das glitzernde Zartblau des Wassers. Die Plane reicht bis über die weiße Steineinfassung des Beckens. Hinter dem Rand werden ebenso grüne Gummisäcke als Gewichte platziert. Nahtlos aneinandergelegt reichen sie um das ganze Becken. Sie werden mit Wasser gefüllt und mit Halteschlaufen an der Plane befestigt. Steigt man auf

die robusten Säcke, dann schwabbeln sie sehr lustig. Außer dem Pool und dem *agriturismo* besitzen wir, wie bereits bekannt, 5 nette Hunde. Zwei, Yago und Einstein, sind noch sehr jung. Entsprechend haben sie jede Menge Unsinn im Kopf. Außer dass sie alles wegtragen, was sich bewegen lässt (von Schuhen bis zu Schildkröten), zerlegen sie vom Rasensprenger bis zu Frizzis Satteldecke alles, was ihnen zwischen die Zähne kommt. Brilli und Leo dagegen zetteln mit Vorliebe kleinere und größere Ausflüge an. Offenbar haben sie bei uns zu wenig Auslauf, denn Ausflug bedeutet für sie, unser Land weiträumig hinter sich zu lassen. Wir haben nach Möglichkeit immer ein Auge darauf, wo die Hunde gerade sind. Arbeiten wir auf dem Land, so heißt es daher öfter: „Hast du Leo gesehen?" – „Wo sind eigentlich Yago und Brilli?" – „Einstein war auch schon länger nicht hier." Nur auf den kleinen Foxy ist immer Verlass. Das Riesenbaby Einstein ist, anders als der Name vermuten lässt, ein liebes, wunderschönes Hundemädchen. (Sie wurde im Alter von wenigen Monaten in der Nähe ausgesetzt.) Den Namen trägt sie nicht etwa, weil wir ihr einen intellektuellen Namen geben wollten, um uns damit selbst ins rechte Licht zu rücken. Die kleine Einstein erinnerte mich anfangs ganz einfach an den großen Einstein. Optisch. Am Kopf. Mit den abstehenden Haarbüscheln über den Ohren.
Vicky ruft. Frauen haben meist durchdringendere Stimmen. Ich sagte nicht schrillere. Vielleicht haben sie die bessere Atemtechnik. Oder einfach mehr Autorität. „Yago!! Einstein!!" Zwei Minuten später. „Da seid ihr ja, ihr seid ganz brav!" Am nächsten Tag. „Hast du Yago und Einstein gesehen?" – „Yago!! Einstein!!" Zwei Minuten später: „Da seid ihr ja, ihr Braven!" – „Wo stecken die beiden eigentlich immer? Wenn du rufst, sind sie fast sofort wieder da." – „Die spielen eben irgendwo in der Nähe, wo wir sie nicht sehen. Die Süßen."

Es regnete ein paar Tage, teils heftig. Ich ging zum Schwimmbad, um die Abdeckung zu kontrollieren. Sie liegt auf der Wasseroberfläche auf. Der Wasserstand liegt etwa 35 Zentimeter niedriger als der

Beckenrand. Bei Regen entsteht deshalb ein See auf der Plane. Ich pumpe ihn mehrmals im Winter ab. Heute wollte ich nur schnell nachsehen, ob alles in Ordnung ist und traf unerwartet die beiden jungen Hunde. Einstein stand mitten auf der Plane, die Füße etwa 20 Zentimeter im Wasser. Yago war gerade dabei, mehr oder weniger tollpatschig mit eingeknickten Pfoten in das Regenwasser zu gleiten. Der Anblick war so lustig (wie eine Parodie auf die Badegäste), dass ich mich zwingen musste, die beiden energisch aus dem Wasser zu jagen. Erstens haben sie im Schwimmbad überhaupt nichts zu suchen. Zweitens ist das Spiel nicht ganz ungefährlich. Es dauerte eine Weile, bis sie klatschnass an „Land" waren. Vom Wasserrand bis zum Pool-Bord war die Plane eine glitschige Rutsche. Yago und Einstein fielen beim Herausklettern immer wieder auf den Bauch. Erst jetzt warf ich einen kontrollierenden Blick auf die Abdeckung. Meine Augen blieben mit blinkenden Ausrufezeichen an den Wassersäcken hängen. O dio! Unsere entzückenden süßen Hunde hatten alle 16 Säcke ruiniert. („Die spielen eben irgendwo in der Nähe, wo wir sie nicht sehen. Die Süßen!") Die Wassersäcke lagen schlaff und verdreht in den wenigen halbwegs intakten Schlaufen. Entweder war der Wasser-Einfüllstutzen abgebissen, oder sie waren zahntechnisch perforiert wie ein Sieb. Oder beides. Die meisten Halteschlaufen waren durchgebissen, oder zerfetzt, oder verschwunden. Bei näherer Begutachtung kam ich nur zu einem Ergebnis: wegwerfen! Während ich mich mit der neuen Situation auseinandersetzte, hörte ich Vicky rufen. „Einstein!! Yago!!" Und dann: „Da seid ihr ja, ihr Süßen. Huch, ihr seid ja ganz nass! Wieso seid ihr denn so nass?"
Ich änderte mal wieder mein Programm, holte den Traktor und machte mich auf die Suche nach schweren Steinen. Später schleppte ich 27 große Steine über die zwei Treppen hinunter zum Pool. Ich zog die Plane wieder einigermaßen straff. Mit den Steinen ersetzte ich fürs erste die (ehemaligen) Wassersäcke.

Montagabend ist unser „offizieller" Pizza-Abend. (Um den Wochenanfang mit einer kleinen Verwöhnung zu bereichern.) Wir treffen uns diesmal mit Mary und ihrem Mann Günter (nicht Gunter, Gunter heißt der kleine kurzbeinige Wadenbeißer von Simone, unserem Pferdetierarzt) im „Quei' Ragazzi". Günter beißt nicht in Waden, dafür erzählt er von tollen Krankheiten. Krankheiten sind ab einem bestimmten Alter ein unerschöpfliches und beliebtes Thema. Krankengeschichten lassen sich auch wunderbar ausmalen. Gruselmärchen für Erwachsene. Wie bei einem Wettbewerb will jeder die spannendste Story haben. Am besten selbst erlitten. Deshalb sind die Krankheitserlebnisse der anderen nur zweitrangig. Allenfalls speichert man sie zum späteren Weitererzählen („ich kenne jemanden, der hatte…"). Man fiebert also darauf, die eigene Story loszuwerden. Enttäuschend ist, wenn dann einer aus der Gesprächsrunde begeistert unterbricht. „Genau! Das hatte ich auch mal. Die gleichen Symptome wie bei dir!" Dann gibt es nur noch eine Möglichkeit, die eigene Story zu retten: Man muss die Schraube anziehen und glaubhaft nachweisen, dass die eigenen Symptome und der Krankheitsverlauf wesentlich dramatischer waren („ich kam nur knapp an einer Amputation vorbei").

Gott sei Dank verlassen wir schnell, sozusagen in gegenseitigem Einvernehmen, dieses so beliebte wie unerfreuliche Thema. Günter kann es trotzdem nicht lassen. Krankheiten hin oder her, wir werden schließlich alle älter. „Was machst du denn, wenn du mal achtzig bist und kannst nicht mehr Auto fahren?", wendet er sich an Vicky. Sie ist für solche Hypothesen der „ideale" Gesprächspartner und protestiert wie erwartet.

„Wieso soll ich denn mit achtzig nicht mehr Auto fahren?"

„Na gut, du könntest ja eine Krankheit haben…"

„Nicht wieder anfangen! Ich bin ausgewiesener Hypochonder, mir tut jetzt schon alles weh!", rufe ich dazwischen.

„Arthrose oder sowas. Irgend etwas, das dich zwingt, nicht mehr Auto zu fahren."

„O.k., dann würde ich mir eine Ape kaufen. Da braucht man keine Füße."

„Genau!", kreischt Mary begeistert. „Eine Ape war schon immer mein Traum."

„Himmel, die wirfst du dann dauernd um. Ich sehe schon die Schlagzeile im Tirreno: Achtzigjährige kriecht unversehrt aus umgestürzter Ape", lästere ich aus Erfahrung. Wir hatten früher eine Ape.

„Das war nur ein einziges Mal im Gelände. Dafür ist sie eben nicht geeignet. Außerdem bist du auch mal damit umgefallen." –

„Das war, als ich versucht hatte den Elchtest zu machen."

„Und wenn du auch nicht mehr Ape fahren kannst?", insistierte Günter.

„Du meine Güte, bist du hartnäckig. Dann suche ich mir einen netten *ragazzo*, der mich nach Vereinbarung zum Einkaufen fährt. Oder ich rufe mir ein Taxi. In Venturina kann ich dann den Bus nehmen."

„Wie, bei euch gibt's Taxen?"

„Klar, am Bahnhof stehen immer zwei herum. Weißt du Günter, um ehrlich zu sein, mich interessiert das Thema auch nicht. Ich mache mir keine Gedanken darüber."

„Aber es hat doch keinen Sinn, die Augen vor diesen Problemen zu verschließen. Sonst stehst du eines Tages da und… Also, so abgelegen wie wir wohnen ist die tägliche Fortbewegung von A nach B eben ein wichtiges Thema. Alleine der Einkauf, was man zum täglichen Leben braucht und so. Wenn ich mir vorstelle, ich bin auf fremde Hilfe angewiesen! Es kann ja auch mal ein längerer Krankenhausaufenthalt notwendig werden."

„Da ist doch vorgesorgt. Soviel ich weiß gilt eure deutsche Krankenversicherung EU-weit. Wir sind hier versichert, Wolfgangs Leistenbruch-OP hat keinen Pfennig gekostet." „Cent", sage ich, um das langweilig werdende Gespräch zu stören.

„Wie bitte?"

„Cent." – „Dann solltest du wenigstens *centesimo* sagen. Ich verstehe sowieso nicht, warum die meisten Deutschen und Schweizer nach Hause fahren, wenn ihnen etwas weh tut. Wir sind doch nicht in der dritten Welt."

„Häufig sind mangelnde Sprachkenntnisse der Anlass. Die Leute fühlen sich unsicher beim Arzt", mutmaße ich.

„Genau", pflichtet Mary jetzt bei. Sie hatte zuletzt geschwiegen und ihren Mann leicht irritiert beim Reden beobachtet.

„Darum wollen ja auch so viele verkaufen." Dann erzählt sie noch von einem weiteren „Abgang". Nachbarn, der Mann plötzlich gestorben, die Frau kränklich. Sie kehrte ihrem Toscana-Traum sofort den Rücken. Das Anwesen ist nach fast zwei Jahren immer noch nicht verkauft. Der Preis ist zu hoch. Jetzt zahlt die Witwe für Instandhaltung und Landbearbeitung beachtliche Summen. Ein solcher Fall kann natürlich überall passieren. Er zeigt nur einmal mehr, dass er auch in der Toscana passieren kann. Dass man auch in diesem scheinbaren Milch-und-Honig-Land vom ganz normalen Leben eingeholt wird.

„Schmecken euch die Pizzen?" Ich möchte endlich auf ein anderes Thema kommen.

„Mhm, meine ist köstlich."

„Meine auch, auch der Rand, den ich sonst immer übriglasse." „Das nächste Mal werde ich eine *Vegetariana* bestellen, die sieht toll aus."

Die zweite Flasche „Rosso di Val di Cornia" ist längst leer. Am Ende der dritten hält Mary noch eine Lobrede auf die Toscaner. Von Offenheit, Hilfsbereitschaft, Gastfreundschaft ist die Rede. Von Handwerkern, die auch am Wochenende vorbeikommen und von lieben Freunden. Auf Seite des Fremden von Unsicherheit, Berührungsängsten und mangelnder Bereitschaft sich zu integrieren. Sie erzählt noch eine kleine Begebenheit, die die Spontaneität und herzliche Hilfsbereitschaft der Toscaner unterstreichen soll. Ich glaube, es ging um einen platten Autoreifen. Zuletzt rief sie weinselig aus:

„Das ist für mich Toscana! Darum liebe ich dieses Leben!! Fährst du, Günterchen?"

„Nein du fährst… Massimo! Noch eine Flasche von dem Roten, meine Frau fährt."

Ich bestelle für alle *caffè*, dann drängt Vicky: *„Ragazzi*, ich bin müde. Morgen früh muss ich um halb sechs aus dem Bett." – „Da ist es ja noch dunkel", protestiert Günter, als würde man von Dunkelheit krank werden.

Das morgendliche Aufstehen gehört zu meinen Basisproblemen. Natürlich schiebe ich das auf meinen Bio-Rhythmus. Es scheint im Wesentlichen einen schnellen, aktiven Bio-Rhythmus zu geben und einen langsamen, passiven. Manchmal vermischt sich wohl auch etwas. Vicky gehört auf jeden Fall zur schnellen Sorte. Ich dagegen…, also wir sind sehr verschieden, Vicky und ich. Meine Klassifizierung kennt folgerichtig auch verschiedene Schläfer-Typen. Da sind einmal diejenigen, die mit den Hühnern ins Bett gehen (im sprichwörtlichen Sinn). Und mit dem ersten Kikeriki wieder aufstehen. Die zweite Gruppe geht spät ins Bett und steht spät auf. Das klingt nach Bohème oder nach Rentner. Der dritte Schläfer-Typ ist eigentlich mein Vorbild. Er geht spät ins Bett, liest noch ein Stündchen und steht früh auf. Dabei ist er dann sofort gutgelaunt und kommunikativ. Eine vierte Gruppe lasse ich außer Acht. Sie ist langweilig, ungesund, scheintot. Es sind die Schläfer, die früh ins Bett gehen und spät aufstehen.

Leider tendiere ich eher zum zweiten Schläfer-Typ und muss deshalb Disziplinarmaßnahmen ergreifen. Sie besteht aus zwei Weckern, die auf mich einbrüllen. Einen, er klingelt kurz vor sechs, bringe ich sehr bald, notfalls im Schlaf zum Schweigen. Er steht auf meiner Bettseite. Vickys Wecker erreiche ich nicht. Er dröhnt Popmusik in beachtlicher Lautstärke. Nach etwa zwanzig Minuten gehen mir Lärm und Inhalt auf die Nerven. Ich bin bereit aufzustehen. In diesem Zusammenhang beschäftigen mich zwei Fragen. Warum sind die Frühaufsteher immer die sozial Angesehenen und die Spätaufsteher die Faulpelze? Gibt es ein Grundrecht auf Schlaf? Menschen, die am frühen Morgen putzmunter quasseln, nerven mich ganz einfach. Noch schlimmer sind Anrufe vor acht Uhr. Ich nehme den Hörer gar nicht erst ab. Später zeigt der blinkende Anrufbeantworter, dass es sich, wie üblich bei so frühen Anrufen, um nichts Wichtiges gehandelt hat. Eher etwas in der Art wie „Hör mal, ich hätte da eine Frage wegen der Müllabfuhr…"

Morgen werde ich um sechs Uhr den Weinberg schwefeln. So eine Arbeit bringt mich relativ leicht aus den Federn. Denn um diese Tageszeit ist es mit ziemlicher Sicherheit noch windstill. Das Schwefelpulver setzt sich dann wirklich an den Reben ab und nicht auf dem Kopf. Ich habe schon alles vorbereitet. Die Schwefelmaschine hängt gefüllt am Traktor. Ich muss morgen nur noch schlaftrunken aufsteigen, losrumpeln und im Weinberg die Antriebswelle zuschalten. Dann kann ich sogar vor mich hin dösen.

Wie Günter beim Pizzaessen schon bemerkte, ist es im März gegen sechs Uhr noch nicht hell. Vicky ist für einige Tage verreist. Die morgendliche Stallarbeit geht automatisch auf mich über. Beim Aufstehen mache ich kein Licht, um die schlafenden Augen keinem Schock auszusetzen. Ich schlurfe barfuß über den glatten *cotto*-Boden ins Bad. Öffne das Fenster, strecke die Nase hinaus, um das Wetter zu erschnuppern. Feucht, aber relativ mild, sagt die Nase. Es ist wundervoll still. Die Bettwärme haftet noch auf der Haut. Schnell vermischt sie sich mit der frischen Luft von draußen, verfliegt. Ciao, bis irgendwann heute Abend. Mich fröstelt, ich schließe das Fenster. Die Hähne krähen. Man hört sie auch durch das geschlossene Fenster. Zum Anziehen mache ich Licht. Die Antwort kommt umgehend. Die Esel mahnen lautstark mein Erscheinen an. Längst haben die Hunde die Bewegung im Haus bemerkt. Sie erwarten mich an der vorderen Terrassentüre und drücken die Pfoten auf die Scheibe. Dann stürzen sie sich begeistert auf mich. Für meinen halbschlafenden Zustand könnte die Begrüßung ruhig etwas weniger temperamentvoll ausfallen. Trotzdem benehme ich mich so, als wäre ich ebenso begeistert wie sie. Ein Problem ist das Anziehen der Schuhe, in diesem Fall der Gummistiefel. Beim Anziehen muss ich mich bücken, dabei ist der Kopf weit nach unten geneigt. Die Hunde sind der Meinung, dies sei der richtige Augenblick, um mir übers Gesicht zu schlecken. Ich rufe dann wie Charly Brown aus den Peanuts: „Hilfe! Desinfektionsmittel! Mich hat ein Hund geküsst." Balgend und rennend folgen sie mir zum Stall. Zartes Wiehern klingt mir entgegen. Die Pferde sind aus dem Stall gekommen und warten an der Einzäunung. Das freudige Wiehern wird übertönt von sieben langgezogenen, steinerweichenden Eselrufen. Die Sonne der vergangenen Tage hat es noch nicht geschafft, das viele Regenwasser aus dem morastigen Boden zu saugen. Vor den Ställen haben die Hufe mit jedem Tritt ein mit Wasser gefülltes Lehmnäpfchen geformt. Eines dicht neben dem anderen. Meine Gummistiefel schmatzen auf dem nassen Boden. Beim Aufheben der Füße entstehen saugende Geräusche. Die Pferde stehen ordentlich nebeneinander, stoisch wartend. Sarah, die dunkle Maremma-Stute, hat den Kopf hoch erhoben. Die Nüstern bewegen sich gleichmäßig, während ich über ihre sinnliche Schnauze streiche. Die andere Hand wärme ich unter ihrer dichten Mähne. Das ist reichlich Entschädigung für das frühe Aufstehen. Die Esel warten aufgereiht am Gatter, die Köpfe erwartungsvoll vorgestreckt. Einige seufzen dazu. Ein Eimer voll Karotten und Apfelschnitzen gehört zum morgendlichen Begrüßungsritual. Erst die Pferde, dann die Esel. Auch Frizzi hebt jetzt angesichts des gefüllten Eimers den Kopf und wiehert leise und zufrieden. Die Hunde betrachten sich ebenfalls als Teil des Rituals und streichen den Pferden viel zu nahe um die Beine. Ermahnungen sind zwecklos. Die Pferde schmatzen und geifern vor Begeisterung wegen der Äpfel und Karotten. Der Saft tropft auf die Hunde. Für sie fällt jetzt auch ein Stückchen ab. Dann verziehen sie sich in den Heuboden. Zwischen Stroh- und Heuballen schlafen sie weiter. Einstein hat in ihrer Lieblingsecke sogar Spielzeug untergebracht. Ich mache mich an die eigentliche Arbeit. Nach einer knappen Stunde verabschiede ich mich erst einmal. Inzwischen ist es hell geworden. Der wolkenlose Himmel verspricht einen schönen Frühlingstag. Die ersten Sonnenstrahlen legen ein schmales Goldband auf die obersten Bäume des Hügels. Mit zwei gut gefüllten Futtereimern mache ich mich auf den Weg zu Hühnern, Gänsen und Enten. Das rücksichtslose Gedränge an den Futtertrögen ist groß. Es erinnert in der aufgeregten Gier an einen Empfang mit kaltem Buffet. Danach ist Zeit für ein kleines Frühstück. Milchkaffee, ein paar Kekse, Honig. Die Katzen treffen aus ihren diversen Schlafquartieren ein. Wie üblich kommen sie einzeln angeschlichen, angesaust, je nach Temperament. Wie üblich muss ich fünf Mal aufstehen und die Türe öffnen. Sie werden, wie zuvor die Hunde, mit einer Hand voll Trockenfutter verwöhnt. Meusi ist mit über 20 Jahren unsere älteste Katze. Sie besteht darauf, beim Frühstück neben mir zu sitzen. Gewöhnlich kratzt sie an meinem Hosenbein. Ich rutsche zur Seite, hebe sie hoch, sie kuschelt sich neben mich und schnurrt zufrieden. Diese Angewohnheit hat sie im Winter nur so lange, bis ich endlich wieder draußen frühstücken kann. Eigentlich ist der Stuhl zu schmal für Katz und Mensch. Ich habe mir deshalb angewöhnt nur die Hälfte des Sitzes zu beanspruchen. Die menschliche Anatomie macht's möglich, auch mit halbem Hintern zu sitzen. Sehr bequem ist es nicht.

Als ich zum Stall zurückkehre, liegt das Gelände schon im vollen Sonnenlicht. Ich öffne das Gatter zu den Oliventerrassen und entlasse die Pferde. Die Esel schleppe ich in zwei Gruppen auf ihre Weide. Das ist schweißtreibend. Morgens lassen sie sich gerne Zeit. Gegen 9 Uhr kann mein Arbeitstag im Atelier beginnen.

Anfang April hat der Frühling endgültig die Oberhand gewonnen. Das Wetter ist noch nicht stabil. Die Temperaturen wackeln rauf und runter. Aprilwetter eben. In der Sonne wäre ein Pullover über dem Hemd trotzdem zu warm. Die Schwalben sind pünktlich aus ihren afrikanischen Winterquartieren zurückgekehrt. Dieses Jahr waren sie sogar einen Tag früher angekommen. Vielleicht lag es am Rückenwind. Es wehte ein kräftiger *scirocco*. Ohne Ruhepause wurden sofort die alten Nester ausgebessert oder, statisch bedenklich, vergrößert. Was daneben geht, bleibt auf den Terrassenfliesen als kleine Mörtelkleckse haften. Trockene Grashalme fallen, sich mehrfach drehend, aus dem Gebälk des Porticato. Ich muss mich wieder an die akrobatischen, spielerisch leicht wirkenden Sturzflüge gewöhnen. Noch ziehe ich reflexartig den Kopf ein, wenn sie knapp darüber hinweg schießen. Die Katzen sitzen sprungbereit und verwirrt. Bei dem Durcheinander und Tempo der Flüge haben sie scheinbar Probleme sich zu konzentrieren. Besser so. Betti, der junge und absolut unbelehrbare schwarze Kater, schleppt stolz eine große Smaragdeidechse ins Haus. Leider ist sie schon tot. Betti scheint enttäuscht, dass sie sich nicht mehr bewegt.

Bald, wenn die Sonne noch etwas intensiver scheint, werden die ersten Schlangen aus ihrer Winterstarre erwachen. Die Vipern sind dann voll mit Gift. Wir haben uns angewöhnt, das Verhalten unserer Hunde zu beobachten. Ist einer plötzlich apathisch? Leckt sich ein anderer besonders intensiv immer an der gleichen Stelle? Heult er unvermittelt auf, während er mit der Nase auf dem Boden durchs hohe Gras streift? Alles kann ganz harmlose Ursachen haben. Außer vielleicht der Apathie. Es kann aber auch ein Hinweis auf einen Vipernbiss sein. Sind die Spuren der zwei Giftzähne eindeutig zu erkennen, muss sofort gehandelt werden, denn das Leben des Hundes zu retten ist jetzt ein Wettlauf mit der Zeit. Längst nicht immer ist der Verlauf tödlich. Die Lebensgefahr hängt von der Giftmenge ab. Und von der Körperstelle, an der das Gift eindringt. Manchmal genügt es, den Hund ein paar Stunden an den Tropf zu hängen und das Tier ist wieder auf dem Weg der Besserung. In jedem Fall muss der Hund so schnell wie möglich zum Tierarzt.

Früher hatte jeder Jäger ein Serum gegen Vipernbisse in der Tasche, um keine Zeit zu verlieren. Auch wir hatten immer ein Serum im Kühlschrank. Aber wie das so ist mit der Forschung, irgendwann ändern sich die Erkenntnisse. Man stellte fest, dass eine Antivipern-Spritze mehr Schaden als Nutzen verursachen kann.

Ein Wettlauf mit der Zeit endete vor einiger Zeit leider tödlich. Vicky nahm gerne einige Hunde zum Ausreiten mit. Es war am ersten sommerlich warmen Tag im April, als mein Telefon klingelte. „Komm bitte sofort, Maxi ist von einer Viper gebissen worden. Er liegt schon im Koma!", schrie sie etwa zehn Kilometer von zu Hause entfernt in ihr Mobiltelefon. Mitten in einem Wald. Ich ließ den Pinsel fallen und raste sofort los. Mit dem Allrad-Antrieb des Pick-up würde ich es auch im Unterholz schaffen. Maxi war ein großer kräftiger Hund. Auch er musste es schaffen! Ich konzentrierte mich auf die endlos scheinenden engen Kurven der Landstraße von Suvereto Richtung Sassetta. Neuer Telefonkontakt. „Fahre bis Prata und rufe mich von dort an. Ich lotse dich dann übers Telefon." In Prata stellte ich hysterisch fest, dass mein Handy entladen war. Nach hektischem Suchen in dem ausgestorben wirkenden Weiler fand ich zwei alte Männer. Sie konnten mit meiner Beschreibung von Vicky und Frizzi etwas anfangen. „Ah, die blonde Frau auf dem Pferd mit den Hunden. Ja, die kommt hier öfter vorbei. Wir sitzen häufig dort drüben auf der Bank wenn sie vorbeikommt. Manchmal unterhalten wir uns ein bisschen. Sie ist glaube ich Deutsche." Ungeduldig unterbreche ich die netten Alten. Mir ist jedes unnötige Wort, jeder unnötige Buchstabe zu viel.
„Nein, heute haben wir sie nicht gesehen."
„Sie sagte etwas von einem großen Wald."
„Wenn sie in den Wald geritten ist, kann sie eigentlich nur da

94

hinten den Feldweg hoch sein." Sie beschrieben mir genau, wo der Weg abging. „Danke", rief ich, während ich zum Auto zurückrannte. Der Feldweg war ein tiefzerfurchter Fuhrweg. Breitspurige Traktoren hatten ihn im Winter zum Abfahren von Holz benutzt. Ich schaltete den Vierradantrieb zu. Oben, wo der Weg in einer Kurve im Wald verschwand, kam Vicky angaloppiert. Sie winkte kurz und wendete. Ein Geländewagen ist noch lange kein Pferd und ich hatte Mühe aufzuschließen. Im Dornengebüsch, etwas abseits des Weges lag Maxi. Bewegungslos. „Bist du sicher....?", – „Ja, das Herz schlägt. Die Viper hat ihn zwischen zwei Zehen gebissen." Ich packte Maxi unter dem Bauch, mit der anderen Hand unter dem Hals. Und stürzte mit ihm beim anheben ins dichte Gestrüpp. Ich hatte sein Gewicht unterschätzt. Gemeinsam verstauten wir Maxi im Pickup. „Rufe direkt in der Klinik an, ich bin in 20 Minuten dort."

Es wurde eine Fahrt ohne Beachtung der Verkehrsregeln und Geschwindigkeitslimits. Aus den 20 Minuten wurden trotzdem fast 30 und sie waren endlos. Vor der Klinik stand eine Bahre bereit. Noch draußen gab der Arzt eine erste Spritze. Maxi wurde an diverse Geräte angeschlossen. Eine Infusion nach der anderen tropfte jetzt aufreizend langsam in seinen Körper. Die Ärzte wiegten bedenklich die Köpfe angesichts der Geräteaufzeichnungen. Wir ließen Maxi nicht mehr alleine. Gegen Mitternacht löste mich Vicky ab, bis ich sie am Morgen nach Hause schickte. Gegen Mittag starb Maxi. Er war nicht mehr aus dem Koma erwacht. In der Nacht hatte das Gift begonnen die Wandungen der Venen aufzulösen. Blut sickerte aus dem Körper. Mit Schmerzmitteln versorgt hat er von allem nichts mehr bemerkt. Maxi wurde keine zwei Jahre alt und es tat sehr weh.

Leider gehören diese traurigen Erfahrungen zum Leben auf dem Land. Jetzt, nach 30 Jahren, würden sie aufgeschrieben viele Seiten füllen. Mit Sicherheit sind es nicht die letzten. Um Maxis Tod bald in der Schublade der traurigen Ereignisse abzulegen, dachte ich häufig an die lustige Zeit mit ihm.

Irgendwann stand er einfach morgens vor dem Tor. Er war ein kräftiger junger Schäferhund-Bastard mit einem geraden Ohr und einem sehr beweglichen, lustigen Schlappohr. Er sah mich an, als wollte er sagen: ‚Ich will hier rein!‘ Ich ließ Maxi herein. Dabei blieb es, denn Maxi betrachtete sich als unser Hund. Schnell wurde er aller Liebling, vor allem von Kindern. Allerdings entwickelte er eine Neigung zum Streunen. Damals war Brille gerade 6 Monate alt und passte noch unter das Sofa. Er war tatsächlich so gezeichnet, als hätte er eine Brille auf. Heute sieht man davon kaum noch etwas und alle nennen ihn Brilli. Brille hatte einen Bruder, Winnitu. (Er starb leider an einem unbekannten Virus.) Maxi, Brille und Winnitu waren bald unzertrennlich. Einziges Problem war, dass Maxi nicht mit unter das Sofa passte, das die beiden Winzlinge als sichere Höhle nutzten. Das Problem löste sich aber bald von selbst, als Brille und Winnitu unter dem Sofa klemmten.

Sie zogen zu dritt in eine Hundehütte. Auch fressen konnten sie nur zu dritt. Obwohl jeder seine eigene Schüssel hatte, fraßen sie gemeinschaftlich und der Reihe nach die drei Schüsseln leer. Maxi war der Anführer, die Kleinen machten begeistert alles nach, was er vormachte. So kam es, dass Maxis Streun-Ausflüge immer zu dritt stattfanden.

Es war eine aufregende Zeit. Anfangs kamen Brille und Winnitu nach einigen Stunden nach Hause. Immerhin, sie fanden alleine den Rückweg. Wir ließen Maxi ein Mikrochip mit seinen Daten einpflanzen. Eines Abends kam er nicht zurück. Am nächsten Tag kam ein Fax von der Gesundheitsbehörde des Bezirks: Sie können ihren Hund in Suvereto da-und-da abholen. Passen Sie das nächste

Mal besser auf Ihren Hund auf. Maxi hatte sich in Suvereto in einem Restaurant einquartiert und bewirten lassen. Der Wirt war so entzückt, dass er Maxi nach Schließung des Lokals mit nach Hause nahm. Am Morgen bekam er Gewissensbisse und rief bei den örtlichen *vigili* an. Ein Beamter erschien mit einem Lesegerät für das Mikrochip und kam so an unsere Adresse. Am nächsten Tag gingen wir in dem Restaurant zum Essen (ohne Maxi), ließen uns die Geschichte in voller Länge erzählen und bedankten uns. Was wäre geschehen, wenn der Restaurantbesitzer nicht an den Mikrochip gedacht hätte? Zusätzlich malte Vicky nun auf die leuchtend roten Halsbänder Namen und unsere Telefonnummmern.

An einem anderen Tag. Es ist Mittagszeit, ich bin allein zu Hause. Maxi und Co. sind wieder auf Achse. Das Telefon klingelt. „Haben Sie einen Hund mit Namen Maxi? Und zwei andere? Ich habe sie von der Straße geholt. Bei uns fahren die Autos sehr schnell vorbei. In unserem Garten sind sie sicher, da ist alles eingezäunt." Ich ließ mir schnell beschreiben, wo das Anwesen zu finden war und fuhr los. Beim Überqueren einer stark befahrenen Hauptstraße lief es mir kalt den Rücken runter. Hier mussten die drei Misthunde ebenfalls drüber gelaufen sein. Das Anwesen war ein prächtiger Besitz mit viel Schmiedeeisen, Säulen, englischem Rasen und einigen Prestige-Automarken auf dem Parkplatz. Auf der Terrasse stand ein leergeputzter Hundenapf und eine Schüssel mit Wasser. Auf dem großflächigen Rasen spielten meine drei Hunde. Sehr zur Freude der netten Gastgeber. Bei meinem Anblick stutzten sie kurz und spielten dann unbekümmert weiter. Wir unterhielten uns eine Weile, ich bedankte mich für die Fürsorge und stopfte Maxi, Brille und Winnitu mit Mühe ins Auto.

Ich nehme an, sie wollten dem englischen Rasen nochmals einen Besuch abstatten. Aber diesmal wurden sie schon nach Überqueren der Hauptstraße von einer jungen Frau aufgehalten. „Kommen

Sie schnell", sagte sie am Telefon. „Ich weiß nicht, wie lange sie sich von mir festhalten lassen."

Das nächste Mal kam der Anruf von der Friedhofsgärtnerei in Campiglia. „Wir haben Maxi angebunden, die anderen beiden sind abgehauen." Brille und Winnitu kamen irgendwann todmüde nach Hause. Hunde, die freiwillig nach Hause kommen, kann man nicht ausschimpfen. Maxi machte wieder mal eine Dienstfahrt im Pickup.

Ein weiterer Anruf. „Hier sind Ihre drei Hunde. Wir sind an der Bus-Endstation am Krankenhaus. Sie lagen ganz erschöpft unter einem Omnibus." Im Wartehäuschen treffe ich wenig später eine junge Frau mit zwei Töchtern. Jede hält einen der drei Ausreißer im Arm. Müde lassen sie sich in die Autopolster sinken und schlafen sofort ein.

Einen seiner letzten Ausflüge machte Maxi allein. Nachmittags rief eine Lehrerin aus der Grundschule in Suvereto an. „Wenn Sie Maxi holen wollen, er spielt mit den Kindern auf dem Schulhof. Wir sind aber nur noch eine halbe Stunde hier."
„Ich komme sofort, vielen Dank." Als ich fünfzehn Minuten später ankam, war der Schulhof leer und kein Maxi weit und breit. Die Schule wirkte verlassen, aber das Eingangsportal war noch zu öffnen. Ich traf auf die Hausmeisterin, *la pedella*. Italienische *pedelle* sind leicht zu erkennen. Sie tragen alle geschmacklose hellblaue Kittel. „Ich suche meinen Hund. Eine *maestra* hat mich angerufen." „Ach Sie meinen Maxi. Gehen Sie nur weiter und dann rechts. Dort müßte er sein." Ich traf auf einen endlos langen Korridor mit zahlreichen Kindern und entsprechendem Gejohle. An beiden Enden des Flurs verdichtete sich die Kinderschar. Dazwischen hetzte Maxi mit einem Ball hin und her. *„Vieni Maxi! vieni! su! bravo Maxi! Sei bravissimo!"* Jede Seite wollte mit den Anfeuerungsrufen erreichen, dass Maxi den Ball zu ihnen bringt. Ich ließ

Maxi noch ein Weilchen spielen, bis die Lehrerin die Kinder nach Hause schickte.

Seit meiner ersten Tetanusspritze waren gut vier Wochen vergangen. Die zweite war fällig. Vicky weigerte sich, nochmals die Krankenschwester zu spielen, weil an der Einstichstelle eine kräftige Schwellung entstanden war. Also rief ich Elena an, unsere Hausärztin und Freundin. „Ich hinterlege dir das Rezept in der Apotheke, dann brauchst du nicht zweimal zu warten."

Außer einer Praxis im sechs Mal so großen Ortsteil Venturina hat Elena noch eine zweite Praxis in der Altstadt, in der sie zweimal pro Woche halbtags verarztet. Ich mag diese kleine Dorfpraxis. Schon deshalb, weil man meist nicht lange warten muss. Ich war frühzeitig losgefahren, nahm im Vorbeigehen das Serum aus der Apotheke mit und ging die wenigen Schritte zur Praxis. Das Wartezimmer mit Tür zur Straße war ausgerechnet heute überfüllt. Wieder gehen? Ich hatte keine Lust nochmals zu kommen und fügte mich in mein Schicksal. Man könnte sich zu anderen Wartenden auf die Straße stellen, oder auf und ablaufen, so müsste ich mich nicht in das enge Wartezimmer zwängen. Zuerst war noch die übliche Frage zu absolvieren *„chi e l'ultimo?"* (Wer ist der letzte?) Ich merkte mir meine Bezugsperson, dann war ich meinen Beobachtungen überlassen. Eine feingliedrige alte Frau wurde gerade von Tochter und Enkelin behutsam über die Schwelle geführt. Seufzend ließ sie sich auf dem eilends frei gemachten Stuhl nieder. Geseufzt wird gerne, ungefähr von vierzig Jahren aufwärts. Der klassische Seufzer ist mir nur phonetisch bekannt und klingt so: oijojoi! Um den Seufzer wirkungsvoll auszustoßen, muss man dabei ausatmen. Erst wenn der Bauch einsackt und aufs Zwerchfell drückt, entsteht das echte Stöhnen.

„Da drin ist Giuseppe", sagte einer zur Tochter und wies mit dem Zeigefinger auf die Tür zur Praxis. Mir fiel ein, dass die Tochter der erneut seufzenden alten Frau die Ehefrau eines Reiterkollegen von Vicky ist und man sich gelegentlich bei irgendwelchen Festen trifft. Ich begrüßte die Signora, wurde aber schnell unterbrochen. „Hast du gehört Mama, da drin ist Giuseppe", und sie wies ebenfalls mit dem Zeigefinger auf die Tür zur Praxis. Ein Leuchten ging über das alte Gesicht, das alle Falten vergessen ließ. Dann kam Giuseppe aus der Praxis. Ein altersgebeugtes schmächtiges Männchen mit einem ledernen braunen Hut, der zu klein aussah. Die Stelle, an der man einen Hut zum Abnehmen anfasst, glänzte speckig. Als er die alte Frau sah, strahlte auch er. Sie begrüßten sich zärtlich mit langer Umarmung. Er nahm ihr Gesicht zwischen die Hände und gab ihr immer wieder Wangenküsse. *„Allora?"* – *„Si, insomma."* (Na? Ja, naja.) Die anfängliche Verlegenheit ging schnell in fröhliches Geplapper über. Die beiden waren für kurze Zeit wieder jung geworden. „Jetzt muss ich aber gehen", sagte der Alte, „meine Parkuhr ist längst abgelaufen. So viele Leute heute." Dann machte er sich mit kurzen Trippelschritten davon. Im Gesicht lag immer noch die Freude des unerwarteten Wiedersehens. Die alte Frau sah eine Weile entrückt vor sich hin, als würde sie in alten Erinnerungen kramen. Schließlich seufzte sie tief „oihjojoi" und vergaß wieder einzuatmen.

Ich ging nochmals hinaus an die frische Luft. Immer wieder kamen neue Patienten hinzu, manche gingen auch wieder, entmutigt angesichts der vielen Wartenden. Ein alter Panda rollte die gepflasterte Straße herab. Er hielt in Höhe des Wartezimmers an. Es ist Ennio, unser früherer Olivenpresser. Inzwischen ist er zu alt, um die 50-Kilo-Säcke zu schultern. „Mein Gott ist das voll hier", rief er herüber und rollte weiter. Kurz darauf kam er die Gasse herauf gelaufen. Zum Gehen stützte er sich auf einen Stock. Ennio ist über achtzig. Seit er vor einigen Jahren mit dem Traktor umstürzte und sich eine Reihe Knochen brach, braucht er einen Stock. Ich traf ihn ein Jahr nach seinem bösen Unfall, immer noch ein Rekonvaleszent. Er saß in Pantoffeln auf dem Traktor. Auf meine verwunderte Frage, was er denn vorhätte, antwortete er: „Ich will mal zu der Stelle fahren wo ich damals umgestürzt bin, weil ich immer noch nicht weiß, wie das passieren konnte." Learning by doing eines alten Bauern.

Einige Meter vor Ennio läuft ein anderer Alter. Als Ennio merkt, dass dieser ebenfalls auf die Praxis zugeht, läuft er plötzlich schneller. Mit seinem Stock fuchtelnd schafft er es, unmittelbar vor ihm ins Wartezimmer zu gelangen. „Erster", ruft Ennio fröhlich und setzt sich.
„Jetzt bin ich vor dir dran!"
„Von wegen! Du hast mich an der Tür abgedrängt. Ich war vor dir da. Deshalb komme ich zuerst dran, du alter Gauner."
„Du wirst schon sehen, wer zuerst dran kommt. Vergiss nicht, ich habe einen Stock."
Mit dem fuchtelte Ennio dem anderen unter der Nase herum. „Dein Stock kann mir gestohlen bleiben, ich bin stärker als du! Was hast du überhaupt?"
„Ich hab's im Kopf", lacht Ennio.
„Im Kopf? Das glaube ich dir sofort."
„Und du? Mit deinen ganzen Unterlagen musst du sowieso warten. Du hältst nur die ganzen Leute auf, weil du bei der *dottoressa* viel zu lange brauchst."
„Ich hab's im Knie. Das hier sind alles Röntgenaufnahmen."
Ein jüngerer Mann, Typ Kurzwarenvertreter, kam eilig von der Straße herein. Er sah erschreckt und ungeduldig auf die Wartenden. „Ich brauche nur schnell ein Rezept", sagte er, Aufmerksamkeit erheischend, in die Runde. Manche sahen auf, keiner reagierte. „Kann man denn die Rezeptanfrage hier lassen? In der anderen Praxis der *dottoressa* gibt es einen Korb. In den legt man seine Anfrage und eine Stunde später liegt das Rezept dort." Achsel-zucken bei zwei Leuten. „Keine Ahnung", sagte einer. „Weiß jemand die Telefonnummer von hier?" Allgemeines Kopfschütteln. Er studierte die verschiedenen Aushänge an den Wänden auf der Suche nach der Telefonnummer.

Sie steht zusammen mit den Sprechzeiten auf der offenen Eingangstüre. Aber an ihr lehnte jemand und verdeckte den Zettel. Schließlich gab ich ihm die Nummer. Der „Kurzwarenvertreter" ging. Gemurmel bei den Patienten. „Du wirst sehen, gleich klingelt bei der
dottoressa das Telefon." Kurz darauf hört man durch die dünne Zwi-
schenwand das Telefon. „Das isser", kichert Ennio. Der „Kurzwarenvertreter" kam wieder herein. „Die *dottoressa* sagt, ich kann das Rezept haben, wenn die nächste Patientin fertig ist." Im Behandlungs-
zimmer war inzwischen meine „*ultima*". Ich war also endlich an der
Reihe. „Hallo", sagte ich. „Jetzt bin ich erst mal dran. Solange werden
sie wohl warten müssen." Die anderen nickten beifällig, als wollten
sie hinzufügen „und dann wartest du bei mir", „und bei mir wartest
du auch". Der jüngere Mann merkte wohl, dass die allgemeine Stimmung nicht auf seiner Seite war und beeilte sich zu versichern, dass er
natürlich noch warten würde.

Als ich schließlich die Praxis verließ war er weg. Ennio fuchtelte immer noch mit seinem Stock herum. Ich hätte zu gerne gewusst, wer
nun wirklich zuerst dran kam.

Am Nachmittag nehme ich die Spitzhacke und gehe auf die
Felder. Das Futtergras ist wegen des späten Einsäens immer
noch nicht höher als ca. 15 Zentimeter. Statt dessen macht sich
wilder Raps breit. Pferde und Esel mögen ihn nicht. Zum Teil ist er
bereits hüfthoch mit ebensolchem Durchmesser und erstickt alles,
was darunter an Gras wachsen will. Da die Hauptwurzel fünf bis
sechs Zentimeter dick ist, hilft nur die Spitzhacke, um die unge-
liebte Pflanze zu entfernen. Am Abend hatte ich eines von drei Feldern geschafft und Riesenberge des wilden Raps abtransportiert.

Es gibt tatsächlich Menschen, die essen können, was ihnen Spaß macht. Sie nehmen einfach nicht zu. Allein die Tatsache, dass ich diesen genetischen (?) Umstand erwähne deutet darauf hin, dass ich nicht zu dieser beneidenswerten Spezies gehöre. Dabei möchte man meinen, dass die tägliche körperliche Arbeit einiges an Kalorien verbraucht. „Sie sollten etwas abnehmen", sagte der Kardiologe. „Nicht mehr als die Menge eines Eßlöffels Olivenöl pro Tag im Essen." Oder sagte er sogar Teelöffel? „Wie ist es mit Wein? Mehr als ein bis zwei Gläschen pro Tag?" Ich wiegte unbestimmt den Kopf hin und her und dachte an die volle und später leere Flasche am Abend. „Nicht mehr rauchen!" Das hatte nun überhaupt nichts mit dem Abnehmen zu tun. Weißer Kittel hin oder her, ich hatte plötzlich das Gefühl, auf der gegenüberliegenden Seite des Schreibtisches fehl am Platz zu sein. Die goldene Tischuhr, in Bruyèreholz gebettet, zeigte kurz vor zwölf. Gleich würde der vorbildlich schlanke Arzt zum Mittagessen gehen. Er würde sich einen Eßlöffel Olivenöl über den Salat gießen. Seine Frau würde die Pasta auftragen, von den Spaghetti würde ölig das *sugo* tropfen. Die dicke Scheibe Schwertfisch ist in reichlich Olivenöl gebraten. Er wird den Rest zusammen mit dem leichten Knoblauchduft mit dem Brot auftunken! Dazu ein Gläschen Malvasia Bianca. Nur rauchen wird er danach nicht. Da bin ich sicher. Noch nie hat mir ein Arzt vom Rauchen abgeraten, der selbst raucht. (Und das sind gar nicht so wenige.)

Rechtzeitig zum Mittagessen ist er fertig mit seinen humorlosen Ratschlägen. Ich stehe auf und ziehe die rechte Augenbraue fragend hoch. „Hundert." Ich schiebe den Schein über die glänzend polierte Schreibtischplatte. Die Platte ist wie geschaffen, um Geldscheine sanft gleiten zu lassen. Der Hunderter verschwindet in der untersten Schublade. Jetzt erhebt auch er sich, gibt mir die Hand. „Das Herz ist ansonsten in Ordnung." Na also, warum muss man manchen Menschen immer erst Geld in die Hand drücken, damit sie etwas Positives von sich geben? Auf dem Heimweg beschließe ich, ein kontrolliertes Übergewicht einzuhalten.

Vorher ist allerdings noch das Osterfest zu überwinden.

Schon seit Wochen stapeln sich die Colombas in den Supermärkten. Die traditionellen Kuchen zum Osterfest sind so sperrig verpackt, dass sie die Regale hoffnungslos verstopfen würden. Sie sind deshalb auf Paletten getürmt. Colomba ist das, was an Weihnachten als Panettone verkauft wird. Teig und Zutaten sind identisch. Nur die Form ist anders. Sie ist der (Friedens)-Taube nach-empfunden. Etwas plump das Ganze und nur für Fantasiebegabte als Taube zu erkennen. Daneben finden sich die kleinen, mittleren, großen und gigantisch großen Ostereier aus Schokolade. Grell verpackt in reichlich Cellophan. Teilweise sind sie mit billigen Pralinen gefüllt oder mit Spielkram aus Plastik für die Kleinen. Die Konditoren bieten wie üblich die edleren Varianten aus eigener Produktion nach Maß an. Den kleinen Brillantring für die Angebetete bringt man bei der Bestellung mit. Er wird zuverlässig im Ei verschlossen und mit edler bitterer Schokolade versiegelt.

Vicky bekommt kein Ei mehr. Sie hat eine Auspack-Blockade. Angeblich um die Vorfreude auf ein Geschenk möglichst lange zu genießen. Einmal dauerte es über zwei Wochen bis ich sie überreden konnte, das Ei auszupacken. Ich war einfach ungeduldig, weil ich wissen wollte, ob ihr die ausgefallenen Ohrringe gefielen. Sie nahm schließlich ein langes Küchenmesser, um damit die Nahtstelle der Schokolade zu öffnen, um nur ja nicht das Ei kaputt zu machen.

Unser traditionelles *Pasquetta*-Fest (Ostermontag) kann wieder im Freien gefeiert werden. Nur im Freien bringt es den richtigen Frühjahrs-Kick. Den alten gemauerten Pizzaofen heizte ich bereits am Abend vorher an. Er benötigt etliche Stunden, um richtig durchzuwärmen. Am nächsten Morgen genügt es Holz nachzulegen.

Die Freunde treffen nach und nach gegen Mittag ein. Jeder will noch helfen, zumindest die weiblichen Gäste. Die Männer begnügen sich eher mit der Vorfreude auf einen sonnigen Tag in der *campagna*. Vicky hat zum harten Kern der alten italienischen Freunde noch einige Paare eingeladen. Genauer: vier deutsche Frauen mit ebenso vielen italienischen Partnern. Diese Idee war nicht sehr erfolgreich. Biggi und Roberto hatten vorher abgesagt. Wichtige Familien-Verpflichtungen. Roberto ist Weinbauer, ein kräftiger, gut aussehender Mann, Typ Abruzzenräuber, widerspenstiges volles Haar, schwarzer Wochenbart im luftgebräunten Gesicht. In Gesellschaft ist er etwas unsicher. Vielleicht ist das der wahre Grund für die Absage.

Charlotte wollte unbedingt kommen. Allerdings ließ sie uns am Telefon gleich wissen, dass sie alleine käme. Sie hätte keine Lust Max (Massimiliano) mitzubringen. Bei den beiden kriselt es schon länger. Heftig sogar. Charlotte kam dann leider doch nicht. Sie erwartete an diesem Tag ein Fohlen. (Spätabends hatte ich dann auch das erste Foto des gesunden Neugeborenen als E-Mail bekommen.)

Christa kam wider Erwarten allein. Dafür mit zwei Torten. Ich traf sie in der Küche. „Und?", fragte ich, „gab's mal wieder Streit? Oder wo hast du Pietro gelassen?" Christa zuckt ein wenig hilflos mit den Schultern. Man spürt: Der Streit muss neueren Datums sein.
„Frag mich nicht, ich weiß es selbst nicht. Heute Morgen erklärte er plötzlich, dass er nicht mitkommt. Hat er angerufen?"
„Nein.""Typisch! Er hat versprochen, bei euch anzurufen und sich zu entschuldigen. Ich glaube, er hat finanzielle Probleme durch seine Scheidung".
„Schau an, lässt er sich jetzt doch scheiden?"
„Seine Frau hat die Scheidung eingereicht." Sie wirft trotzig die fülligen langen Haare in den Nacken und putzt weiter Salat. Christa hat ein glückliches Händchen für Männer. Es ist nicht die

erste Beziehung mit einem Italiener, die danebenging. Auf jeden Fall kriselt es häufig bei den beiden.

Blieben noch Gabriele und Franco. Es sind die Einzigen der vier, die gemeinsam kommen. Gabi sagt zwar bei vielen Gelegenheiten: „Nie mehr würde ich einen Italiener heiraten!" Aber sie lacht dazu. Franco legt dann seinen Arm um sie und zieht sie zärtlich an sich.

Charlotte lacht nicht mehr. Dafür schreibt sie an einem Buch. Es wird eine Warnung an deutsche Frauen, die sich mit einem italienischen Mann „einlassen".

Trotz des kleinen Misserfolgs mit den gemischten Paaren wird es ein lustiger Tag. Abends sitzen Vicky und ich, etwas angeschlagen zwar, aber glücklich, unter dem Porticato. Bei einem letzten Glas Wein genießen wir den ersten Abend, den man ohne zu frieren auf der Terrasse verbringen kann.

Ich liege noch wach im Bett. Die Uhr neben mir zeigt null Uhr achtundvierzig. Es ist Mai. Mit all seinen Düften und all seiner Sinnlichkeit. Die Fensterflügel sind weit geöffnet. Ich lausche dem verzaubernden unverwechselbaren Gesang der Nachtigallen. Sie singen schon seit Wochen, aber noch nie so intensiv wie jetzt. Außerdem rutschte ich bis vor wenigen Tagen immer noch tief unter die Decke und hätte weder Nachtigallen noch Gewitter gehört.
Der Mond nimmt zu und verbreitet diskretes milchiges Licht im Raum. Ich könnte nie bei geschlossenen Fensterläden schlafen. Finsternis ist die Innenbeleuchtung des Sarges. Sarglicht. Im Raum sind geräuschlose, aber sichtbare Bewegungen. Es sind weiche Schwünge, die von einer Seite des Zimmers zur anderen pendeln und zurück. Wieder und wieder, ruhig, aber ohne Unterbrechung. Verursacher sind die Schatten der beiden Cypressen, die der milde

Wind streift und in sanftes Schwingen versetzt. Sie stehen unmittelbar vor dem Schlafzimmer wie zwei Wachsoldaten.

Eben, als wir noch draußen saßen, sahen wir dem unzähligen Blinken von Glühwürmchen auf Partnersuche zu. Jetzt fehlen die lustigen kleinen Blinklichter. Vielleicht fliegen sie nicht bis in Höhe der ersten Etage. Früher sagte man zu Kindern: „Sieh mal die vielen kleinen Laternchen." Heute müsste man sie, um verstanden zu werden, als Led bezeichnen. Und ein sechsjähriger würde vielleicht einwenden: „Ich finde, sie sehen eher wie ganz kleine Xenon-Lampen aus." Dagegen ist nichts vorzubringen. Irgendwann haben Laternen einfach ausgedient. Schade ist es nur, weil sich Laterne so schön auf Sonne, Mond und Sterne gereimt hat.

Im Mai verausgabt sich die Natur rasend schnell. Als wüsste sie genau, dass die üppige Feuchtigkeit im Boden in den nächsten vier, fünf Wochen aufgebraucht sein wird. Dann beginnt für sie die Durststrecke. Bis in der zweiten Augusthälfte ein kräftiger Regen die große Hitze bricht.
Im Kamin liegt noch die Asche vom letzten Feuer. Die Glastüre ist geschlossen. Bereits vergessen ist, dass wir uns noch Ende April abends gerne am offenen Feuer wärmten. Wahrscheinlich wird die Asche im Herbst immer noch dort sein.

Die Natur demonstriert ihre unbändige Kraft. Ich komme mir klein vor, beinahe überrollt, und habe nichts Vergleichbares dagegenzusetzen. Es fällt schwer nicht zu vergessen, dass die Welt voller Umweltprobleme steckt. Die verschwenderische Pracht von Pflanzen, Blüten und Bäumen scheint alle Umweltsorgen zu überdecken. Wer die Toscana nur vom Sommer kennt, erinnert sie erdfarben, strohfarben, ausgetrocknet, ausgebleicht. Leuchtend, gleisend nur das Meer. Grüne Tupfer von Bäumen, immergrünen Pflanzen und Wäldern sind die einzige Hoffnung, dass nicht alles vertrocknet, verdürrt.

Aber noch ist Mai und der klassische Sommerurlauber kann sich die bunte, frische Üppigkeit kaum vorstellen. Die Wiesen sehen jetzt, kurz vor dem Schnitt, aus wie aus dem Allgäu importiert. Die zartgrünen, noch verletzlichen Weinranken sieht man buchstäblich wachsen. Vor zehn Tagen reichten die neuen Triebe bis zum zweiten Führungsdraht. Jetzt überragen sie schon den vierten. Das sind über fünf Zentimeter am Tag.

Auf dem großen Olivenfeld steht das wilde Gras kniehoch. Die Gräben sind nicht mehr als Gräben zu erkennen. Es sind dunkelgrün verwucherte Bänder mit gelbem Blütendekors. Vicky bringt die ersten fruchtig-süßen Honigmelonen auf den Tisch. Sie stammen allerdings noch aus den großen Folientunnels in der Ebene. Die Rosen am Haus blühen von zartrosa bis purpurrot. Jeden Tag kommen neue Blüten hinzu. Die Hibiskustöpfe überwinterten im kleinen Treibhaus. Nur das Holz der Pflanzen blieb stehen. So zurückgeschnitten sahen sie zunächst aus wie abgestorben. Jetzt treiben sie kräftig und rasch an allen Zweigen aus. Heute Morgen sah ich die erste Blüte. Leuchtend gelb mit etwas Glitzer vom Tau.

Die Citrusfrüchte blühen. Ein leichter Wind treibt die aromatischen Düfte bis unter den Porticato. Zum Nachtisch gibt es frische eigene Erdbeeren. Durchgereift, mit festem Fruchtfleisch und richtigem Erdbeergeschmack.

Vicky hat ihren Gemüsegarten angelegt. Vorher haben wir reichlich gut kompostierten Pferde- und Eselmist gebreitet. Mit dem Traktor untergearbeitet und der Motorfräse fein gekrümelt. Wir maßen die Fläche aus, markierten mit kürzeren Stücken Armierungseisen die

Pflanzreihen und verlegten entsprechend die Tropfschläuche. Vicky fuhr mit dem Pickup zu einer feuchten Stelle und schlug mit dem Buschmesser lange Bambusstangen, die dort reichlich wachsen. Aus ihnen baut sie jedes Jahr das Spalier für die Tomaten. Das Setzen der Pflänzchen ist eigentlich die kleinste Arbeit. Außer den Tomaten wachsen jetzt Auberginen, Zucchini, Melonen, Paprika, Bohnen und anderes. Salat, Basilikum, Petersilie und weitere Gewürzkräuter sind in einem kleineren Gemüsegarten nahe beim Haus untergebracht.

Seit Mitte April ernten wir Artischocken. Man findet sie zwar bereits im März in den Läden, aber wir warten gerne auf die eigenen. Die sind dafür nicht mit Stickstoff gedopt. Kommt Vicky endlich mit den ersten Früchten, ist das ein Fest. Bald reicht der große Weidenkorb nicht mehr aus für die abendliche Ernte und wird durch die Schubkarre ersetzt.

Während der Artischockenzeit ist der Küchenzettel ganz auf die köstlichen Früchte ausgerichtet. Noch nie, wirklich nie, wurden Artischockengerichte langweilig. Obwohl wir sie jeden zweiten Tag zubereiten. Die Krönung sind immer noch gebratene *carciofi*. Die Frucht wird der Länge nach geviertelt, in Mehl und Ei gewälzt und dann auf drei Seiten goldbraun gebraten. Salzige Pralinees habe ich sie einmal genannt. Das stimmt immer noch.

Geschnetzelt passen sie, vorher leicht angedünstet, vorzüglich zur Pasta (am besten zu *penne rigate*). Ebenso gut verarbeitet man sie zu Risotto. Von großen Artischocken schneidet Vicky nur die Spitzen ab, weitet das Innere und füllt sie mit gehacktem Fleisch. Sie werden senkrecht in die Pfanne gesetzt und gebraten. Auch als Gemüsetopf mit Fleischstücken gekocht schmecken sie köstlich.

Oder als Salat. Senkrecht in feine Scheiben geschnitten, mit klein gehackten Frühlingszwiebeln, etwas Knoblauch und feinen Streifen

Mortadella. Bei einer von mehreren Varianten ersetzt man die Mortadella durch ein Döschen Tunfisch. Oder man mischt nur etwas Rahm und Jogurt unter.

Nicht zu große Früchte kann man im Ganzen (nur die stachlige Spitze abgeschnitten) im Rohr mit Käsewürfeln von Gouda überbacken. Sieht sehr hübsch aus.

Fast unerschöpflich ist die Verwendung von Artischocken. Einziger Nachteil: Sie verderben jeden Geschmack eines guten Weines. Jedes Jahr bin ich etwas wehmütig, wenn die Ernte zu Ende geht. Über die letzten, schon etwas holzigen Artischocken dürfen sich dann die Esel hermachen. Auch für sie ist es eine Delikatesse. Deshalb muss man auch sehr aufpassen, dass sie nicht früher einfallen.

In den folgenden Monaten öffnen wir gelegentlich ein Glas eingelegter Artischocken, um sie mit eingelegten Zucchini, Auberginen und schwarzen Oliven als Vorspeise zu servieren. Sind auch sie aufgegessen, zähle ich die Monate, bis die neue Ernte heranreift.

Neuerdings gibt es eine Züchtung, die im Winter reift. Die muss ich nicht haben. Es ist auch nicht zweimal im Jahr Weihnachten.

Allerdings hat die Freude an üppiger Ernte auch eine andere Seite. Sie besteht aus reichlich zusätzlicher Arbeit. Zum Beispiel muss das hohe Gras geschnitten werden. Um Pflanzen und Olivenbäume herum mit dem Motor-Freischneider. Das ist das Ding, dessen Motörchen man wie einen Rucksack auf dem Rücken trägt. Das ist Vickys Arbeit. Ich bekomme (Gott sei Dank) nach zehn Minuten einen steifen Hals. Das wiederum könnte daran liegen, dass ihr Hals näher am Boden ist als meiner. Vielleicht ist es auch ganz einfach Arthrose. Für kleine Flächen benutzen wir einen Balkenmäher mit Motor, drei Vorwärtsgängen, einem Rückwärtsgang und Notbremse. Das frische Gras bekommen Pferde und Esel abends vorgesetzt. Zum Dank schmatzen sie besonders laut. Für hohes Gras, das mit holzigem Unkraut durchsetzt ist, verwende ich den „Allesfresser". Das ist ein Kasten, in dem ein Rotor mit vielen kräftigen Hackmessern verborgen ist. Er wird vom Traktor angetrieben und hechselt auch Hölzer mit zwei Zentimeter Durchmesser. Das Gerät ist nicht gerade für die Pflege englischen Rasens geeignet, aber es hält den Bodenwuchs kurz und nimmt auch kaum Steine übel.

Für zugewucherte Gräben und undurchdringliche *macchia* kommt eine größere Maschine zum Einsatz. Sie hat einen fünf Meter langen Ausleger, an dessen Ende ebenfalls ein Rotorkasten mit Messern hängt. Hier funktioniert alles hydraulisch. Ähnlich einem Baggerfahrer lenke ich den Ausleger mit drei Hebeln vom Traktor aus in jede gewünschte Position. Man braucht etwas Übung, um die Neigungswinkel während der Fahrt den ständig wechselnden Geländeveränderungen anzupassen. Das ist durchaus ein Erfolgserlebnis, wenn die Messer in das meterhohe Gras eintauchen und nur noch winzige Spreu zurücklassen.

Auf den Oliventerrassen wächst die *macchia* schnell nach. Innerhalb eines Jahres wird sie zu mächtigen Büschen, die den Olivenbäumen Licht und Luft nehmen. *Macchia* ist eine typische mediterrane Pflanzenkombination. Eine unzertrennliche Gemeinschaft aus Sondro, Brombeeren, Myrte, wundervoll gelbblühendem Ginster und einer Reihe verdammt stachliger Schlinggewächse. Sie durchwuchern alles, umklammern die übrigen Pflanzen und halten sie undurchdringlich zusammen. Eines davon nennen wir Herzschmerz. Es hat herzförmige längliche Blätter und schmarotzt sich durch alle Büsche. Die Stacheln schmerzen durch die festen Arbeitshandschuhe. Versucht man es mit dem Buschmesser abzuschlagen, sieht man schnell aus wie Loriot in dem Sketch mit der verschnürten Rindsroulade. Eingewickelt in Herzschmerz.

Ersetzt man übrigens die mittleren drei Buchstaben des Wortes *„macchia"* durch zwei „f", dann wird daraus ein Wort, das für eine etwas andere Art von unzertrennlicher Gemeinschaft steht.

Die Flut der in voller Produktion stehenden Artischocken muss frisch verarbeitet werden. Ganze Nachmittage putzt Vicky dann Berge von Artischocken zum Einlegen. Sie werden in einem Sud aus halb Weißwein, halb Essig gekocht und anschließend kopfüber auf Backblechen zum Trocknen aufgestellt. Letzteres ist mein Job, weil ich das angeblich sehr gewissenhaft erledige. Unter den Artischocken liegen zwei Lagen saugfähiges Frittierpapier. Die Böden decke ich mit weichem Küchenkrepp zu. Diese kleine Arbeit wiederhole ich jeden Abend vor dem Schlafengehen, um das feuchte Frittierpapier zu wechseln. Nach vier bis fünf Tagen fülle ich sie ganz eng geschichtet in Gläser. Stopfen wäre eigentlich das richtigere Wort. Vorher besorge ich mir von einem der Lorbeerbäume handverlesene Blätter und schiebe sie vorsichtig an der Glaswandung nach unten. Drei für jedes Glas, das sieht hübsch und appetitlich aus. Den Rest der Arbeit übernimmt Vicky. Sie gießt mit Olivenöl extra vergine auf und gibt Salbei, Knoblauch, Rosmarin und Pfefferkörner dazu. – Die großzügig weggeputzten Deckblätter bekommen übrigens die Esel als begeistert verspeiste extra Zulage.

Dringend müssen die Reben ausgegeizt werden. Das ist zwar keine allzu schwere Arbeit, macht auf Dauer trotzdem müde und ist sehr zeitraubend. Um das rasant wachsende Blattwerk nicht dem Wildwuchs zu überlassen, werden die Geiztriebe entfernt. Diese wilden Triebe kosten die Rebe unnötig Kraft. Kraft, die sie zum Ernähren der Trauben braucht. Geiztriebe wachsen zwischen Blatt und Stengel. Trotzdem braucht man ein geübtes Auge, um im dichten Blättermeer nichts zu übersehen. Da die Rebe stetig wächst entstehen immer wieder neue Seitentriebe. Das zieht sich bis in den Juli hinein. Die Arbeit muss schnell gehen. Ein Anfänger könnte regelrecht im Weinberg verhungern. Künstlich ernährt würde er vielleicht rechtzeitig zur Weinlese fertig werden.

Nach einem Durchgang ist der Boden entlang der Reben grün. Außer dem Ausgeizen werden die langen Triebe immer wieder zwischen die Haltedrähte eingefädelt. Sobald sie von einem Draht gestützt werden, schlingen sie lange „Fühler" darum und halten sich fest. Im Winter verholzen diese Schlingen zu kleinen Ringen in verschiedensten Brauntönen. Sie lassen sich nur sehr mühsam vom Draht lösen und bleiben deshalb wo sie sind. Irgendwann werde ich mir die Zeit nehmen, um aus den Holzringen eine Halskette zusammen zu fädeln.

Würde man die Reben nicht ordnen, bögen sich bald meterlange Zweige über die Reihen hinweg und verknüpften sich mit anderen meterlangen Zweigen aus den benachbarten Rebreihen. Eine Durchfahrt mit Traktor und Spritzgerät wäre bald nicht mehr möglich. Soviel zur anderen Seite der Freude an üppiger Ernte.

Die Buchungsunterlagen vom *agriturismo* zeigen, dass Mitte Mai die ersten Urlauber eintreffen. Giovanna, sie ist wirklich das, was man eine Perle nennt, hat bereits mit der Grundreinigung der Appartements begonnen. Das muss man sich wie deutschen Frühjahrsputz vorstellen (gibt's den überhaupt noch?). Nichts wird an seinem Platz gelassen. Von der Matratze bis zur Klobürste wird alles gereinigt, gelüftet, geputzt, ausgebessert, repariert. Wenn nötig auch ausgewechselt oder neu gekauft. Die Fernsehgeräte werden getestet, die Warmwassergeräte gewartet. Die Spülmaschinen laufen Probe und vieles andere mehr. Alles soll unbenutzt und neu aussehen.

Erstaunlich, wie hell der rötlich braune *cotto* wird, wenn ich Fliese für Fliese auf Terrassen, Wegen und Treppen mit dem Hochdruckreiniger bearbeite. Doch vorher sind noch die Dachrinnen zu säubern.

Ja, und dann übernehme ich für die nächsten fünf Monate wieder meinen Dienst als Bademeister. Wie bereits bekannt liebe ich diese Arbeit nicht sonderlich. Das mag auch daran liegen, dass ich für jede Art von Fließbandarbeit untauglich bin. Ich kann den gleichen Handgriff nie zweimal gleich durchführen. Die tägliche Arbeit am Pool besteht aber aus hundert gleichen Handgriffen. Zumindest meiner Fantasie sind dadurch keine Grenzen gesetzt. Ihre Auswirkung auf eine zügige Abwicklung der Arbeit ist aber nicht sehr positiv.
Gewänne ich im Lotto, als allererstes stellte ich einen hauptberuflichen Bademeister ein. Dazu am besten noch eine Putzfrau. Der Bademeister würde sicher für die täglichen Reinigungsarbeiten darauf bestehen. Seine Arbeitszeit würde ich außertariflich von 6 bis 20 Uhr festlegen. Für die Zeit, in der er nur dumm herumsteht, könnte er meinetwegen die Bildzeitung lesen (gibt es hier!). Das kommt aufs gleiche heraus.
Mein Bademeister hätte eine Trillerpfeife. Damit würde er die Kids verwarnen, die ewig vom Beckenrand springen. Er würde ihnen zeigen, wie schön das Leben ist. Auch ohne mit Kugelschreiber oder anderen spitzen Gegenständen auf den Kunststoff-Liegebetten Zeichenübungen zu machen. Er würde ihnen behutsam, mit Trillerpfeife zwischen den Zähnen, beibringen, dass es nur eine hygienische Maßnahme ist, die Schuhe draußen zu lassen. Er würde wissen, dass sich verschüttetes Sonnenöl und *cotto*-Böden nicht vertragen. Dass man

die Dusche gerne und ausdrücklich benutzen darf. Dass der lange Fliegenkescher ein kurzes Leben hat, wenn er zum Bälle fangen benutzt wird. Er würde darauf achten, dass nach acht Uhr morgens keine Kröte mehr im Pool ihre Bahnen zieht. Eltern würde er raten, die ganz Kleinen vorsorglich schon mal zu Hause Pipi machen zu lassen.

Mein Bademeister wüsste noch Vieles mehr. Wobei er nur ein Ziel vor Augen hätte: Jeder Gast hat Anspruch auf ein sauberes Schwimmbad. Leider gewinne ich einfach nicht im Lotto. Deshalb schweige ich meistens, mache meine Arbeit und versuche niemanden zu vergrämen.

Doch zunächst muss das Schwimmbad erst einmal geöffnet werden. Um die riesige Plane abzudecken, brauche ich Vickys Hilfe, damit sie nicht ins Wasser rutscht (die Plane). Danach bin ich autark und stark wie eine Putzkolonne. Drei Nachmittage dauert es, bis die Anlage präsentabel ist. Zuletzt setze ich die Edelstahl-Treppe ein, vergesse vom einen Jahr zum anderen, welche zwei Schraubenschlüssel dafür notwendig sind und stelle die Liegebetten auf. Natürlich ist alles wasserhochdruckgereinigt. Während der drei Nachmittage fährt immer wieder der Putzroboter sein Programm ab. Ich mache Wasseranalysen, um mich an den richtigen Chlor- und PH-Wert heranzutasten. Am dritten Tag funkelt der türkis- und himmelblau-farbene Roboter durch das klare Wasser zu mir herauf. Das Schwimmbad ist bereit.

Der Roboter ist ein lustiges Gerät. Er sieht richtig galaktisch aus und hat weder Vorn noch Hinten. An den Seiten sind blaue Keilriemen, die wie Panzerketten aussehen. Darauf fährt er. Quer dazu drehen sich zwei Schaumstoff-Walzen, die den Schmutz aufsammeln. Im Boden befinden sich zwei Klappen, durch die der Schmutz in einen Stoffsack gesaugt wird. Oben ist ein großer Griff angebracht, beweglich nach beiden Seiten. Links und rechts verbreitert sich der Griff zu gewölbten Tellern. Sie sehen aus wie die Radarscheiben auf den Awax-Flugzeugen. Unter Wasser wackelt der Griff pausenlos vor und zurück, als wäre der Roboter schon ein bisschen vertrottelt. Der absolute Kick ist, wenn er die Wandungen des Pools hochfährt, um den Rand zu reinigen. Dann stellt sich der Bügel senkrecht zum Gerät. Sobald die „Radar"-Teller die Wasseroberfläche erreicht haben, fährt er nicht mehr höher und bewegt sich quer. So putzt er jeweils etwa einen Meter vom Rand und taucht dann wieder nach unten. Die Schmutzausbeute ist nach eineinhalb Stunden in dem Stoffsack zu finden. Die Wasseroberfläche muss man nach wie vor mit dem Kescher abfischen. Meist helfen dabei die Schwalben. Sie kommen im direkten Anflug, um unmittelbar vor dem Eintauchen ein Insekt zu schnappen und elegant wieder abzudrehen. „Hei", rufe ich manchmal hinterher, „das war meine Fliege!"

Mit dem Beginn der Touristensaison werde ich gezwungenermaßen zum Frühaufsteher. Sechs Uhr am Pool ist jetzt selbstauferlegte Pflicht. Wenn die Putzmaschine erst einmal läuft, beginnt meine eigentliche Arbeit. Zuerst reinige ich die beiden Skimmer, das sind diese rechteckigen Öffnungen in der Wandung, die mit leichtem Sog vorbeitreibende Blätter oder Insekten aufnehmen. Manchmal zappelt auch eine niedliche kleine Feldmaus darin. Manchmal zappelt sie auch nicht mehr. Außerdem läuft hier das Wasser zu den Filtern. Der Beckeninhalt wird innerhalb eines Tages umgewälzt. Wasseranalyse machen, Vorfilter reinigen (sieben Ventile zuvor schließen), Backwash starten (Hauptfilter), dann auf Klarspülen umstellen. Beckeneinfassung schrubben, Edelstahl von Treppe und Dusche mit Anti-Kalk blank reiben, die gesamte Anlage kehren und die Liegebetten abwaschen. Ich zähle die Arbeiten relativ vollständig auf, um meine Daseinsberechtigung zu dokumentieren. Als Künstler hat man damit gelegentlich Probleme. Mit der Daseinsberechtigung.

Wenn alles blitzt und sauber ist, passiert es gelegentlich, dass ein passionierter Frühaufsteher („kann man schon?") vor mir steht. Im nächsten Augenblick dreht er voll die Dusche auf und spritzt fröhlich durch die Gegend. Ich wünsche eilig einen schönen Tag, verschwinde und bin frustriert.

Über meine Frustreaktion habe ich nachgedacht. Sie ist nachvollziehbar. Und wenn es nur für zehn Minuten ist, man möchte das Ergebnis seiner Arbeit für eine Weile festhalten, um das Tun nicht der Sinnlosigkeit preiszugeben.

Während der Roboter für mich arbeitet, trinke ich zwischendurch eine größere Menge Milchkaffee. Ab und zu kommt es vor, dass in dieser Pause ein schwimmbegeisterter Gast seinen Frühsport absolviert. Gerade taucht er unter dem schwimmenden Stromkabel weg. „Hallo! Sie sollten besser rauskommen, das Gerät steht unter Strom!" – „Ach so. Ja, ich passe schon auf." Manche Menschen haben schon ein sonniges Gemüt. Oder eine erstaunliche Gedankenlosigkeit. Genervt schalte ich das Steuergerät ab. Die Arbeit ist ohnehin sinnlos geworden, weil durch die Schwimmbewegung der feine Staub längst aufgewirbelt ist.

In aller Regel schlafen unsere Gäste aber noch, wenn ich am Pool bin. Gegen halb neun tropft der ausgewaschene Schmutzsack auf der Wäscheleine. Mein eigentlicher Arbeitstag im Atelier kann beginnen.

Zu unserem Ferienbetrieb sollte ich einige Dinge erklären. Schließlich gehört er seit zehn Jahren zu unserem Landleben. „Ihr werdet doch nicht...", sagten Freunde. „Da laufen ja ständig fremde Leute bei euch herum." Die Idee für den *agriturismo* (was nichts anderes bedeutet als Ferien auf dem Bauernhof) stammt von Vicky. Meine Malerei bringt zwar gute Kritiken, Ausstellungen und Lob ein. Leider aber zu wenig Bares. Vicky hielt Ausschau nach zusätzlichen Einnahmen. Schon frühzeitig, im letzten Jahrtausend, ließ sie sich als *„imprenditrice agricola"* offiziell eintragen. Damals musste man noch keinen 300- Stunden-Kurs absolvieren, um dieses Zertifikat zu erhalten.

Sie hatte von einem Gesetz gehört, das es Bauern ermöglichen sollte, zusätzlich zur Landwirtschaft Geld zu verdienen. Allerdings wollte der Gesetzgeber verhindern, dass ein Bauer künftig von den müheloseren Einkünften aus der Vermietung lebt und dabei das Land brach liegen lässt. Deshalb müssen die Erträge aus der Landwirtschaft höher sein als die Mieteinnahmen. Das trifft bei uns nicht zu, aber das ist eine andere italienische Geschichte. Das Gesetz sieht vor, dass ungenutzte Bauten entsprechend der Kubikmeter umbauten Raumes für touristische Zwecke umfunktioniert werden dürfen. Voraussetzung ist, dass die Gebäude ordnungsgemäß im Katasterbuch eingetragen sind. Das kann ein verfallener Schweinestall sein. Oder ein windschiefes leer stehendes Taglöhner-Häuschen. Oder ein ehemaliger Kuhstall. Die vorhandene Bausubstanz darf auch abgerissen und an anderer Stelle neu errichtet werden.

Gedacht war das Gesetz (angeblich) für den kleinen Bauern mit seinen täglichen Geldsorgen. Großgrundbesitzer haben großes Geld gewittert und eifrig investiert. Auf mehreren hundert oder tausend Hektar Land stehen reichlich ungenutzte und verfallene Bauernhäuser herum. Der Normalbauer mit zehn oder zwanzig Hektar hat logischerweise wenig oder gar keine ungenutzten Bauten. Und wenig Geld für Investitionen. So ist er vom Staat wieder einmal zum Benachteiligten gemacht worden. Trotzdem gibt es immer mehr kleine Höfe, die hübsch renoviert wurden. Mit wenigen Übernachtungsplätzen versprechen sie einen entspannten und sehr persönlichen Urlaub.

Zum Schutz dieser ländlichen Urlaubsart darf sich nur ein anerkannter und eingetragener Betrieb *agriturismo* nennen. Alles andere läuft unter Begriffen wie „*Residence*", „*Casa Vacanze*" oder „*Villaggio Turistico*".

Ferien auf dem Bauernhof, das sollte ein wenig mehr sein als samstags frische Bettwäsche und Handtücher vorbeizubringen. Und bei der Abreise zu kassieren. Man sollte sich auch selbst einbringen. Dazu gehört, dass man Freude am Umgang mit Menschen hat und vor allem auch lärmende Kinder mag. Beides trifft auf uns zu. So sind auch die Bedenken der anfangs erwähnten Freunde zerstreut worden.

In den Jahren unseres kleinen *agriturismo*-Betriebes (fünf Appartements für je vier Gäste) haben wir viele nette und herzliche Menschen kennengelernt. Manche Urlauber kommen als Gäste und reisen als Freunde wieder ab. Kinder erleben ihren Traum- und Entdeckungsurlaub. Die Eltern sind glücklich, sie haben keine quengelnden Kinder, „was sollen wir denn mal machen?" Statt gelangweilt über Satellit die heimischen Fernsehserien anzusehen oder stumpfsinnig elektronische Spiele zu machen, bürsten die Kids lieber die Esel. Die älteren lernen Hufe sauber zu machen. Mädchen flechten bunte Schleifen oder Feldblumen in die Mähnen. Die Esel lassen alles geduldig und zufrieden mit sich geschehen. Morgens stehen viele frühzeitig auf, um Vicky bei der Stallarbeit zu helfen. Abends warten sie ungeduldig am Gatter zur Weide oder ziehen ihnen schon mal die Halfter an. Jedem der Sieben das richtige. Wenn Vicky dann endlich kommt, zieht die kleine Karawane glücklich von der Weide zum Stall. Mancher Vater muss auf dem Rückweg vom Strand Gas geben. Antreiber sind die Kinder, die Angst haben, zu spät zum Esel heimführen zu kommen.

Auch die Schüchternen verlieren schnell die Scheu oder Angst vor Tieren und suchen immer unbekümmerter den körperlichen Kontakt. Das kann zur richtigen Therapie werden. Sofern die Eltern das erkennen. Der sehr gehemmte sechsjährige Axel wurde eines Abends von seinem Vater zum Abendessen gerufen. Nach dem dritten Aufruf rannte er von den Eseln nach Hause. Sonst recht schweigsam, berichtete er heute begeistert von den Eseln. „Zieh dir mal was anderes an, du riechst ja von oben bis unten nach Esel- stall!", sagte die Mutter ohne zuzuhören. Kein Wunder, wenn das Kind Kontaktprobleme hat.

Oder Johannes. Er wollte bei der Ankunft nicht aus dem Auto stei- gen. Er weinte, hatte einfach Angst vor unseren Hunden. Sie hat- ten sich zur Begrüßung neben dem Auto aufgereiht. Nun ist es wirk- lich nicht jedermanns Sache, von vier oder fünf Hunden hautnah berochen zu werden. Ich lockte die Hunde weg.

Derselbe Johannes saß zwei Tage später auf der Wiese inmitten der Hunde. Streichelnd und herumkommandierend.

Häufig erzählen Kinder eifrig von ihren Entdeckungen. Von schnel- len und scheuen Geckos zum Beispiel. Sie finden in raschelndem al- tem Laub eine Schildkröte, beobachten Eidechsen, entdecken stau- nend eine große, auffällig grüne Smaragdeidechse oder nie gesehene riesige Nashornkäfer. Morgens gehen sie mit ins Hühnergehege und holen die frischen Eier aus den Nestern. Sie sind entzückt von den dottergelben Entenküken, die sich eins nach dem anderen in den Teich rutschen lassen. Natürlich unter strenger Aufsicht der Enten- mama. Väter bringen Gemüse- und Obstabfälle zu den Hühnern. Vicky revanchiert sich mit einigen Frühstückseiern oder gerade ge- ernteten Zucchini oder Gurken.

Wenn Vicky Zeit hat, dürfen die Kinder auf den Eseln reiten. Aber nur wenn ein Elternteil dabei ist und die Verantwortung für sein Kind übernimmt. Sie hat Reithelme in verschiedenen Größen an- geschafft. Das bewahrt einen kleinen Reiter zwar nicht davor auch mal herunterzufallen, aber es schützt vor einem eventuellen Loch im Kopf. Außerdem gibt es Miniatur-Westernsättel, die wirklich in jedem Detail wie ein Original aussehen. Bei der Wahl des Lieblings- esels geht es manchmal heiß her.

„Heute nehme ich den Augustin."

„Und ich die Emely."

„Nein, die Emely will ich. Das ist mein Lieblingsesel."

„Ich will aber…"

Vicky schlichtet dann: „Wir machen es so, zuerst darf Jessica ein Stück auf der Emely reiten und dann die Lena, o.k.?" Sofort kehrt wieder Frieden ein. Überhaupt lassen sich die Kinder viel von ihr sagen, wenn es einen triftigen Grund gibt. So kam die vierjährige Janine angesaust: „Kann ich mitgehen und die Esel holen?" Sie trug winzige Badeschlappen. „Ja, natürlich kannst du mitkommen. Aber nur mit richtigen Schuhen. So ist das zu gefährlich. Du kannst stolpern oder ein Esel tritt dir aus Versehen auf den Fuß."

„Wartest du auf mich?"

„Ich warte." Bald kam sie wieder angerannt, in Sandalen. Immerhin waren sie vorne geschlossen. Vicky runzelte die Stirn. „Hast du denn keine festen Schuhe?" Janine schüttelte den Kopf. „Na gut, aber sei vorsichtig und jammere nicht wenn du dir weh tust, o.k.?" Janine nickte eifrig. Am nächsten Tag kam Janines Mutter zu Vicky: „Ich bin dir ja so dankbar wegen der Schuhe. Bis gestern hat sich Janine strikt geweigert Schuhe anzuziehen. Heute mussten wir sofort in ein Schuhgeschäft, sie wollte unbedingt Schuhe haben."

Oft gibt es bei der Abreise Tränen. Die Lulu soll mitkommen, oder der Leo oder der Kater Maunz. Der schönste Lohn ist (auch für den „Bademeister"), wenn die Gäste im darauf folgenden Jahr wiederkommen. Nicht selten buchen sie direkt bei der Abreise.

Gerade rufen Gäste nach mir. „Moment, ich wasche nur eben den Pinsel aus." – „Wir wollten uns verabschieden!" – „Ihr wollt also wirklich abreisen?" – „Von wollen ist nicht die Rede, wir müssen leider. Aber wir kommen wieder." – „Versprochen?" – „Versprochen". Die gerade dreijährige Lea, das abgenutzte Reiseplüschtier unterm Arm, fragt mit Blick auf den Ateliereingang: „Wohnst du da? Wo sind die Hunde? Wo ist die Vicky?" – „Die musste dringend weg. Hat sie sich nicht von dir verabschiedet?" – Lea nickt. „Wir müssen jetzt fahren, aber morgen komm ich wieder. Da ist eine Schnecke." – „ Komm jetzt ins Auto, Lea". „Da ist noch eine Schnecke. Und eine Ameise. Da sind ganz viele Ameisen." – „Du bist selber eine Schnecke, oder bist du lieber eine Prinzessin?", necke ich. Die Mutter nimmt Lea jetzt bei der Hand.

„War schön, dass ihr da wart, vielen Dank und fahrt vorsichtig!" – „Machen wir. Schön, dass wir uns kennengelernt haben. Bis zum nächsten Mal. Wir haben Vicky versprochen eine kurze Mail zu schicken, wenn wir angekommen sind."

„Ah, gute Idee. Macht's gut, nochmal gute Fahrt. Bis bald!" – „Ja, bis bald, tschüüß!" – „Ciao." Ich winke dem Wagen nach.

–Man gewöhnt sich im Urlaubsalltag schnell aneinander. Viele Verabschiedungen ziehen sich wesentlich länger hin. Manchmal gibt Vicky dann ein Startzeichen: „Ich geh schon mal runter und mache euch das Tor auf." Während die abreisenden Gäste nur zögernd aufbrechen, müssen wir bereits an die nächsten denken.

Vergangenen Freitag waren wir eingeladen. Ellen hatte uns eingeladen. Sie wollte ihren 40. Geburtstag mit einer großen Party feiern. Das Fest sollte in einem Lokal im *centro storico* des kleinen Bergstädtchens stattfinden. Ab acht Uhr, sagte sie. Kurz nach neun trafen wir ein. Wie üblich, wenn wir weg wollen, lief etwas nicht nach Plan. Tiere sind keine Maschinen und selbst die laufen nicht immer nach Plan. I-aah und Emely hatten sich selbständig gemacht. Es dauerte eine Weile, bis wir sie im Obstgarten fanden und „abschleppen" konnten.

Dreimal hatten wir trotz Beschreibung fragen müssen, bis wir die *osteria* am Rand der Altstadt fanden. Das Lokal war eine gemütliche Mischung aus Bistro und Pub, das in einem mittelalterlichen

Häuschen das Erdgeschoss ausfüllte. Die dreiköpfige Band mit ihren südamerikanischen Rhythmen hatte man schon von draußen gehört. Am Tresen, unter blitzenden Messinglampen, stand Mary. In der Hand hielt sie einen Mochito. In letzter Zeit sieht man diesen Drink häufig. In gestoßenem Eis sieht er harmlos und süffig aus. Das Gebräu aus weißem Rum, Pfefferminzblättern, braunem Zucker und Limone scheint der aktuelle Modedrink zu sein. Sie begrüßte uns aufgekratzt mit den üblichen Küsschen. „Der wievielte?", fragte ich und deutete auf ihr Glas. „Ach, erst der zweite, aber warte mal ab! Müsst ihr mal probieren. Schmeckt köstlich. Wollt ihr mal? – Erfrischend", setzte sie dann noch hinzu. ‚Und macht mit Sicherheit schnell betrunken', dachte ich, nachdem ich genippt hatte. „Wo ist Günter?" – „Wo wohl, am Buffet natürlich." – „Und das Geburtstagskind?" – „Du, weiß ich nicht. Gerade war sie draußen auf der Terrasse."

Wir gingen hinaus auf die Terrasse. Genau genommen waren es drei Terrassen, die sich talwärts dem Gefälle des Hügels anpassten. Sie waren durch Treppchen miteinander verbunden. Das Ganze war überdacht von einer Pergola, an der blühende Glyzinien rankten. Über die Terrassen hinweg hatte man einen verzaubernden Blick in die abendliche toscanische Hügellandschaft. Ihre leuchtenden Farbverläufe waren jetzt im allerletzten Tageslicht stumpfer geworden. Die vorderen Hügelketten ließen noch einen Hauch von Violett ahnen. Weiter zum Horizont stuften sich metallische, schwere Blautöne bis hin zu einem Beinaheschwarz. Ich kenne diese Farbvarianten auswendig. Trotzdem sind sie nie völlig gleich, aber immer gleich faszinierend. Reproduziert und gedruckt werden sie kitschig.

Die Party war in vollem Gange, das Buffet umlagert. Ein mit Tischtüchern abgedeckter Billard-Tisch reichte kaum aus, um alle Köstlichkeiten aufzunehmen. Da kam Ellen. Wir beglückwünschten sie und übergaben unser Geschenk. Sie nahm es mit ein paar „oh!" und

„ich bin ja schon so neugierig" entgegen. Ich machte einige Komplimente, die keine waren, denn sie sah wirklich jünger aus als 40. Ellen ist extrem schlank, ihre langen Beine steckten in weichen Wildlederstiefeln. Die engen Ärmel des rostbraunen Seidenshirts hatte sie weit über die Hände gezogen, als würde sie frösteln. Ellen ist Immobilienmaklerin und von Geburt Schwedin. „Schön, dass ihr gekommen seid! Wart ihr schon am Buffet? Bedient euch, es gibt leckere Sachen, hoffentlich reicht alles." Gianni, ihren Mann, begrüßte ich neben dem Billard-Buffet. An einer Anrichte bemühte er sich, von einem luftgetrockneten Schinken ganze Scheiben abzuschneiden. „Möchtest du eine probieren? Hier, nimm!" Ich nahm sie mit den Fingern. „Köstlich. Ist der von hier?" – „Nein, der ist vom Gratto Magno. Da ist die Luft sauberer. Und trockener."

Ich goss mir einen Becher Rotwein ein und machte einen Rundgang über die Terrassen. Der erste Eindruck hatte nicht getrogen, die Party war fest in deutsch-schweizer Hand. Deshalb also der frühe Beginn. Manche Gesichter kannte ich vom Sehen. Es waren alles Leute mit Haus und Land in den toscanischen Hügeln. Alles nette Müßiggänger, gierig nach Abwechslung. Da sie nichts weiter verbreiteten als Langeweile, störten sie nicht. Der Lärmpegel stieg parallel zu dem des Alkohols. Schade, dass die Band drinnen spielte, quasi ohne Publikum. Wahrscheinlich eine Auflage der Ordnungshüter. Eine Kindheitserinnerung drängt sich dazwischen.

Mein Vater hörte gerne Akkordeonmusik. Also mussten die Kinder Akkordeon spielen lernen. Ein Instrument wurde angeschafft und ein Hauslehrer besorgt. Er war Feinmechaniker und spielte an Wochenenden Klavier in Kaffeehäusern zum Tanztee. Ich war damals 9 oder 10 Jahre alt. Und – wenn ich von heute auf damals schließe – recht unmusikalisch. Mit Mühe konnte ich das Kinn auf das große Instrument legen. Unten rutschte es bis zu den Knien. Die Tasten konnte ich gerade noch erspähen. Die Bassknöpfe nur erfühlen. Der C-

Dur-Knopf hatte eine Mulde, was sehr nützlich war. Trotz dieser Hindernisse gefielen mir die hervorgebrachten Töne. Vor allem aber die Tatsache, dass man sie mit viel Luft sehr laut machen konnte. Über Fehler spielte ich unbekümmert hinweg. Taktgefühl hatte ich gleich Null. Herr Schnorr, der Musiklehrer, wippte verzweifelt mit dem linken Fuß den Takt. Eine Taktuhr in einem schwarzen Schleiflack-Gehäuse wurde angeschafft. Das unerbittlich gleichmäßige Ticken faszinierte mich sehr. Doch es war vergeblich. Ich spielte, wie meine Gefühle mir eingaben.

Rechtzeitig wurden Weihnachtslieder einstudiert. Sentimentale Stellen wie in „Stille Nacht, heilige Nacht" waren meine Spezialität. Ich spielte „sti-hiiiiiille Nacht" und dehnte den Balg schmalzig und laut in die Länge. Vor meinen Augen sah ich meine Mutter, der bei diesen Tönen die Tränen über die Wangen kullern würden. Nebenan konnte abends natürlich auch mein Vater hören, wenn ich übte. Am aufgeregt erwarteten Heiligen Abend musste erst mein älterer Bruder vor dem Christbaum spielen. Er spielte leiser und im Takt. Wenn er einen Fehler machte, unterbrach er und fing von vorne an. Dann kam ich an die Reihe. Unter einem Vorwand schickte man mich in die Diele der ersten Etage. Dort durfte ich alleine meine eingeübten Weihnachtslieder schmettern und wusste nicht einmal, ob mir jemand zuhörte. Auch die Rührungstränen meiner Mutter konnte ich nicht sehen. Aus Sorge, man könnte mich auf die Entfernung schlecht hören, spielte ich besonders laut. Die Vorstellung hat mich sehr frustriert.
Mein absoluter Hit war übrigens „La Paloma". Das „ole" war mindestens so gut wie von Hans Albers gespielt oder von Freddy Quinn gesungen. Ich hielt den Akkord und zog den Luft-Balg in die Breite, soweit mein linker Arm reichte. Winkelte dann den Arm ab und zog weiter halb um die Hüften. Nun war der Balg bis zum Ende gedehnt und der Akkord hauchte aus. Im Teenageralter beendete ich meine Akkordeonkarriere.

Daran musste ich bei der Band denken, die fleißig und, im Gegensatz zu mir, sehr professionell spielte. Nur eben ohne sichtbares Publikum. Ich ging aus Solidaritätsgründen für eine Weile hinein.

Das vor kurzem noch so appetitliche Buffet verwandelte sich allmählich in ein Schlachtfeld. Wie gut, dass ich schon von der köstlichen Leberpastete versucht hatte. Jetzt sah sie aus, als wäre jemand hineingetreten. Ich versuchte mich mit einem gefährlich aussehenden langen Messer an dem rohen Schinken auf der Anrichte. Der erste Versuch erbrachte ein dünnes Fitzelchen. Der zweite eine viel zu dicke Scheibe. Mittelmaß ist möglicherweise doch nicht so verachtenswert. Gianni erzählte mir mit kindlicher Freude von seinem Weintest. Auf einem kleinen Ecktisch standen einige angefangene Weinflaschen mit noblen Etiketten. Es handelte sich um unterschiedliche Etiketten von unterschiedlichen namhaften Weingütern. Der Inhalt war aber überall gleich. Gianni füllte die Flaschen im Nebenraum immer wieder auf. Der Wein kam durch einen Schlauch aus einer *damigiana* (54-Liter-Glasballon). Ein schmackhafter, ehrlicher Landwein aus der Gegend. Trotzdem wurde er immer wieder gefragt, ob er z.B. noch von dem „Barolo" hätte. Der schmeckte dem Betreffenden deutlich besser.

Ich nahm mir zu meinem Schinken noch einige kleine Fleischspießchen, die offenbar resistenter gegen etwaiges Daraufsteigen waren. Dazu noch ein Stück Quiche Lorraine, etwas Baguette und frisch aufgefüllten „Brunello di Montalcino". In einer Ecke der oberen Terrasse entdeckte ich einen freien Sitzplatz. Ein einzelner Deutscher saß da vor einem Glas Bier. Er drehte sich gerade eine Zigarette. Auf einer Party gibt man sich munter, also stellte ich ein paar der üblichen Fragen. Lebst du immer hier? Wie lange schon? Wo genau liegt dein *podere*? Wie viele Hektar gehören dazu? Bewirtschaftest du das Land selbst? – So in dieser Art waren die Fragen. Das ist nicht etwa Neugier, sondern dient als Basis für jede weitere Unterhaltung. Er hieß Hermann, antwortete brav auf die Fragen, hatte aber offenbar keine Lust auf weitere Unterhaltung. Ah, dachte ich, ein Gleichgesinnter!, und schwieg von da an. So verstanden wir uns prächtig und sahen uns voyeuristisch die Partygäste mit etwas Abstand an.

Allmählich trafen Ellens italienische Freunde ein und die Gesellschaft wurde bunter, ohne sich jedoch zu vermischen. „Hoppla", lallte einer der ausländischen Gäste. Ich verzichte ab jetzt darauf, Nationalitäten zu benennen, weil wir Ausländer alle Säufer sind. Jedenfalls nach italienischen Maßstäben. „Hoppla", wiederholte er und es klang wie eine Entschuldigung. Sein Rotwein ergoß sich gerade über die nächsten zwei Platten und das Tischtuch. „Hab nicht dran gedacht, dass der Billardtisch einen erhöhten Rand hat. Tschuldigung." Dazu schaute er traurig auf die sich ausbreitende Weinlache. Hilfreiche weibliche Hände schoben sofort Servietten unter das Tischtuch.

„Günter! Hat sich die letzte Portion gesetzt? Brauchst du wieder Nachschub?" – „Gelt, das sieht man." Dabei sollte man erwähnen, dass Günter sicher kein Übergewicht herumträgt. Er kokettiert nur gerne damit. „Wenn ich abnehme, habe ich bestimmt Krebs. Also achte ich darauf, immer zuzunehmen."

„Warte, ich leiste dir Gesellschaft. Hol mir nur einen Teller." Teller gab es auf der anderen Seite des Tisches. „So, jetzt werde ich dir zeigen, dass du nicht alleine verfressen bist. Ich nehme nochmal diese kleinen Fleischspieße. Die sehen noch ganz freundlich aus." – „Hast du die Käsepastete da drüben schon probiert? Die ist köstlich, hat Ellen selber gemacht." – „Meinst du diesen gefledderten weißen Haufen? Sieht aus.... naja, nicht besonders appetitlich jedenfalls." – „Der Geschmack ist bestimmt noch der gleiche", grinste Günter und ging hinüber, „ist auch schön fett." Wir versorgten uns nochmal mit Wein und gingen nach draußen. „Ich mag nicht im Stehen essen, lass uns auf die untere Terrasse gehen, da sehe ich einen freien Tisch." Bald entdeckte uns Mary und setzte sich dazu. Die Augen hinter der eleganten Brille wirkten leicht verschwommen. Sie war in dem angenehmen Zwischenstadium vom Schwips zur Trunkenheit. Das ist der Punkt, an dem die Worte noch deutlich verständlich sind. Allenfalls etwas zu laut. Nur die Inhalte, als unverrückbare Statements formuliert, waren nicht mehr hundertprozentig ernst zu nehmen. Fairerweise sei hinzugefügt, dass auch ich nicht mehr ganz nüchtern war. Dann tauchte auch noch Tom auf. Sofort stocherte Mary mit dem Finger auf ihn los. „Den ganzen Abend wollte ich dich schon fragen. Dein Haus? Verkaufst du wirklich?" – „Ja." – „Hast du etwa schon verkauft?" – „Nein, das ist leider nicht so einfach." Tom ist ein hochgewachsener, altersloser Mann, Typ ewiger College-Boy. Freundlich, zuvorkommend und sehr höflich. Wenn er jemandem die Hand gibt, macht er einen altmodischen Diener. Ganz der Spross einer hanseatischen Kaufmannsfamilie. In Gesellschaft trinkt er gerne und reichlich Rotwein. Je besoffener er ist, um so höflicher wird er. Das ist sehr angenehm. Außerdem merkt man ihm den Alkoholpegel nicht an. Seit 28 Jahren führt er ein sorgloses und ruhiges Leben als Privatier. „Schäm dich", sagte Mary, „und ich habe dich immer bewundert, weil du deine Asche im Meer verstreuen wolltest."

„Lassen wolltest, Schätzchen" warf Günter ein.

„Wie, lassen wolltest, versteh ich nicht."

„Tom wollte seine Asche im Meer verstreuen lassen. Das kann er doch schlecht selber machen."

„Idiot, das weiß ich auch."

„Na dann sag's doch auch."

Tom lachte: „Das könnte man ja trotzdem organisieren."

Tatsächlich deutete bisher nichts darauf hin, dass Tom aufgeben wollte. Er verließ die Toscana nur zu ausgedehnten Urlaubsfahrten. Im Winter ging er regelmäßig Schi fahren. Dann war etwas schief gelaufen. Er verkaufte sein hübsches Haus in der Altstadt und erwarb außerhalb ein großes, stark renovierungsbedürftiges Haus. Zusammen mit einem Freund, der begeistert war vom Leben in der Toscana. Das Haus wurde mit beträchtlichem Aufwand umgebaut. Es entstanden zwei getrennte Wohneinheiten. Tom überwachte die Bauarbeiten. Der Freund zog mit seiner Partnerin in das fertige Haus ein. Nach einigen Monaten stellte er fest, dass die Art des neuen Lebens doch nicht in seinen Lebensentwurf passte. Er zog wieder aus. Tom blieb mit dem Riesenhaus allein zurück. In der Folge stellten sich Enttäuschung und Frust ein. Darüber sprach er aber erst viel später. Zunächst machte Tom weiter. Er hatte ein paar gesundheitliche Probleme. So durfte er sich beispielsweise am Meer nicht mehr der Sonne aussetzen, weil er an zwei Stellen Hautkrebs bekommen hatte. Geheilt zwar, trotzdem wurde er vorsichtig. Dazu schlichen sich allmählich Altersgedanken in sein Leben ein. Angst vor Vereinsamung, die Verlockung, in Deutschland in Nähe der Kinder und Enkel zu leben und so weiter. Seit zwei Jahren versucht er das Haus zu verkaufen. Das geliebte Toscanaleben wurde zum Klotz am Bein. Mit dem anderen Bein steht er schon in Deutschland. Die einen sagen, das Haus sei zu teuer. Die anderen meinen, der Innenausbau sei zu speziell. Egal, Tatsache ist, dass der Immobilienmarkt stagniert. Außerdem ist die Zeit der Toscana-„Pioniere" vorbei. Wer heute viel Geld in ein Haus investiert, sucht ein bezugsfertiges Anwesen mit allem Komfort.

„Nun sag doch mal", stochert Mary weiter, „warum willst du eigentlich weg?"
Tom weicht aus. „Ach, da gibt es mehrere Gründe."
„Du bist doch immer gern hier gewesen, oder? Bist du das nicht mehr?"
„Doch, ich lebe immer noch sehr gerne hier."
„Macht dich das nicht nervös, dass sich dein Haus so lange nicht verkauft?"

„Ach weißt du, warum soll ich mich aufregen? Irgendwann werd ich's bestimmt verkaufen."

Allmählich lief Mary mit ihren Fragen leer und verstummte. So leer wie das eben noch volle Glas Rotwein, das zuvor mit Bier gefüllt war. „Ach Schatz", sagte sie plötzlich mit schwerer Zunge, „ich bin ja sowas von besoffen." Sie legte ihren Kopf auf Günters Brust. „Jaa jaa." Er sagte das so sanft, als wäre es der Anfang zu einem Schlaflied. „Gleich fahren wir nach Hause." – „Fährst du?" – „Das wird sich wohl nicht umgehen lassen." – „Ich kann noch fahren! So ist das nicht! Was glaubst du, wie schnell wir zu Hause sind!" – „Ist schon recht, Liebes."

Mary schnurrte wohlig an seiner Brust.

Es war nach Mitternacht. Die Band spielte noch. Die italienischen und deutschsprachigen Gäste waren auch jetzt noch deutlich getrennt. Erstere waren munter, lustig und unterhielten sich angeregt in Gruppen. Die meisten tranken Mineralwasser. Die anderen präsentierten sich als müder, alkoholisierter Haufen auf dem Rückzug.

Ich suchte Vicky. Im Eingang zum Buffet/Billard-Raum stand Hermann in angeregtem Gespräch mit einer Frau in Jeans und halb geöffneter Bluse. Offenbar musste er sich erst etwas lockern. Er trank noch immer Bier.

Eine hennagefärbte Frau im Alternativ-Look sprach mich an. Sie war mir im Laufe des Abends als Judith vorgestellt worden. „Hast du Lust morgen zu kommen? Da wird der neue Gedichtband von …. vorgestellt." Sie nannte einen italienischen Autor, der mir leider nichts sagte. „Wann ist das denn?" – „Ab 17.30 Uhr." – „Was ist das denn für eine unmögliche Zeit? Da können ja nicht mal Rentner hingehen, weil sie um 6 Uhr essen müssen. Echt, tut mir leid, da kann ich nicht. Ab halb sieben füttern wir unsere Tiere. Abzüglich

45 Minuten Fahrzeit bliebe noch genau eine Viertelstunde für die Dichterlesung." – „Ihr arbeitet wohl dauernd?", fragte Judith spitz. – „Mehr oder weniger ja, kommt darauf an, was man unter Arbeit versteht." In diesem Augenblick überlegte ich ernsthaft, ob ich diesen Umstand gut fand. „Man muss sich auch Zeit für kulturelle Dinge nehmen, sonst verblödet man hier ja." – „Die Zeit nehmen wir uns auch. Aber Theater, Konzerte, Kino fangen erst nach 9 Uhr an. Das passt bei uns ganz gut." Das Gespräch nervte. Da ich zuvor im Vorbeigehen gehört hatte, dass ihr italienisch mehr als dürftig war, schoss ich nun auch einen kleinen Pfeil ab. „Die Gedichte sind ja sicher in Italienisch. Hoffentlich verstehst du alles. Sonst .... *niente cultura.*" Ich lache dazu. „Natürlich verstehe ich die Texte. Außerdem geht es ja nicht nur um die Gedichte..." – „Sondern?" – „Ja, also einfach das Zusammensein mit Freunden und so."

Vicky unterhielt sich am anderen Ende der Terrasse mit einer sportlich aussehenden Italienerin. Meinen Becher hatte ich unterwegs mit Sekt gefüllt. Die beiden tranken Mineralwasser. „Darf ich mich noch einen Moment zu euch setzen? Oder störe ich?" – „Überhaupt nicht, *per niente.*" „Wir haben über Pferde geredet. Ich habe Daniela von Susi erzählt. Vielleicht sollten wir so ganz allmählich nach Hause fahren. Ich bin müde." – „Nur fünf Minuten. Bis ich den Sekt ausgetrunken habe. Ich hatte noch nicht einmal Gelegenheit mit Daniela zu reden. Allerdings hatte ich dich auch nicht gesehen." – „Ich dachte, du erkennst mich nicht mehr. Ich kam auch ziemlich spät." Daniela hatte ich vor längerer Zeit bei einem gemeinsamen Abendessen kennengelernt. Sie ist Römerin und verlor vor etwa zwei Jahren ihren Mann. Das kleine gemeinsame Ferienhäuschen in der Toscana hat sie behalten.

Ich stellte meinen Sekt auf das runde Eisentischchen. Im nächsten Moment drängte sich ein leicht aus der Form geratener Typ zu uns. Seine weißen Hosen und das weiße Polohemd saßen stramm um die rundlichen Hüften und konturierten den Fettwulst, den die zu enge Hose über den Bund schob. „Daniela!", rief er mit Flötenmund und quetschte sich an mir vorbei. „Mein Gott, haben wir uns lange nicht gesehen!" Dann überfiel er sie mit endlosen Fragen. Sein Auftritt war eine Art Schwulenparodie mit viel „huch", übertrieben femininen Bewegungen und gestelzter Fingergestik. Daniela beantwortete zögernd seine immer intimer werdenden Fragen. Man sah, dass ihr die Fragerei peinlich wurde. „Du musst versuchen dich wieder zu binden", kiekste er mit leicht sich überschlagender Stimme. „Ich habe vor einigen Jahren auch nochmal die große Liebe gefunden."

Daniela nannte ihn Rodolfo. Dem starken Akzent nach zu schließen war er eher ein Rolf. Rodolfo drehte sich halb um, schnippte mit den Fingern „komm doch eben mal her!" Die große Liebe war ein sympathisch aussehender junger Mann in Designer-Jeans, Waschbrett-Bauch und schwarzem D&G-T-Shirt. Vicky hatte inzwischen zwei winzige rote Flecken im Gesicht. Es wurde also ernst. Ich sagte *„scusi"* und griff über Rodolfos Schultern nach meinem Sekt. Er beachtete mich nicht. „Sag mal," wandte sie sich jetzt an Rodolfo, „hast du schon mal etwas von Privacy gehört? Ich finde deine Ausfragerei unerträglich." Damit stand sie auf, entschuldigte sich bei Daniela und verabschiedete sich. Rodolfo schwieg und sah beleidigt aus.

Bevor wir gingen suchte ich die Toilette auf. (In Italien fragt man übrigens immer nach dem Bad, wenn man die Toilette sucht. Ich finde das angenehm. Es klingt nicht so deutlich zweckgebunden.) Das kleine Fenster ging zur Straße. Gezwungenermaßen wurde ich teilweiser Mithörer einer eher einseitigen Auseinandersetzung. Eine weibliche Stimme, die ich nicht erkannte, giftete schrill: „... Aber du musstest ja unbedingt alle Sicherheiten aufgeben, um hier zu leben ... und jetzt? ...Wir haben fast kein Geld mehr ... weißt du

132

das überhaupt? ... nein natürlich nicht ... du weißt ja nie was, interessierst dich für nichts ... alles hängt an mir ... bring mal Geld, mach endlich was, ... tu was! ... Ich habe mein ganzes Erbe und Vermögen in dieses löchrige Haus gesteckt ... ich töpfere idiotische Schüsselchen und Töpfchen, um ein paar Euro zu verdienen ... und was machst du? ... sitzt rum und schreibst seit Jahren an deinem schwachsinnigen Weltbestseller, den niemand haben will ... ich lach mich tot, du hast ja bisher noch nicht mal..."

Das Rauschen der Spülung ersparte mir den weiteren Monolog. Vielleicht stand die erboste Frau alleine da draußen und probte, ermutigt durch ein paar Grappa, für den Ernstfall. Vielleicht erregte sie sich auch in ihr Mobiltelefon.

Wir verabschiedeten uns noch von Ellen und Gianni und bedankten uns für das gelungene Fest. Sie antworteten artig: „Geht ihr wirklich schon?" Küsschen reihum und Abgang durch die engen Gassen, die bei der schwachen nächtlichen Beleuchtung alle gleich aussahen. Im Auto sagte ich: „Weißt du, ich habe das Gefühl, heute Abend noch nicht einen vernünftigen Satz gesagt zu haben. Fahr vorsichtig!" Kurz darauf schlief ich auf dem Beifahrersitz ein.

Mein Spritzplan für den Weinberg verzeichnet das Datum von morgen als nächsten Termin. Die verwendeten chemischen Mittel sind alle ökologisch und biologisch zugelassen. Trotzdem ist es Gift, da gibt es nichts zu verharmlosen. „Suchen Sie sofort den nächsten Arzt auf, wenn..." Das steht auf allen Etiketten. Alle acht Tage muss jetzt gespritzt werden. Ich halte die Termine streng ein. Trotzdem überträgt sich eine gewisse Unruhe, wenn am frühen Morgen ein Traktor mit Spritztank die Staubstraße entlang schwappt. Ich arbeite noch am Pool und empfinde den vorbeifahrenden Traktor als Mahnung. Der spritzt heute schon, du erst morgen. Die Wochen zwischen Ende Mai und Anfang Juli sind für Krankheiten die kritischste

Zeit. Vor allem für die Peronospora (falscher Mehltau). Sie hat sich seit vergangenem Jahr verstärkt ausgebreitet. Besonders aggressiv in den Wein- Anbaugebieten der Maremma. Angeblich ist dies eine Folge des Klimawandels. Hinzu kommt die Tatsache, dass die Maremma früher ein großes Sumpfgebiet war. Carlo, ein guter Freund, erzählte einmal, dass er sich noch erinnern könne wie die Sümpfe in der Ebene vor Piombino trocken gelegt wurden. Geblieben ist noch ein geschütztes Gebiet, „La Stirpaia". Dort kann man seltene Wasservögel beobachten.

Hohe Luftfeuchtigkeit begünstigt das rasche Ausbreiten der Peronospora. Wenn nach einem warmen Regen die Sonne scheint, ist Alarmstufe 1. Sechs bis zwölf Tage dauert die Inkubationszeit im Juni nur noch. Im Mai ist der Zeitraum zwischen Infektion und Ausbruch der Krankheit doppelt so lang. Man muss also sofort reagieren. Ein von der Peronospora befallener Weinberg ist bald ein trauriger Anblick. Zuerst bekommen die Blätter durchscheinende gelblich-grüne Flecken. Später bildet sich auf der Blattunterseite ein weißes Pilznetz. Die Blätter trocknen aus und fallen schließlich ab. Die Trauben verfärben sich zu einem hässlichen graublau. Im Juli/August werden sie schmutzig dunkelbraun. Sie schrumpfen lederartig zusammen und bestehen nur noch aus Bälgern und Kernen.

Alles klappt am nächsten Morgen. Um sechs „werfe" ich nur eben den Reinigungsroboter in den Pool. Alles andere hat Zeit bis nachher. Verschlafen mache ich die nötigen Handgriffe. Den Spritztank hatte ich schon am Abend vorher am Traktor angebracht. Es fehlt noch die Antriebswelle für die Pumpe, etwa 300 Liter Wasser und das Spritzmittel. Die zusammengerührte Brühe sieht aus, als hätte man Raw Umber mit Chromoxydgrün gemischt. Dazu noch etwas Titanweiß, damit es pastellfarben wird. Grrrrr! Über Bermuda und T-Shirt ziehe ich den weißen Wegwerf-Overall, nehme Schutzbrille und Mundschutz und starte.

Es ist noch wenig Luftbewegung. Ich brauche also keine größere Dusche zu befürchten. Bevor ich in die erste Rebreihe fahre, lasse ich die Pumpe kurz Probe laufen. Die Höhe und Neigung der acht Spritzdüsen ist richtig eingestellt, nichts verstopft, der Sprühnebel schön fein. Das klare Wasser der letzten Reinigung ist aus den Schläuchen gepumpt. Die Giftbrühe hat die Spritzdüsen erreicht. Es kann losgehen. Zum Glück hat es nicht getaut. Das wäre schlecht, weil die Feuchtigkeit auf den Blättern sonst die Konzentration des Spritzmittels verdünnt und die Flüssigkeit schlecht haftet. Zweimal pro Reihe schaue ich mich um, kontrolliere, ob die Düsen noch einwandfrei arbeiten. Ich beobachte, wie sich der Sprühfilm über die Blätter legt. Die feinen Tropfen glitzern in der Morgensonne. Anzeichen für die Peronospora kann ich nicht entdecken. Auch nicht für Oidium, die zweite große Plage für Reben und Weinbauern. Reihe um Reihe wird gespritzt, danach gehe ich erst mal beruhigt frühstücken.

A uf dem Weg zum Haus höre ich das erste akustische Signal des Sommers: Zikaden. Über Zikaden weiß ich nur, dass die hier heimischen in der Biologie Singzikaden genannt werden. Im Gegensatz zu den übrigen weltweit verbreiteten über 40.000 Arten (Wikipedia). Die sollen stumm sein. Wäre ich Biologe, würde ich unsere „gemeine Sägezikade" nennen. Mit Gesang hat der beachtliche Lärm wirklich keine Ähnlichkeit. Das ununterbrochene Gesäge soll Weibchen anlocken. Man stelle sich vor, das Liebeswerben eines Mannes bestünde darin, den ganzen Tag Geräusche zu erzeugen, die einem rostigen Fuchsschwanz nicht unähnlich sind... Die Zikade lockt im Sommer von morgens ab etwa halb sieben bis abends um neun. Dann bricht der Lärm urplötzlich ab. Alle Zikaden in den umliegenden großen Eichen schweigen. Ziemlich genau 30 Minuten ist Stille, dann sägen sie noch ein Weilchen weiter, bis allmählich ein Triebwerk nach dem anderen abgeschaltet wird. Von da an darf man ungestört dem betörenden Gesang der Grillen lauschen. Von diesem lieblich-zarten Zirpen kann ich nie genug hören. Es ist der Inbegriff mediterraner Sommernächte.

Trotzdem, ich mag auch das Lärmen der Zikaden. Sie gehören zum Sommer wie geschlossene Fensterläden, der Strand und die unglaublichen Sternenhimmel mit ihren Milchstraßen. Das monotone Sägen der Zikaden betäubt zusätzlich den hitzegelähmten Geist. Es ist, als würde der Lärm die Hitze anfachen. Einige Zweifel habe ich an der Behauptung, das Sägen diene dem Anlocken von Weibchen. Ich würde „auch" dazwischensetzen und könnte mir vorstellen, dass sich Zikaden mit dem Lärm Kühle produzieren. Der „Gesang" entsteht nämlich durch ein Trommelorgan am Hinterleib der Zikade. Dort sitzt auch der „Verstärker". Das Trommeln setzt den ganzen Körper in Vibration. Es entsteht also eine ständige Luftbewegung. Aber das ist nur so eine Laientheorie. Außerdem kann ich einfach nicht glauben, dass ein Lebewesen vierzehn Stunden am Tag mit Liebeswerben zubringt. Ich weiß auch nicht, wer sich den Macho-Reim ausgedacht hat „glücklich leben die Zikaden, weil sie stumme Weiber haben". Vorstellbar wäre, dass ein sanftes, stilles Zikaden-Weibchen denkt: „Lieber bleibe ich Jungfrau als mit einem dieser Schreihälse zu schlafen."

Dass ich eine Zwergohreule zwischen den Händen hielt, wusste ich zunächst nicht. Es war nicht mehr als eine Hand voll herzklopfender Federflaum. Mit Sicherheit wäre mir das graugefleckte Bündel nicht aufgefallen, hätte ich nicht gerade an der offenen Ateliertüre gestanden. Ich sah unseren Kater Betti, der sich vorsichtig für etwas interessierte, das in dem hohen rotviolett blühenden Hibiskus-Strauch verborgen war. Mindestens so neugierig wie Betti ging ich die wenigen Stufen der Eisentreppe hinab. Betti richtete sich auf und angelte mit einer Pfote in den Hibiskus. Mit der anderen stützte

136

er sich auf einen Zweig. Ich scheuchte Betti zur Seite, was nur halb gelang. Durch die Blütenzweige konnte ich weit unten im Blättergewirr das flauschige Bündel entdecken. Wir nannten sie Civetta. Das war nicht sonderlich einfallsreich, Civetta bedeutet nichts anderes als Eule. Aber es klang sehr melodisch. Wir wußten nicht, ob Civetta aus dem Nest gefallen war oder warum sonst sie sich im Hibiskus versteckte. Sie war offenbar sehr jung, denn sie konnte noch nicht fliegen. Ohne Hilfe wäre sie verloren.

Vicky holte den alten Katzenkäfig. Er besteht ringsum aus stabilem Eisendraht. Auf die Querverstrebungen schob ich von einer Seite zur anderen zwei dickere Zweige mit reichlich Laub, auf denen Civetta sitzen konnte. Dazu eine Tonschale mit Wasser. In den folgenden Stunden schlief sie ausgiebig. Ihr Kopf versank wieder in dem Plüschkleid. Nur die Spitzen der Ohren waren zu sehen. Vicky brachte feinstes Hackfleisch vom Einkauf mit. Sie formte daraus winzige Kügelchen, legte eines auf die Handfläche und hielt es Civetta unter den gekrümmten Raubvogelschnabel. Sie fraß mehrere der Fleischkügelchen. Civetta lernte schnell. Tagsüber schlief sie, wie es sich für einen Nachtvogel gehört. Sie saß dann auf dem Boden des Käfigs, ganz hinten, fast verdeckt von den Blättern. Gegen Abend wurde sie munter, sprang auf ein Hölzchen und putzte sich. Näherte man sich ihr, öffnete sie weit ihre riesigen gelben Augen und legte den Kopf schräg. Das gab ihrem Aussehen etwas von einem Clown. Die Augen kann eine Zwergohreule kaum bewegen, dafür aber um so mehr den Hals. Bis zu 270 Grad soll der Wendekreis betragen. Mir kam es vor, als könne sie den Kopf einmal ganz herumdrehen. Dank dieser außergewöhnlichen Beweglichkeit entging Civetta nichts. Bald entdeckte sie, dass man aus der Tonschale nicht nur trinken kann, sondern auch darin baden. Sie plantschte so sehr herum, dass man nach einem Bad das Wasser nachfüllen musste. Zum Trocknen spreizte sie die Flügel und wurde zum Riesenvogel. Ihre Schwingen breiteten sich diagonal durch den ganzen Käfig.

Vicky knüpfte ihr einen leichten Wollfaden um einen Fuß und setzte sie auf ihre Schulter. Civetta mochte das. (In dem Film „La Mia Africa" trägt die wunderbare Protagonistin Meryl Streep in manchen Szenen eine Zwergohreule auf der Schulter mit sich herum.) Sie nahm Civetta mit hinauf in ihr Arbeitszimmer. Dort löste sie den Faden und Civetta lernte fliegen. Bald kehrte sie nicht mehr auf Vickys Schulter zurück, sondern flog hinauf ins Dachgebälk und schlief. Mittags brauchte Vicky eine Leiter, um sie herunterzuholen. Sie brachte sie dann zurück in ihren Käfig.

Allmählich mussten wir uns mit dem Gedanken vertraut machen, Civetta in die Freiheit zu entlassen. Noch war es zu früh, entschieden wir. Zu groß erschienen uns die Gefahren für das kleine Federknäuel in der freien Natur. Als Übergangsplatz zogen wir Civetta in den ungenutzten Hundezwinger um. Mit etwa 30 Quadratmeter war das Gehege recht geräumig und mit zwei Meter hohem Maschendraht umzäunt. Vicky kaufte ein Kunststoffnetz, das wir in zwei Bahnen über die gesamte Fläche spannten. Ich rammte kräftige lange Äste in den Boden, die das Netz stützten. Durch die Astverzweigungen schob ich lange Querstangen, die bis zum Zaun reichten. Civetta schien mit ihrem neuen Zuhause einverstanden zu sein. Sie flog auf eine der Stangen, legte den Kopf schräg und beobachtete uns und ihre neue Umgebung. Am nächsten Morgen war Civetta verschwunden. Wir hatten nicht mehr daran gedacht, welch schmächtiger Körper sich unter dem dicken Federkleid verbarg. Vermutlich war sie auf einer der Querstangen bis zum Maschendraht gerutscht und durch eine Masche ins Freie geschlüpft. Natürlich waren wir traurig, dass Civettas Abreise so unerwartet kam.

Am späten Abend saßen wir noch bei einem Glas Wein draußen. Plötzlich ertönte ganz in der Nähe das unverwechselbare „tüüüt tüüüt" einer Zwergohreule. Vicky sprang sofort auf, lief auf die Wiese: „Civetta! Civetta!" Der Ruf kam näher. „Das ist bestimmt Civetta. Civetta!"

Sie saß in dem Orangenbaum, der direkt vor dem Porticato steht. Im Mondlicht konnte man das kleine graue Bündel mit seinen auffälligen Dreiecksohren sehen. Sie ließ sich nehmen und Vicky brachte sie unter kleinen Liebkosungen in den Katzenkäfig zurück und am Morgen in den Zwinger. Dort schlief sie dann untertags oder fraß von dem Futter, das wir bereitstellten. In der Dämmerung verschwand sie und kehrte regelmäßig Nachts in den Orangenbaum zurück. Sehnsüchtig warteten wir auf ihren Ruf.

Eine ganze Weile lebten wir so zusammen. Dann musste Vicky plötzlich verreisen. Wie gewohnt rief Civetta in der Nacht. Ich antwortete, aber Civetta kam nicht bis zum Orangenbaum. Offenbar war sie auf Vickys Stimme fixiert und misstraute meiner. Vier oder fünf Nächte kam sie noch „tüüüt, tüüüt" in die Nähe. Dann blieb es still. Auch als Vicky zurück war und „Civetta!" in die Nacht hinaus rief, kam keine Antwort mehr. Civetta hatte sich endgültig ihrer natürlichen Umwelt anvertraut. Sie war jetzt frei und selbständig. Ihre Gene würden sie bald für ihren Flug nach Afrika programmieren. Vielleicht kehrte sie im nächsten Frühsommer zurück?

Sonnwende feiern wir jedes Jahr mit einem Edel-Picknick am Meer. Da wir wegen des Sonnenuntergangs hinfahren, ist das richtige Timing beinahe das Wichtigste. Wir müssen uns so organisieren, dass wir etwa um 8 Uhr 15 am Strand sind. Die Sonne geht an diesem längsten Tag um 8 Uhr 39 unter. Bis dahin muss der Tisch gedeckt sein. Der tagsüber dicht bevölkerte Strand in der kitschig-romantischen Bucht von Baratti ist um diese Zeit schon gähnend leer. Meist finde ich einen Parkplatz direkt neben der Treppe, die zum Strand hinunterführt.

Unser Picknick ist nicht einfach ein sandiges Essen, bei dem die Schätze auf einer Decke ausgebreitet werden und man sich mehr oder weniger bequem dazu lümmelt. Wenn schon, dann à la grande. Im

Pickup verstaut sind zwei bequeme Terrassenstühle, ein runder Tisch, ein Korb mit Wein und Mineralwasser, die Kiste mit den Esssachen und dem Geschirr. Außerdem noch eine Strandliege als Abstellfläche. Die Platzierung des Tisches ist eine hochnotpeinliche Angelegenheit, denn er muss genau auf Mittelachse zur untergehenden Sonne stehen. Oder da, wo ich glaube, dass die Mittelachse liegt. Ich renne ein paarmal mit dem Tisch hin und her, bis ich den exakten Punkt gefunden habe. Daran glaube ich dann auch den Rest des Abends. Das weiße Tischtuch wird mit Porzellantellern und langstieligen Gläsern gedeckt. Auch Servietten und Vorlegebesteck fehlen nicht. Vicky packt ihre Köstlichkeiten aus.

„Mhm, wo ist denn der schöne Tintenfischsalat her?"

„Den habe ich schon gestern zubereitet, dann ist er noch besser."

„Und noch eingelegte *aciughe!*" (Sardellen.)

„War eigentlich nicht vorgesehen, aber die sahen so schön frisch aus."

Sie packt weitere kleine Gerichte aus, die den Platz für Teller und Besteck auf das Minimum reduzieren.

„Erwarten wir noch Gäste?"

„Schneide mal noch von dem *casalingho* auf." *Casalingho* ist unser köstliches toscanisches Brot. Ungesalzen. Wer sich daran gewöhnt hat, wird süchtig danach. Übrigens habe ich noch nie eine Brotschneidemaschine in Italien gesehen und würde auch keine wollen. Rasch entkorke ich noch eine Flasche Weißwein. Natürlich die Hausmarke „Terra dei Ciuchi". Dann nehmen wir unsere Logenplätze ein und beobachten fasziniert den orangeroten Sonnenuntergang. Es bleiben noch genau sieben Minuten bis zum entscheidenden Augenblick. Dann kommt es zu der messerscharfen Berührung des Sonnenrades mit der Horizontlinie des Meeres. Jedes Jahr denke ich, jetzt muss etwas Außergewöhnliches passieren. Zum Beispiel, dass die Sonne auf der Linie davon rollt. Oder, dass sie wie gezoomt auf uns zukommt. Es bleibt kaum die Zeit, diese Vorstellung zu denken, da bemerkt man schon den ersten winzigen Schnitt des Horizonts durch die eben noch aufliegende Sonne. Wie immer bleibt sie hinter dem Horizont und versinkt unaufhaltsam.

Die Ruhe in dieser unerbittlichen Unaufhaltsamkeit ist betörend. Gleichzeitig aber auch beängstigend. Die Sonne demonstriert in dieser Phase ihre ganze Macht. Daran ändert auch nicht, dass eigentlich wir es sind, die sich zeitweise von ihr abwenden. Die Bewegung erinnert an die eigenen Dinge im Leben, die sich nicht festhalten lassen. Die einem ebenso unerbittlich entgleiten wie jetzt die Sonne. Doch die Dramatik dieses Augenblicks ist vorüber, sobald sie untergegangen ist. Ich weiß, dass sie in wenigen Stunden wieder auftauchen wird. Das berühmte Schlaflied „guten Abend, gute Nacht…" habe ich nie gemocht. Vor allem wegen der darin enthaltenen Drohung „morgen früh, so Gott will, wirst du wieder geweckt". Die Sonne braucht keinen Gott, der sie weckt. Vielleicht ist sie Gott.

Man könnte noch viele Betrachtungen über den Sonnenuntergang anstellen. Zum Beispiel über das Wort Untergang. Ein anderes Wort kennt unsere Sprache nicht für das zeitweise Verschwinden der Sonne. Schwingt da doch Angst mit, sie könnte nicht wiederkehren? Das Wort ist negativ besetzt. Man spricht vom Weltuntergang, vom Untergang der Titanic, vom Untergang einer alten Kultur. Das sind alles dramatische, endgültige und unwiederbringliche Ereignisse. Ganz anders der Sonnenaufgang. Da ist die Sprache bildlich. Die Sonne geht auf, eine Saat geht auf, eine Blüte geht auf.
„Jetzt ist sie weg", ruft Vicky und unterbricht meine klein-philosophischen Gedanken. Ich steige rasch auf meinen Stuhl. „Ich sehe sie noch!"
Während wir essen, begleitet uns das bunte Farbenspiel des Widerscheins. Gelb erst, dann orange, das in kalte Rottöne verfließt bis ins Violett.

Viel später, als der Tau die nackten Arme befeuchtet und das angenehme Frösteln verstärkt, beginnen wir mit dem Rückzug. Als alles verstaut ist, trinken wir noch einen *caffè* in der Bar oberhalb des Strandes. Dann kehren wir mit befriedigten Sinnen zurück zu unserem Hügel.

Bald nach Civettas Verschwinden hatten wir es mit wesentlich kleineren Tierchen zu tun, Ameisen. Massen von Ameisen. Obwohl sie nett und ameisenfleißig sind, können sie einem die Laune verderben. Vor allem wenn sie an Orten einfallen, wo sie nichts zu suchen haben. Zum Beispiel bei Urlaubsgästen. Dieses Problem hatten wir schon einmal. Ameisen in einem Appartement. Ameisen, die tot von der Decke des Schlafzimmers fielen. Ins Gästebett. Da geht die Toleranz sofort auf null, Sauberkeit ist oberstes Gebot. Außerhalb des Appartements war keine Ameise zu entdecken, geschweige denn eine Ameisenstraße, die zum Dach führte. Auch auf dem Dach war keine Ameise zu finden. Ein winziges Loch entdeckte ich an einem Firstziegel und schloss es sofort mit Schnellzement. Vicky sprühte Ameisengift, streute ungiftige, aber für Ameisen tödliche Futterkügelchen, befestigte Ameisenfallen, stäubte mit Ameisenpulver. Nichts. Die Ameisen fielen nach wie vor ins frischbezogene Bett. In unserer Not ließen wir den Kammerjäger kommen. Der hatte einen riesigen Kompressor, verschiedenste Giftflaschen, diverse Spritzdüsen und lange Hochdruckschläuche auf seinem Pickup. Mit einiger Sorge und Misstrauen beobachtete ich aus sicherer Entfernung, wie er den Komplex mitsamt seinen zwei Appartements einnebelte. Eine richtige umweltfreundliche Giftdusche war das. Immerhin wirkte sie. Das Problem schien gelöst. Ein Jahr später war alles wie gehabt. Wieder war der Kampf erfolglos. Vermutlich fraß sich das Ameisenheer durch die dicke Dachisolierung und entsorgte die natürlichen Sterbefälle durch einen winzigen Spalt nach unten. Den Spalt, wenn man die haarfeine Öffnung überhaupt so nennen

konnte, fanden wir dort, wo der Firstbalken auf einem Betonunter-
zug aufliegt. Vicky rief Maurizio an. Maurizio ist ein kleiner Bauun-
ternehmer, der sich uns wegen einiger guter Aufträge freundschaftlich verpflichtet fühlte. Er versprach am nächsten Tag zu kommen.
Bisher trugen die geplagten Gäste ihre ungebetenen Mitbewohner
mit Fassung. Als Sofortmaßnahme kaufte Vicky einen Strandschirm
und hängte ihn mit der Öffnung nach oben unter den Balken. Sie
bezog das Bett frisch. Die Gäste konnten in Ruhe schlafen. Maurizio
kam am nächsten Nachmittag. Er brachte Fabrizio mit. Das ist unser Installateur. Sie hatten sich zufällig unterwegs getroffen und beschlossen, vor den deutschen Gästen *„bella figura"* zu machen.

„Figura" machen lässt sich nicht leicht übersetzen. Die zur Verfügung stehenden deutschen Worte sind ähnlich, aber nicht genau.
Lebensart lässt sich nur fühlen. Etwas von sich her machen, Eindruck schinden, sich positiv präsentieren, etwas tun, das angenehm
auffällt… In allen Begriffen steckt ein bisschen von *„bella figura"*.
Was fehlt, ist die Leichtigkeit im Verhalten und der Schuss Selbst-
ironie. *„Ho fatto figura, o no?"* – *„Si, hai fatto bella figura."*

Als ich dazukam, stand Fabrizio bereits mit einem Bohrer auf dem
Dach. Es war ein Zwischending aus normaler Bohrmaschine und
Presslufthammer. Maurizio gab von der Leiter aus Ratschläge, während Fabrizio sich durch die Isolierung zu dem Firstbalken vorarbei-
tete. Sie schäumten das Bohrloch mit Ameisenspray aus und verschlossen es mit Spezialkitt. Und was sagte Maurizio zum Abschied?
„Abbiamo fatto bella figura?"

Fabrizio sagte etwas anderes. Er nahm mich beiseite und flüsterte:
„Kannst du heute Abend am üblichen Platz zwei Hand voll Mais
auslegen? Ich komme dann morgen Nacht um euch bei eurem anderen Problem zu helfen."

Einige Ameisen purzelten noch in den Sonnenschirm. Seitdem ist Ruhe. Vorerst. Was das andere Problem betrifft, so dröhnte am nächsten Abend gegen Mitternacht ein Schuss durch die schläfrige Nacht. Der Schuss war am nächsten Morgen bei den Gästen allgemeines Frühstücksthema. Für uns bedeutete er ein Wildschwein weniger, das Schaden anrichtet.

Die Trauben bekommen jetzt so viel Sonne wie möglich. Dazu brechen wir die unteren Blätter ab, die Schatten auf die Trauben werfen oder sie ganz verdecken. Ich schlage früher als in den vergangenen Jahren die Armierungseisen für den Elektrozaun in den harten Boden. In einigen Rebreihen hatte ich bereits Wildschweinspuren entdeckt. Sie interessieren sich genau wie ich für den Reifegrad der Beeren. Ende Juli stelle ich das Spritzen der Reben ein. Ab jetzt ist der Weinberg sich selbst überlassen. Das bange Warten beginnt. Werden die Trauben bis zur Ernte durchhalten? Oder schafft es die eine oder andere Krankheit, sich in den nächsten fünf Wochen auszubreiten?

„Yago! Gib das sofort her! Yago!! Sitz!" Oh Wunder, er setzt sich tatsächlich, sperrt den Kiefer noch ein wenig weiter auf und lässt die Schildkröte ins Gras fallen. Er hatte sie stolz nach Hause getragen, um dann genüsslich wie auf einem großen Knochen darauf herumzukauen. Irgendwann würde er ein Stück aus dem stabilen Panzer knacken. Die Schildkröte war ihm hilflos ausgeliefert und letztlich würde er sie töten. Yago sieht mich treuherzig an, „nur ein bisschen spielen". Ich hebe die Schildkröte auf. Kopf und Füße bleiben im Panzer versteckt, aber sie scheint in Ordnung. Wohin mit ihr, um sie in Sicherheit zu bringen? Yago würde neugierig mitlaufen, um zu sehen, was ich mit seinem Spielzeug mache. Seit einiger Zeit bringen wir gerettete Schildkröten etwa einen Kilometer weit weg und setzen sie dort in gleichartigem Gelände aus.

Yago begleitet mich zum Auto, legt den Kopf schräg, „dann suche ich mir eben etwas anderes zum spielen".

Wie gut, dass die Sturm- und Spielphase eines jungen Hundes mit der Zeit abnimmt. Das begrenzt auch die mitunter peinlichen Situationen, die daraus entstehen können. Zum Spielritual gehört, bewegliche Gegenstände wegzutragen. Auf dem gerade aktuellen Spielplatz werden sie zunächst auf ihre Reißfestigkeit geprüft. Anschließend, je nachdem um was es sich handelt, werden sie aufgetrennt, zerbissen, auch schon mal aufgefressen. Manchmal knie ich zehn Minuten im Gras, um quadratzentimeterkleine pinkfarbene, gelbe oder blaue Überreste von irgendwelchen Flipflaps aufzusammeln. Im Laufe der Jahre und einiger junger Hunde haben wir uns an diese „Scherben"-Phase gewöhnt. Yago und Fräulein Einstein bedienen sich allerdings auch bei den Gästen. Sie klappern nachts die Appartements ab, um brauchbares Spielzeug auszuspähen. Mit Vorliebe verschleppen sie Schuhe, die vor den Appartements stehen. Morgens, auf dem Weg zum Pool, finde ich meistens die Beuteschätze. Wenn ich Glück habe sind sie noch unversehrt, weil die beiden beim Spielen eingeschlafen sind. Leise suche ich vor den Haustüren nach Pendants der entwendeten Schuhe und stelle sie dann heimlich dazu. Manchmal finde ich aber auch eine Sandale mit halber Sohle, Viertel Riemchen, nass gelutscht und deshalb mit Erde und trockenen Halmen verschmiert. Das lässt sich dann schlecht verheimlichen. „Könnte es zufällig sein, dass diese... äh Sandale jemandem von Euch gehört?" Ich halte die Überreste hoch. „Also viel erkennt man nicht, aber sie könnte Jakob gehören." Erstaunlicherweise hat sich noch nie ein Gast über diesen Vandalismus empört.

Vor Jahren hatten wir eine Hündin, Rosa. Sie hatte sympathische hausfrauliche Eigenschaften, ordentlich, gewissenhaft und reinlich. Eines Morgens auf dem Weg zum Stall traf ich Rosa mit meiner Brieftasche. Aus dem Inhalt hatte sie den Kraftfahrzeugschein herausgezogen. Das Dokument war nicht einfach zerfetzt, sondern ordentlich in viele kleine Stückchen zerlegt. Mein erster Gedanke kreiste um die vielen zeitaufwändigen Behördengänge, die notwendig sein würden, um an ein Duplikat zu kommen. Einschließlich der Gebühren für die Beglaubigung durch einen Notar. Abends setzte ich mich an meinen Arbeitstisch. Neben mir eine große Rolle Tesafilm. Vor mir ein Häufchen bedruckter Schnipsel. Eigentlich war es ganz kurzweilig, das Puzzle zusammenzusetzen. Am Ende wurde wieder ein richtiger Kraftfahrzeugschein daraus. Nur der Tesafilm trug etwas auf und erschwerte das Falten. Vorsichtshalber ging ich an einem der nächsten Tage bei der *caserma* vorbei und ließ mich beim *maresciallo* melden. Er begutachtete grinsend mein Werk. Dann gab er mir den Schein zurück. „Damit können Sie fahren, ist ja alles drauf und lesbar."

„Ich höre auf", sagt Giorgio und deutet auf sein durchgehend nass geschwitztes Unterhemd. Etwas lamoriant fügt er noch hinzu: „Außerdem bin ich schon zweimal von Wespen gestochen worden." Als wären Hitze und hohe Luftfeuchtigkeit kein ausreichender Grund, die Arbeit vorzeitig zu beenden. Giorgio ist damit beschäftigt, die wuchernden *macchia*-Gewächse in den Oliventerrassen abzuschlagen. Dort, wo ich mit keinem Traktorgerät hinkomme. Eine harte Arbeit.

„Klar Giorgio, geht in Ordnung." Ich sitze im Schatten der großen Eiche, schlürfe meinen Milchkaffee und bekomme ein schlechtes Gewissen. Andere schwitzen sich für dich literweise das Wasser aus dem Leib und du sitzt gemütlich beim Frühstück. He, sagt mein anderes Ich, er wird für's Schwitzen bezahlt. Trotzdem komme ich mir vor wie ein Sklaventreiber. „Ich komme morgen früh schon um fünf, da arbeitet es sich besser, o.k.?" – „O.k. Giorgio, bis morgen." Sein „ciao" geht fast im Lärm der Zikaden unter. Es ist kurz nach sieben, als ich zu meiner täglichen Pool-Arbeit zurückgehe.

146

Anfang August ist Regen wirklich selten. Aber was besagt das schon, die alten Wetter-Faustregeln taugen ohnehin nicht mehr viel. Wenigstens weitete sich der Niederschlag nicht zum Unwetter aus. Auch die zwischen Meer und Hügeln hin- und hertreibenden Gewitter halten sich in erträglichen Grenzen. Hagel wäre schlimmer gewesen. Vor allem für die prallen Trauben. Am Tag zuvor nahm die Luftfeuchtigkeit stark zu. Bis dahin waren die trockenen 35 bis 36 Grad im Schatten gut zu ertragen. Die feuchte Hitze dagegen nimmt einem die Luft zum Atmen. Mir jedenfalls. Es soll Leute geben, die sich bei hoher Luftfeuchtigkeit richtig wohl fühlen. Ein Immobilienmakler erzählte von einem Inder, der aus beruflichen Gründen für einige Monate nach Europa kam. Seine Frau litt in der angemieteten Wohnung unter der trockenen Luft. Zur Selbsthilfe drehte sie die Dusche auf heiß, ließ das Wasser den ganzen Tag laufen und die Türe zum Badezimmer geöffnet…

Nach zwei Stunden war der Regen vorüber und die Luft um fünf Grad kühler. Im Gästebuch wird der typische Satz auftauchen: „Trotz eines Regentages hatten wir einen wunderschönen Urlaub." Da der Regen kühl war, mittelkräftig und lange genug dauerte, um den Staub von den Reben zu waschen, stufte ich ihn als nützlich für den Weinberg ein.

Normalerweise bricht die große Hitze nach *ferragosto*, nach Maria Himmelfahrt also. Heftige Gewitter und oft wolkenbruchartige Regengüsse reinigen die Luft. Die Temperaturen steigen nicht mehr über 30 Grad und die Nächte werden angenehm frisch. Manchmal, so wie in diesem Jahr, wartet man vergeblich auf den befreienden Regen. Gelegentlich ziehen dunkle Wolken auf, mit dem einzigen Effekt, dass die Luft noch feuchter wird. Es kommt vor, dass es erst Anfang Oktober zum ersten Mal regnet.

Ferragosto ist ein italienisches Phänomen. Fast könnte man sagen, es ist der Anlass für eine Massenhysterie. *Ferragosto* ist am 15. August. Tatsächlich meint man damit aber die ganze Woche zuvor und auch noch einige Tage danach. Seine Auswirkungen bekommt man bereits Ende Juli zu spüren. Sie dauern bis in den September hinein. Eine Zeit lang geht Italien in tilt. Ein Beispiel: der Schwimmbad-Roboter hat einen Defekt. So etwas passiert bekanntlich immer im ungünstigsten Augenblick. Ich bringe ihn sofort am 27. Juli zum Vertragshändler. „Den müssen wir leider einschicken. Es ist aber sehr ungewiss, ob Sie ihn vor *ferragosto* wiederbekommen." Die Firma macht ab 10. August Betriebsferien. Ebenso die Autokuriere. Kurz: im August arbeitet kaum jemand. Das tägliche Leben teilt sich in vor-*ferragosto* und nach-*ferragosto*. Die meisten Firmen und Handwerksbetriebe schließen. Der Satz „vor *ferragosto* nicht mehr" wird zur häufigsten Auskunft. Wer meint, ab ca. 20. August ginge alles wieder seinen gewohnten Gang, muss sich auf eine lange Geduldsprobe gefasst machen. Denn jetzt müssen erst einmal die Produktionsanlagen wieder anlaufen und die Lieferengpässe abgebaut werden. Die Kuriere sind überlastet und liefern mit tagelangen Verspätungen. Weitere Wartezeiten sind vorprogrammiert. Meinen Roboter bekomme ich am 19. September wieder. Die Leihgebühr für das Ersatzgerät beträgt schließlich rund 800 Euro plus der Reparaturkosten für mein eigenes Gerät.

In der eigentlichen *ferragosto*-Woche erreicht die Ferienhysterie ihren Höhepunkt. Der Tagesbefehl lautet: *tutti al mare!* Viele Geschäfte hängen das Schild „bis 16. August geschlossen" an die Ladentüre. Bis auf Bäcker, Apotheken und Supermärkte. Das Ganze ist aber gar nicht so dramatisch, denn betroffen sind nur die wenigen, die noch arbeiten wollen oder müssen. Alle anderen merken kaum etwas von dem Ausnahmezustand. Sie haben ihr Ziel erreicht: *il mare!* Dort liegen sie in Dreierreihen am Strand. Je dichter desto lieber. Grüppchenweise stehen sie bis zum Knöchel im Wasser und kommunizieren begeistert miteinander. Wirklich schwimmen tun die wenigsten. Selbst wenn man den Rummel nicht liebt, die Atmosphäre hat paradoxerweise etwas Entspannendes.

In den von Touristen gesättigten Wochen im Juli und August bin ich häufiger in meiner Galerie im *centro storico* anzutreffen. Nein, das kleine Städtchen ist sicher kein Ort, um moderne Kunst zu verkaufen. Außerdem wird sich kaum ein Tourist eine bemalte Tischlerplatte von 130 x 100 Zentimeter aufs Urlaubsgepäck laden. Die Räumlichkeiten waren auch nicht für kommerzielle Zwecke gedacht. Vielmehr suchte ich vor Jahren einen neutralen Ort, an dem ich mich mit neuen Werken auseinandersetzen konnte. Im Durcheinander des Ateliers bin ich der Handwerker, der sich über eine gelungene Arbeit freut und dann mit dem nächsten Bild beginnt. In der Galerie verkleide ich mich geistig als Kritiker.

Im Sommer ziehen hier die Touristen vorbei auf der Suche nach Unterhaltung. Auf dem Glas der Eingangstüre zeigen fettige Schmierer von verschwitzten Stirnflächen und feuchten Händen die Besucherfrequenz an. Spätestens wenn von draußen die Bilder im Inneren nur noch verschwommen wahrzunehmen sind, reinige ich die Scheiben und öffne die Galerie. Um meine langweilende Präsenz für mich erträglicher zu gestalten, schaffe ich in diesen Wochen Aquarelle. Eine Passion, die ich zu Gunsten großer Bilder häufig vernachlässige. Dazwischen rede ich mit Besuchern, was allerdings manchmal zum Misslingen einer Arbeit führt.

„Würden Sie mir erklären, was dieses Bild darstellt?" Das ist die klassische Frage gehemmter Betrachter. Sie wird vermutlich von den meisten Künstlern „geliebt". Selber denken ist nicht verboten, würde ich gerne sagen. Stattdessen stelle ich die Gegenfrage: „Warum sehen Sie in dem Bild nicht einfach das, was Sie erkennen?"

Schweigen. Räuspern. „Also… ich kann nur ein paar gebogene Linien erkennen… Wacklige Linien", fügt die Besucherin mutig hinzu. Ich will nicht überheblich erscheinen. „Ich kann Ihnen nur sagen, was das Bild für mich darstellt." – „Oh ja, das wollte ich eigentlich wissen." – „Das ist ein riesiger Baum. Er ist so groß, dass er nicht auf das Bild passt." – „Ach so." Sie dreht sich um und betrachtet mich prüfend, unsicher, ob ich sie vielleicht auf den Arm nehme. Sie bedankt sich, zusammen mit dem üblichen *„complimenti"* und verlässt den Raum. Das Aquarell vor mir ist noch genügend feucht um weiterzumalen.

Wenig später steht ein hochgewachsener Mann in der Türe, blond. Ich tippe auf Holländer. Holländer sind seit einiger Zeit häufig gesehene Touristen. „Ähh, excuse me… mangiare…" Er deutet mit dem Finger hinüber zum „Cinghiale Bianco". „Mangiare, quattro persone." Er hält dazu vier Finger in die Luft. Ich erkläre ihm, dass das Restaurant mittags geschlossen sei. „Si si, tavolo, sera, oggi." Vielleicht ist er doch Deutscher? „Lei è tedesco?" – „Si, parlare tedesco, anche?" – „Ich bin Deutscher." Begeistert überschüttet er mich mit einem Wortschwall, der genau das beinhaltet, was wir uns in den letzten Minuten „erarbeitet" haben. Auf ein Stückchen Karton eines misslungenen Aquarells schreibe ich seinen Wunsch nach Reservierung eines Tisches für vier Personen um 20.00 Uhr. „Klemmen Sie diesen Zettel einfach an die Eingangstüre, dann müsste alles in Ordnung gehen." Glücklich schüttelt er mir die Hand und winkt zum Abschied mit seinem Stück Papier.

Noch einmal an diesem Morgen kommt ein langer Blonder, Skandinavier. An der Hand hält er die winzigen Finger eines kleinen blonden Mädchens. „Problemo", sagt er und deutet mit der freien Hand hinunter auf das Mädchen. „Problemo, Toilett?" Offenbar ist keine Zeit mehr bis zur nächsten Bar. Bevor ich die Pfütze auf dem Steinboden der Galerie habe, zeige ich ihm schnell, wo die Toilette ist.

„Problem gelöst?", frage ich freundlich, als die beiden zurückkommen. Er versteht mich nicht, sagt nur immer wieder „grazie, grazie". Er spricht ein paar Worte zu dem kleinen Mädchen, die ich nun nicht verstehe. Da dreht sich die Kleine um und sagt kokett „grazie".

Wenn in den Medien während der Sommermonate aus Fliegen Elefanten gebastelt werden, spricht man von Sommertheater. Es soll die sensationshungrigen Zeitungsleser, TV-Seher, Radiohörer und Web-Surfer bei Laune halten. Daneben gibt es aber auch echtes Sommertheater. Vom anonymen Feuerschlucker bis zu Roberto Begnini und dem Nobelpreis-Komödianten Dario Fo gehen alle mit ihren Aufführungen auf Straßen und Plätze. Auch kleine und kleinste Gemeinden haben ihr buntes abendliches Sommerprogramm. Die zahllosen Touristen sind das dankbare Publikum. Die natürlichen Kulissen der mittelalterlichen Städtchen sind oft abstrakter, moderner und fantasieanregender als Theaterbühnen. Bei uns in Campiglia gibt es als Höhepunkt des Veranstaltungskalenders ein fünf Abende langes Festival, das nahezu das gesamte *centro storico* einbezieht. Fast zeitgleich finden jeden Abend bis zu 18 Aufführungen auf den Plätzen und Straßen statt. Man hat also zu tun. Die einzelnen Spektakel werden mehrmals am Abend wiederholt. Die Gassen sind angefüllt mit Marktständen. Süßigkeiten, gegrillten *salsicce*, Wein, Modeschmuck, Kunsthandwerk und vieles mehr. Von einem Platz ertönt sogar klassische Musik. Das Programmheft zählt Puccini, Offenbach, Dvorak, Prokofiev und andere auf. Ein paar Schritte weiter rezitiert ein Schauspieler Verse aus der „göttlichen Komödie". Er beherrscht sie auswendig. Die Zuschauer dürfen ihn zuletzt auf die Probe stellen und eine beliebige Seite des Werkes aufschlagen und die erste Zeile eines Verses anlesen. Sofort fällt der Künstler ein und deklamiert weiter. Eine argentinische Artistin führt eine rasante Zirkusnummer zu Tango-Musik vor. Aus einem Hof tönt unglaublich guter Country-

Blues. Pantomimen, Marionetten-Theater, Kasperl-Theater. Völlig weiße Engelkörper zeigen sich unerwartet in den Fenstern alter *palazzi*, auf Treppen, Mauern, in Nischen und Torbögen. Sie bewegen sich extrem langsam, ihre weißen Gesichter lächeln still, dann sind sie plötzlich wieder verschwunden. Zwei Bauchtänzerinnen, eine irische Gesangsgruppe, Bands mit heißen Rhythmen, die durch die Straßen ziehen. Nahezu jede Art von Unterhaltung ist vertreten.

„Du solltest während des Festivals deine Galerie offen halten", insistiert Vicky.

„Ich habe dieses Jahr keine Lust."

„Mach mal! Alle Läden haben geöffnet. Alle machen mit, da kannst du nicht einfach zu Hause bleiben."

„Das ist das völlig falsche Publikum. Die Leute kommen, um sich von Clowns und Jongleuren unterhalten zu lassen. Sie wollen lachen und nicht in Ausstellungen gehen. Bei mir gibt es nichts zu lachen. Und die Hand voll Besucher, die sich meine Bilder ansehen, stehen nur mit tropfenden Eistüten herum und sagen bestenfalls im Gehen *complimenti! Complimenti!*"

„Es gibt auch anspruchsvollere Aufführungen, zum Beispiel…"

„O.k., ich vergaß die Feuerschlucker und Schlangenbändiger. Würde ich übrigens auch lieber sehen als in Ausstellungen zu gehen."

„Du bist ein unflexibler Miesmacher. Wenn du nicht willst, stelle ich mich eben hin."

„Ich habe keine Lust, mich wegen eines Passierscheins in der Gemeinde anzustellen. Zeit ist zu kostbar um sich irgendwo anzustellen und ohne Passierschein komme ich nicht ins *centro storico*, also ist das Thema erledigt."

„Dann arbeitest du mal ausnahmsweise nicht im Atelier und stellst dich an. Andere Leute müssen das auch."

„Mir wird aber leicht übel, wenn ich mich länger anstellen muss."

„Dann nimmst du dir ein Klappstühlchen mit, alter Opa. Mein Gott, stellst du dich an!"

152

Wie unschwer vorstellbar funktionierte der psychologische Trick/ Druck „dann stelle ich mich eben hin". Außerdem die gemeine Bemerkung mit dem Klappstühlchen. Wir einigten uns auf einen Abend du, einen Abend ich und so weiter. Zufällig treffe ich am nächsten Tag meinen Freund Michele, Polizist bei den *vigili urbani*, und frage ihn, ob es die Passierscheine wieder auf seiner Kommandostelle gäbe. Nein, sagt er, diesmal müsse ich ins *ufficio cultura*, die *vigili* seien nur für die Bewohner des *centro storico* zuständig. Im Erdgeschoss der Gemeindeverwaltung betrat ich einen langen Flur mit einer ebenso langen Schlange Wartender. Wusste ich's doch! Garantiert ist das die Passierschein-Schlange. Ein Büro sah ich nicht, da der Flur am Ende einen Knick machte. Wenigstens wollte ich wissen wo das alles endete. Ich schob mich an der Schlange vorbei, bis ich an einer offenen Bürotüre das Schild „*ufficio cultura*" las. Von hinten ertönte bereits eine Stimme: „Hallo, die Schlange fängt hier an. Ich bin der Letzte." Ich merkte mir sein Gesicht und blieb stehen, wo ich war. So konnte ich wenigstens das Treiben im Büro beobachten. Oh, dachte ich, das geht ja schneller als ich gedacht habe. Einer nach dem anderen stand vor dem Schreibtisch und kam im Handumdrehen mit missmutigem Gesicht wieder heraus. Ich hörte Wortfetzen wie „tut mir leid, aber da müssen Sie wirklich...", „natürlich glaube ich Ihnen, dass Sie hier wohnen, aber...", „nur Gewerbetreibende..." Nach weniger als fünf Minuten kam ich an die Reihe. „Wir kennen uns doch", sagte die freundliche Frau hinter dem Schreibtisch. „Genau! Stimmt, Sie halfen mir vor Jahren bei einer Ausstellung. Damals war Tiziano noch Kultur-Assessor." – „Mein Gott, das ist aber schon eine ganze Weile her." Artig erwidere ich, sie sähe immer noch gleich aus. „Was soll ich denn in den Pass unter „Gewerbe" schreiben, Signor Wolfang?" – „Schreiben Sie einfach *galleria d'arte*." – „Ach ja, Sie haben ja die Galerie." – „Ich bräuchte noch einen zweiten Schein für meine Frau." – „Selbstverständlich, Signor Wolfang. Aber deswegen hätten Sie doch nicht extra den Personalausweis mitbringen müssen." – „Naja, ich dachte, man weiß nie…" Sie lacht: „Ja, da haben Sie allerdings Recht. Bei unserer Bürokratie in Italien…!" Zuletzt sage ich: „*Grazie Signora Paola, buongiorno*", sie antwortet: „*Prego, grazie a Lei. Buongiorno.*" Dieses gegenseitige Bedanken ist absolut üblich. Auch wenn man zum Bäcker oder Metzger geht, sagt man am Ende des Einkaufs „*grazie, buongiorno*". Und der Verkäufer, der meist schon zuvor „*grazie*" gesagt hat, antwortet nochmals mit „*grazie a Lei, arrivederci*" (ich habe mich zu bedanken, auf Wiedersehen).

Ich hatte also Glück gehabt! Ganz beiläufig gebe ich Vicky ihren Passierschein. „Na, waren viele Leute angestanden?" – „Endlos." „Aber du siehst, es geht. Kommt nur auf die Einstellung an."
Natürlich waren die Abende so, wie ich es prophezeit hatte. Aber ich hatte meiner moralischen Pflicht (nach Vickys Ansicht) Genüge getan.

Vor der Galerie kreischten und quietschten und klatschten zahllose Kinder angesichts eines Kasperl, der immer wieder von hinten einen Schlag auf den Kopf bekam. Eltern und sonstige Erwachsene bildeten einen zweiten Halbkreis hinter den Kleinen. Sie fotografierten, verstopften den Platz und drängelten in meiner Eingangstüre. Mit dem Rücken zu mir. Hin und wieder verschloss ich die Türe und mischte mich für eine Weile unter die Besucher.

Jeden zweiten Vormittag bin ich jetzt in der Galerie und male Aquarelle. Wie schon erwähnt ist Campiglia nicht gerade der geeignete Ort, um moderne Kunst zu verkaufen. Doch auch hier bestätigt gelegentlich die Ausnahme die Regel.

Die jüngere Frau, die den Ausstellungsraum betritt, blickt mich zusammen mit einem freundlichen *buongiorno* nur kurz an und wendet sich sofort den Bildern zu. Ich beobachte sie, warte auf die üblichen Fragen. Sie hat offenbar keine und dürfte Ende dreißig sein.

Im Sommer sind Menschen bezüglich ihres sozialen Standes schwer einzuschätzen. Alle sehen hübsch aus, alle tragen möglichst wenig Textilien auf der gebräunten Haut. Zum Einkauf oder auf dem Weg zum Strand sehen irgendwie alle gleich aus. Kein Prada-Outfit, keine Rolex.

Meine Besucherin trägt die üblichen Flipflops, ein leichtes Kleid mit schmalen Trägern und, über die Schulter gehängt, die ebenfalls übliche, geräumige Strohtasche. Ihre hat zwei farbige Streifen, einen grünen und einen orangefarbenen. Ein neuerliches *buongiorno*, ein älterer Herr ist dazu getreten. Später weiß ich, dass es der Vater ist. *„Mi piaciono da morire questi quadri"*, sagt er halblaut zu seiner Tochter. Was etwa soviel heißt wie: Ich finde diese Bilder wahnsinnig schön. Erfreulicherweise höre ich das häufiger, es bedeutet aber noch lange nicht, dass sich das Lob in klingende Münze verwandelt. „Hast du dir schon etwas ausgesucht?"

Hoppla, sollte der Vater im gelben T-Shirt und kurzer Hose, die aus einer Zeit stammt, in der man noch keine Bermudas oder Fishermen's kannte, sollte er mehr in seinem Bauchtäschlein haben als Autoschlüssel und Handy? Ein weiteres *buongiorno* vom Eingang her. „Das ist meine Schwiegertochter", stellt der energische Alte vor.

„Piacere."

Zu dritt begutachten sie jetzt die Bilder. „Sicher sind die Werke sehr teuer", ruft der Vater und Schwiegervater fragend zu mir herüber, setzt ein Pokerface auf und schiebt das erloschene Cigarillo in den anderen Mundwinkel. Ich gebe ihm Feuer. „Ach, darf man hier rauchen?" Als Antwort zünde ich mir ebenfalls ein Cigarillo an und grinse. „Ich betrachte die Räume nicht als öffentlichen Ort." Soll ich auf seine Frage nach dem Wert der Bilder einfach ja sagen? Schließlich ist alles relativ.

Das erinnerte mich an eine Weinprobe aus lange vergangenen Zeiten. Der französische Weinhändler sagte damals: „Isch verkaufe die teuerste Wein von Welt." Sein Chauffeur, mit weißen Handschuhen zum Butler mutiert, goss ein. Nicht schlecht, dachte ich, du siehst also nach Geld aus. Prompt motivierte mich das mit meinen damals 28 Jahren zu übertriebenen Bestellungen.

Statt dessen lache ich. „Bei Kunstkennern habe ich mit meinen Preisen noch nie Probleme gehabt." Ich nenne einige Zahlen.
Vom Eingang tönt ein lässiges *„salve!"*.

„Das ist mein Sohn", bemerkt der Alte, der offenbar den Sprecher und Verhandlungsführer macht. Fehlt nur noch der Schwiegersohn, registriere ich. An seinem Fehlen scheitert auch der Fortgang des Verkaufsgespräches. Seine Frau ist unsicher, ob ihm die Farbstimmung eines bestimmten Bildes gefallen würde. Sie wollen am nächsten Vormittag mit Mann/Schwiegersohn wiederkommen. Mit so einem geordneten Rückzug enden Beinahe-Verkäufe häufig. „Ich möchte noch mit meinem Mann darüber reden", oder ähnlich.

Doch meine Kunden kehren zurück. Die Entscheidung für das favorisierte Bild wird nun schnell getroffen. Bei den Entscheidungskriterien höre ich weg, als ich merke, dass es nicht um künstlerische Inhalte, sondern um dekorative Argumente geht. Damit muss man (zähneknirschend) leben.

„Ich mache Ihnen jetzt ein Angebot", verkündet der Alte, als hätte ich mich soeben um einen Job bei ihm beworben. Wie einst Nick Knatterton (N.K. war der Vater des deutschen Comics) erkenne ich cool: „Kombiniere, die heiße Phase des Gesprächs hat begonnen."

Natürlich war seine Offerte unannehmbar niedrig. „Wissen Sie", beginne ich meine Abwehr, „in geschäftlichen Dingen bin ich wahrscheinlich sehr deutsch. Meine Preise beziffern das, was ich haben will. Sie sind nicht die Basis für mögliches Feilschen." Mit einer

Handbewegung wischt der Alte meine möglichst seriös formulierten Sätze beiseite. „Ach was, Preise sind willkürlich festgelegte Ziffern, die man ändern kann." Treffer für ihn, denn er hat leider Recht. Geldwerte, Sachwerte, alles kann heute von einem Tag zum anderen in die Tiefe purzeln. Die Wirtschaftskrise hat es gerade gezeigt und ich möchte nicht wissen, wie es bei großen Kunsthändlern hinter den Kulissen mit „Rabatten" zugeht.

Die Schwiegertochter fügt hinzu: „Wenn Sie schon so lange in Italien leben, müssten Sie eigentlich wissen, dass in diesem Land gefeilscht wird." Rundum Heiterkeit. Scherzhaft antworte ich: „Natürlich kenne ich diese schlechte Angewohnheit. Ich dachte nur, wenn ich standhaft bleibe, würde sich diese Unsitte allmählich ändern." – „Unglaublich!", ruft sie gespielt entrüstet aus, „lebt seit 30 Jahren in Italien und glaubt, die Angewohnheit eines ganzen Volkes ändern zu können."

Bisher sind wir nicht weitergekommen. Getreu meiner Überzeugung, dass nur ein verkauftes Bild ein gutes Bild ist, mache ich einen vorsichtigen Gegenvorschlag. Er fällt prompt durch. Schritt für Schritt, sozusagen 100 Euro um 100 Euro, nähern wir uns der Mitte der Differenz zwischen meinem Preis und dem Angebot. Wie vorauszusehen pendeln wir uns dort ein. Ohne es auszusprechen sind wir uns einig. Knapp 15% kostet mich der Handel. Nur der Alte kann es nicht lassen und bemerkt im Hinausgehen: „Und denken Sie nochmal über mein Angebot nach. Wir kommen dann morgen zum Bezahlen und Abholen."

Am nächsten Vormittag nochmal die gleiche Aufwartung. Zögernd sagt die Tochter: „Wir waren uns, glaube ich, gestern einig über den Preis von…" und sah mich forschend an. Hatte der Deutsche doch Zweifel gelassen, ob er das Spielchen mitmacht? „Genau, Signora, auf diesen Preis hatten wir uns geeinigt." Der Vater bleibt stumm. Allgemeine Entspannung breitet sich aus. Geldscheine werden vorgezählt und über die Marmorplatte des

Aquarelltisches geschoben. Man sollte größere Geldscheine immer über Marmor schieben. Das sieht gut aus. Ich packe das Bild ein. „Das Verpackungsmaterial hatten Sie wohl schon mal mitgebracht?" Das war nochmals die Schwägerin. „Nein Signora", lüge ich, „das habe ich immer hier, da ich jeden Tag Bilder verkaufe." Ich lasse mir noch die Anschrift in Milano geben, dann verabschieden wir uns herzlich.

„Diese verdammten Köter sind wieder abgehauen", schimpft Vicky erbost. – „Wer ist denn weg?" – „Na, die üblichen, Brilli, Leo und Yago. Blöd, dass sie Yago immer mitschleppen. Er ist noch so unerfahren." – „Na ja, heim findet er allemal." – „Ich weiß nicht, wenn sie nun ganz weit laufen…"

Etwa fünf Stunden später taucht Brilli auf. Völlig abgehetzt hechelt er in die nächste schattige Ecke. Er lässt die laue Strafpredigt über sich ergehen und bewegt sich nicht mehr von der Stelle. Kurz darauf läuft Leo ein. Wahrscheinlich wollte er erst mal hören, was bei der Strafpredigt so abläuft. Völlig abgehetzt hechelt auch er in die nächste schattige Ecke. Er lässt die ebenso laue Strafpredigt über sich ergehen und bewegt sich ebenfalls nicht mehr von der Stelle. „Vicky findet, ihr seid verdammte Köter. Ich übrigens auch." – „Wo habt ihr den Yago gelassen?" – „Wahrscheinlich hat er Angst vor Ärger und liegt längst hier irgendwo unter einem Busch und schläft", beruhige ich Vicky. Doch Yago lag unter keinem Busch. Yago kam auch später nicht nach Hause. Nicht mal zur Fresenszeit und das war bisher das Äußerste an Abwesenheit. Er kommt nicht in der Nacht und auch nicht am folgenden Tag. Natürlich sind wir alarmiert und bilden unseren häuslichen Krisenstab. Immerhin steht unsere Telefonnummer groß und deutlich auf Yagos Halsband. Außerdem trägt er das vorgeschriebene Microchip mit seinen Daten unter der Haut. Wir gehen die verschiedenen Möglichkeiten durch, bei denen ihm etwas zugestoßen sein könnte. Verlaufen? Relativ gute Chancen ihn wiederzubekommen. Vipernbiss? Wenig Chancen, wenn er ohne Hilfe bleibt. Ein Unfall? Dann wüssten wir sicher schon Bescheid. Eine Falle? Kommt auf die Art der Falle an. Und wie schnell wir ihn finden würden. Auf jeden Fall lebensgefährlich. Geklaut? Nicht auszuschließen, zumal es vor einigen Monaten beinahe passierte.

Vicky war damals zum Glück in der Nähe. Ein unauffälliger, älterer Kleinlieferwagen stand am Ende unseres Grundstücks geparkt. Ein Mann öffnete die Türe zur Ladefläche. Vicky sah gerade noch, wie etwas Schwarzes darin verschwand. Sie schoss sofort los und erreichte das Fahrzeug genau im Moment der Abfahrt. „*Scusi*", schrie sie „was haben Sie da gerade verladen?" „Ich? Äh, nichts. Ach so, doch, meine Gummistiefel. Bei diesem Wetter…" – „Machen Sie sofort die Heckklappe auf, ich glaube, Sie haben einen Hund hineingeschoben." – „Ach so, der Hund. Der war schon da drin. Das ist der Hund meiner Schwester. War entlaufen. Er wollte raus, als ich die Gummistiefel reinwarf." – „Ich will den Hund sofort sehen!" So behände der Mann ins Auto gestiegen war, so umständlich kletterte er jetzt wieder heraus und öffnete die Hecktüre. Heraus sprang unser hübscher Leo. „Wie kommen Sie dazu…"
Es folgte eine blumenreiche Geschichte vom Hund seiner Schwester, der ebenso aussehe wie Leo und verschwunden sei. Er sei überzeugt gewesen, dass es sich um ihren Hund handelte, bla bla bla. Er fand es nicht nötig sich zu entschuldigen und war sehr schnell verschwunden.

Für Yago druckten wir eiligst Handzettel mit seinem Foto und den nötigen Angaben. Ich hängte die kleinen Plakate auf. Beim Tierarzt, Hundeladen, Supermärkten. Kein Hinweis. Natürlich fuhren wir herum und suchten, wissend, dass die Stecknadel im Heuhaufen leichter zu finden war. Yago fehlt auch am vierten Tag. Es ist ein

Sonntag. Am Tag zuvor waren neue Gäste angekommen, die Yago nicht kannten. Am Nachmittag kommt Peter, einer der neuen Gäste, eilig angelaufen. „Ihr sucht doch nach einem Hund? Bei uns liegt einer unter den Lorbeerbüschen vor der Terrasse. Ich weiß natürlich nicht ob es euer Hund ist, er lässt sich auch nicht herauslocken."
Wir rennen zu dem betreffenden Appartement. Es ist Yago!!! Er hechelt erschöpft, tief im Schatten des dichten Blattwerks. „Yago! Komm! Was ist mit dir? Bist du verletzt? Komm her, Yagi!" Vicky kniet vor dem Lorbeer, lockt ihn zärtlich. Es dauert eine ganze Weile, bis er mühsam hervorkriecht. Dann erhebt er sich langsam auf drei Beine. „Doch eine Falle!", schreit Vicky auf. „Warte, ich hole den großen Drahtschneider." – „Mach schnell!" Als ich zurück bin, liegt Yago vor ihr im trockenen Gras. Vicky streichelt ihn, spricht beruhigend auf ihn ein. Jetzt erst merke ich, wie mühsam sein Atem geht. Eher ist es ein schwaches Röcheln. Es scheint, als wäre sein Bewusstsein ganz weit weg. Die Augen sind um die Iris schwarz, Blut hat sich in ihnen gestaut. Das linke Bein ist seltsam verrenkt gegen den Hals gepresst. Dann sehe ich das unselige stabil gedrehte Drahtseil. Es umschlingt das Bein an der Achsel und verschwindet im dichten Nackenfell. Wir knien nebeneinander, suchen eine Stelle, an der wir das Drahtseil gefahrlos durchtrennen können. Ich halte Yago fest umklammert, damit er keine plötzliche Bewegung macht, wenn Vicky schneidet. Geschafft!!

Kraftlos sinkt das Bein des 40 Kilo schweren Hundes zu Boden. Vermutlich hat ihm genau dieses Bein das Leben gerettet. Es war als erstes in die Falle geraten, deshalb konnte sich die Schlinge um den Hals nicht tödlich zuziehen. Das Seil gehört zu einer klassischen Wildschweinfalle. Je mehr das Tier zieht, umso stärker würgt die Schlinge den Hals. Bis es erstickt.

Peter ist Arzt, gemeinsam untersuchen wir Yago nach Verletzungen. In der Beinachsel ist die Haut blutig gescheuert, sonst können wir keine äußerlichen Verletzungen feststellen. Peter legt einen gut sitzenden Verband an. Dann bringen wir Yago nach Hause.

Mit der Drahtschlinge fahre ich am nächsten Tag bei Massimo vorbei. Er betreibt eine Motorrad-Werkstatt und arbeitet nebenher bei der Jagdaufsicht. „Sieh mal, das hat einer unserer Hunde gestern mitgebracht." Zornig starrt er auf die Drahtschlinge: *„Delinquenti! Vigliacchi!* Wo hast du das Ding her? Lebt der Hund noch? Warte einen Moment!" Massimo ruft seinen Vorgesetzten an. Er ist in fünf Minuten in der Werkstatt und lässt sich von mir nochmals alles berichten. Seine Bemerkungen verraten Ohnmacht. Im Grunde kann die Jagdaufsicht das Fallenstellen nicht verhindern. Geschweige denn einen dieser Tierquäler fassen. Die Nacht ist ein ausgezeichnetes Versteck. Wilderer, erklärt mir der *maresciallo*, legen ihre Fallen gezielt in die Nähe einer sumpfigen Stelle. Auf der Suche nach Trinkwasser und Suhlen geraten sie dann mit dem Kopf in die Schlinge. Yago ist ein richtiges „Sumpfhuhn". (Brilli und Leo schütteln sich, wenn sie Wasser nur von weitem sehen). Er war ein Opfer seiner Wasserbegeisterung geworden.

Aber wie kam Yago frei? Wir vermuten, dass der Wilderer seine Falle kontrollierte und den Hund entdeckte. In sicherer Entfernung von ihm wird er das Seil gekappt haben. Zu feige um das Risiko einzugehen, vielleicht gebissen zu werden.

In den darauffolgenden Nächten patrouillierten Angehörige der Jagdaufsicht im Gelände. Natürlich ohne Erfolg. Nach vier Tagen musste Yago eine riskante Operation über sich ergehen lassen. Die Verletzung am Bein war wesentlich tiefer als zunächst zu sehen war. Sie reichte bis zu den Sehnen, das Gewebe dort begann bereits zu verwesen.

161

Jetzt rennt Yago wieder unbekümmert herum. Er hat sein Trauma überwunden, aber für einige Monate hatte er jeden Kontakt mit Wasser vermieden.

Um für zukünftige Suchaktionen besser gerüstet zu sein, nehmen wir neuerdings die Elektronik zu Hilfe. Wir schafften ein GPS-Ortungsgerät an. Es funktioniert im Prinzip wie ein Mobiltelefon. Man erwirbt eine Sim-Karte, programmiert das Gerät und lädt die Batterie. Das „Hunde-Handy" hat etwa die Größe einer Streichholzschachtel und wird an zwei Schlaufen durch das Halsband gezogen. Da Brilli meistens der Anstifter zum Streunen ist, bekam er das Gerät.

Es war wie mit dem wehen Zahn, der nicht mehr schmerzt, sobald der Zahnarzttermin näher rückt. Brilli schien plötzlich keine Lust mehr auf Streunen zu haben. Vielleicht lag es an der großen Hitze. Doch dann, eines frühen Morgens, als alle Hunde bei Vicky am Stall waren, verschwanden Brilli und Leo unauffällig. „Hallo, jetzt geht's los", rief sie begeistert, die sonst sofort in Sorge war. Der Suchvorgang ist einfach. Mit der erworbenen Telefonnummer wählte sie Brilli an. Das Gerät geht für einen Moment auf Empfang und unterbricht sofort wieder. Sobald das GPS Satelliten-Verbindung hatte, klingelte Vickys Handy und zeigte eine SMS-Nachricht an. Auf dem Monitor erschienen Brillis derzeitige Koordinaten. Mit diesen Daten geht man am Computer in Google Earth. Mausklick, anfliegen und schon wurde Brillis Aufenthaltsort markiert. „Er ist auf halber Höhe der Via delle Piagge, etwas unterhalb von Rossis Haus." Das ist etwa eineinhalb Kilometer von uns entfernt. „Lass uns ein paar Minuten warten, dann überprüfen wir, in welcher Richtung er läuft." Vicky wollte zum Einkaufen. Von unterwegs gab sie mir die neuen Koordinaten durch. Ich checkte nochmals bei Google Earth. Der Punkt lag jetzt etwa 100 Meter bergab in unserer Richtung. 30 Minuten später trafen Brilli und Leo abgehetzt und wohlbehalten ein.

Bei dem Ortungsgerät geht es nicht so sehr darum, den Hunden hinterher zu laufen. Wichtig ist zu wissen, wo sie hinlaufen, wie weit sie sich entfernen, ob sie bevorzugte Ziele haben. Auf der Google-Earth-Aufnahme setzen wir Fähnchen, um einen besseren Überblick ihrer Streifzüge zu haben. Wie bei einem normalen Handy kann es sein, dass man in bestimmten Gegenden kein Satellitensignal bekommt. Oder dass die Batterie nicht genügend geladen ist. Sind sie dann zu lange unterwegs, haben wir wenigstens ungefähre Anhaltspunkte, wo sie sein könnten. Eine Suche würde dadurch eher Erfolg haben. Noch besser wäre natürlich, sie würden gar nicht erst weglaufen. Foxy und Einstein streunen nie, auch frühere Hunde begnügten sich mit unseren neun Hektar Auslauf (außer dem *povero* Maxi).

Beim Mittagessen erzählt Vicky erbost: „Heute früh machte ich einen Test und wählte Brilli an. Es meldete sich ein Anrufbeantworter." Ich fand das ausgesprochen lustig und stellte mir vor, wie Brilli aufs Band bellt: „Bitte hinterlassen Sie eine Nachricht, ich bin gerade mal streunen." Vicky fand es überhaupt nicht lustig und hatte sofort bei Telecom angerufen.
„Ich verlange, dass Sie sofort den Anrufbeantworter löschen, den ich nicht bestellt habe!"
„Ja Signora, natürlich Signora, ich gebe Ihnen den Code, mit dem Sie den Anrufbeantworter abschalten können."
„Sie werden das selbst abschalten, und zwar sofort!" „Selbstverständlich Signora, wie Sie wünschen. Geben Sie mir fünf Minuten. Buongiorno Signora."

Brilli hat also keinen Anrufbeantworter.
Eines beschäftigt mich allerdings noch in Bezug auf das „Hunde-Handy". Es wäre ja nicht völlig auszuschließen, dass Vicky mir das Navigationsgerät heimlich unter den Autositz schmuggelt. Das könnte, Betonung auf könnte, unter Umständen, letzteres ebenfalls betont, peinlich sein.

Nachtrag: Inzwischen ist noch ein anderer unerwünschter Nebeneffekt aufgetreten. Da das Gerät auch zur Ortung von Menschen geeignet ist, besitzt es eine Notruftaste. So könnte beispielsweise ein verirrter Wanderer um Hilfe rufen. Wenn Brilli meilenweit gelaufen ist, ruht er vielleicht zwischendurch aus, oder nagt an einem alten Wildschweinknochen. Was auch immer, jedenfalls legt er sich hin und hat Bodenkontakt und irgendein Zweiglein drückt gegen die Notruftaste. Dann klingelt alle drei Minuten Vickys Handy. Auf dem Monitor erscheinen die Koordinaten und das eindringliche Wort „HELP!" Vermutlich schläft der Ausreißer währenddessen seelenruhig. Trotzdem macht der Dauer-Hilferuf nervös, selbst mit dem Wissen, dass Brilli ihn nicht selbst ausgelöst haben kann. Außerdem leeren sich die Batterien vorzeitig. Inzwischen ist der Notrufknopf mit Isolierband überklebt.

Das Kreischen der Ferienkinder dringt mühelos vom Pool bis ins Atelier. 80 Meter Luftlinie dürfte das Schwimmbad entfernt liegen. Das Kreischen weckt Kindheitserinnerungen. Der gleiche Lärm war damals zu hören, wenn ich mich auf dem Fahrrad dem Freibad näherte. Wenig später im Schwimmbecken habe ich sicher genauso schrill geschrien wie alle Kinder. Warum das so war und immer noch so ist, habe ich nie ganz begriffen. Es muss der Ausdruck höchster Lebensfreude sein, der durch die extreme Beanspruchung der Stimmbänder seine Bestätigung findet. Wie auch immer, der Badelärm bestätigt die unbekümmerte Ferienstimmung.

Wahrscheinlich spielen die Kids wieder mit der unsäglichen Leuchtturm-Insel. Sie ist unsäglich, weil sie viel zu groß für das Becken ist. Sie beansprucht fast ein Drittel der Wasserfläche. Am Morgen schwimmt sie entweder verlassen umher oder sie liegt nass am Beckenrand. Wo ich sie auch hinschleppe, sie steht bei den Reinigungsarbeiten überall im Weg. Eigentlich sieht das Ungetüm ganz nett aus. Dunkelblau und rund, an einer Stelle ein meterhoher Leuchtturm, weiß und rot gestreift mit einer gelben Spitze. Gegenüber eine Art orangefarbene Knackwurst, die wie ein Beiboot an einer weißen Kordel mit der Insel verbunden ist. Eine italienische Familie hat das Monster für ihre siebenjährige Chiara eingeschmuggelt. Wie mir der Vater später erzählte, benötigte er einen vollen Nachmittag, um sämtliche Luftkammern aufzupusten. Offenbar waren ihm die Ausmaße des Spielzeugs doch unangenehm, denn am nächsten Tag spielten alle Kinder, außer Chiara, auf der Insel. Sie sprangen von ihr ins Wasser, versuchten die Insel wieder zu entern, schubsten sich gegenseitig herunter oder stießen sie von einem Beckenrand zum anderen. War der Stoß zu stark, strandete die Insel ein Stück außerhalb des Beckens. Begleitet von beträchtlichen Wassermengen. „Hallo", rief ich an die Kinderschar gerichtet, „ihr könnt aber nicht einfach Chiaras Spielzeug für euch beanspruchen." – „Doch, doch", schrien sie fröhlich wie mit einer Stimme. „Chiaras Vater hat es uns erlaubt." Na gut, alle Gäste hatten Kinder, sie würden das schon regeln, wenn sie schwimmen wollten. Wäre ein kinderloses älteres Paar zu Gast, dann hätte ich ein Problem.

Am Tag vor ihrer Abreise kam Chiaras Mutter zu mir. „Ach, ich wollte dich etwas fragen, … äh … du hast ja sicher diese Insel am Pool gesehen." Sie kicherte verlegen, ich grinste: „Ist ja nicht zu übersehen." – „Eben. Sie ist doch etwas sehr groß, wir wußten das vorher auch nicht. Chiara hat sie von ihrem Onkel geschenkt bekommen. Zuhause in Milano können wir eigentlich nichts mit ihr anfangen. Deshalb wollte ich fragen, ob wir sie dir schenken dürfen?" Als sie die zwei senkrechten Falten auf meiner Stirn entdeckte, fügte sie schnell hinzu: „Du kannst sie gerne auch weiter verschenken." Lachend machte ich den Vorschlag: „Warum stellt ihr das hübsche Ding nicht einfach vor den Fernseher und macht es euch bequem? Vater bekommt den Leuchtturm als Rückenstütze reserviert. Oder wir veranstalten eine Tombola. Wer die Insel gewinnt, muss sie mitnehmen."

Natürlich versprach ich, die Insel in meinen Besitz zu nehmen. Ich könne aber nicht dafür garantieren, dass sie im nächsten Sommer noch da wäre. – „Nein, um Himmels Willen, das würde ich nie erwarten."

Chiara und ihre Eltern reisten am nächsten Morgen zeitig ab. Die Insel lag halb im Wasser, die Halte-Kordel lag irgendwo herum und die orangefarbene Knackwurst trieb einsam auf dem Wasser. Ohne Kordel war es mühsam, das unhandliche Gebilde an eine Stelle zu tragen, an der es vorübergehend nicht die Arbeit behinderte. Das runde Ungetüm war nicht zu packen und glitschte mir immer wieder aus den Fingern. „Du gehörst jetzt mir!", knurrte ich halb verärgert, halb zufrieden und versuchte die Fingernägel einzukrallen. Unauffällig sah ich mich nach etwaigen Zeugen um, dann öffnete ich der Reihe nach die Ventile der fünf Luftkammern. Die Knackwurst ließ ich erst einmal ungeschoren. Ohne äußeren Druck entwich die Luft sehr langsam. Es würde sicherlich einen Tag brauchen, bis der größte Teil der Luft entwichen war. Nur der Leuchtturm zeigte bald Ermüdungserscheinungen und sank schlaff zur Seite.

Nächster Tag, sechs Uhr morgens. Ich traute meinen Augen nicht. Schon von weitem grüßte aufrecht die gelbe Spitze des Leuchtturmes. Dann sah ich, dass alle Stöpsel wieder in ihren Löchern steckten. Unversehrt und einsatzbereit lag die Insel vor mir. Ich seufzte resigniert, o.k. Kinder, ihr habt gewonnen, ich bin kein Spielverderber. Plötzlich stand der achtjährige Manuel neben mir.
„Hallo", sagte ich, was machst du denn schon hier?"
„Ich bin extra früh aufgestanden, weil ich zuschauen will, wie der Roboter im Wasser rumfährt. Hast du heute einen toten Skorpion im Pool? Ich möchte so gerne einen toten Skorpion haben."
„Nein, hab ich nicht. Aber du kannst mir doch bestimmt erklären warum…"
„Denkst du an mich, wenn du einen toten Skorpion findest?"

„Hey, ich wollte dich gerade etwas fragen."

„Was denn?"

„Warum die Leuchtturminsel so prall mit Luft gefüllt ist. Ich habe nämlich gestern alle Stöpsel herausgezogen."

„Warum eigentlich?"

„Weil sie zu groß für den Pool ist. Wenn Erwachsene richtig schwimmen wollen, haben sie keinen Platz."

„Wir haben aber nichts gemacht. Bestimmt nicht! – Also nur die Stöpsel, die Stöpsel haben wir wieder reingesteckt."

„Und der Turm? Der war doch schon umgefallen."

„Ach so, der Turm. Der Turm…" Manuel legte den Zeigefinger senkrecht an die Lippen, als müsste er nachdenken.

„Ach ja, jetzt fällt's mir wieder ein. Da haben wir 'n bisschen reingeblasen. Aber nicht arg."

Ich bemühe mich nicht zu lachen. „Und warum habt ihr die Kordel abgemacht?" Manuel zieht sein kurzes T-Shirt hoch, dass man den Bauch sehen kann „Deshalb. Ich habe mich aufgerieben, wenn ich mich aus dem Wasser hochgezogen habe."

Ich kann zwar keine Rötung auf dem flachen Bauch erkennen, aber ein Argument ist das schon. „Alles klar, wegen des Skorpions sage ich dir Bescheid."

„Au ja!" Weg war er.

Die Insel blieb bis die Saison zu Ende war. Da nie alle Gäste gleichzeitig abreisten, wurden neu hinzugekommene Kinder sofort mit auf die Insel genommen. So behielt sie ihre Attraktion und wurde immer wieder weiter vererbt.

„Leck in der Wasserleitung", sagt Vicky lakonisch. – „Wie schön, ich hätte gar nicht gewusst, was ich heute Nachmittag tun soll. Wo ist es denn?" – „Ungefähr auf der Höhe der oberen Appartements. Ist nicht zu übersehen. Das Wasser sprudelt richtig aus der Erde."

Ein Loch in der Wasserleitung ist bei uns nichts Ungewöhnliches und in all den Jahren längst zur Routine geworden. Im Sommer, wenn der Boden austrocknet und hart wie Stein wird, bekommt die dicke Kunststoffleitung mehr Druck von außen. Zig Mal am Tag werden im Haus und den Appartements Wasserhähne geöffnet und geschlossen. Beim Öffnen wird die Leitung entlastet, beim Schließen wird sie belastet, weil das Wasser ruckartig angehalten wird. Kaum messbar und schon gar nicht sichtbar dehnt sich die Leitung. Ein kleines spitzes Steinchen, hautnah an die Leitung gedrückt, bekommt den Stoß zu spüren. Da es nicht ausweichen kann, piekst es in die Kunststoffwandung. Nach einigen tausend Mal Pieksen ist das Werk vollbracht. Die Leitung bekommt einen feinen Riss. Und Vicky sagt dann lakonisch, weil das etwas ganz Normales für uns ist: „Leck in der Wasserleitung.“

Die Mittagshitze liegt noch lähmend und schläfrig machend über dem Land. Ich suche mir das übliche Werkzeug zusammen. Eine Schaufel, eine Spitzhacke, eine schmale kurzstielige Hacke für die Feinarbeit, einen zwölfer Schraubenschlüssel, Knieschützer und eine Rohr-Faschette, bestehend aus Ober- und Unterteil, zwei Schrauben mit Muttern zum Festziehen, einem Dichtungsring, einem Gewinde-Stopfen, sowie eine Rolle Teflonband zum eindichten des Stopfens. All das lade ich in die Schubkarre und schiebe bergauf.

Schon bei kleinster Anstrengung rinnt der Schweiß von Stirn, Nacken, Kniekehlen. In Nähe der „Unfallstelle“ rinnt das Wasser entgegen. Zufrieden registriere ich den ausladenden Ast einer Eiche. Er wirft Schatten auf meine Arbeitsstelle. Matschige Erde markiert die lecke Stelle großräumig. Daneben ist alles steinhart, steinig sowieso. Die Spitzhacke hinterlässt nur stumpfe, kurze Löcher im Boden. Erst nach einer Weile beginnt sie zu packen, reißt größere Erdbrocken heraus. Es ist nie ganz sicher, ob das Leck wirklich genau da ist, wo das Wasser seinen oberirdischen Weg beginnt. Ein großer Stein zum Beispiel kann das Wasser umleiten. Man muss daher höllisch aufpassen, um mit der Hacke nicht unerwartet auf die Leitung zu treffen. Das Wasser beginnt zu sprudeln, ich scheine also in der Nähe zu sein. Das Erdloch füllt sich rasch mit Wasser und nimmt die Sicht. Ein Ablauf muss gegraben werden. Dann beginnt die Feinarbeit. Auf den Knien grabe ich jetzt mit der kurzstieligen Hacke weiter. Das austretende Wasser wird zu einem kleinen Geysir, brodelt und zischt, spült den Erdschlamm aus den Steinen, fast wie bei Goldgräbern. Mit der Maurerkelle schaffe ich immer wieder den Schlamm nach draußen. Endlich kann ich mit den Händen das Rohr spüren und sofort danach das Leck. Der Druck ist so stark, dass es nicht gelingt den Riss mit einem Finger zuzuhalten. Bei der Lufttemperatur ist die kräftige Dusche, die ich jetzt abbekomme recht angenehm. Nochmals muss ich den Ablaufgraben vertiefen, damit die Leitung aus dem Wasser ragt. Das Anlegen der Faschette ist nicht schwierig, nur nass. Unkontrolliert schießt das Wasser jetzt aus der noch lockeren Klammer in alle Himmelsrichtungen. Dann, mit dem Anziehen der Schrauben, lässt der Druck allmählich nach. Das Wasser ist gebändigt, mein Einsatz erst mal beendet. Der Graben bleibt noch zwei Tage offen. Um zu kontrollieren, ob mein Flickwerk wirklich dicht hält.

Der Sommer hat seine Leidensphasen. Auch der Winter natürlich. Aber im Sommer leidet man schöner. Am schönsten ist das Leiden während des *grande caldo estivo*. Das sind die heißen Wochen, an denen sich die Sonne im Zeichen des Löwen bewegt. Also die zweite Julihälfte und die erste Dekade im August. Deshalb wird dieser Zeitraum im italienischen *solleone* genannt. Die Hitze liefert jetzt wunderbare Ausreden, um eigene Unzulänglichkeiten zu entschuldigen. Alles geht nun langsamer.

Am kostbarsten sind die frühen Morgenstunden. Die weit geöffneten Fenster sollen die relative Frische der vergangenen Nacht anlocken. Die aufgehende Sonne hält sich nicht lange mit mildem Schein auf. Schon die ersten Strahlen sind heiß und direkt. An den Cypressen vorbei treffen sie den zerknautschten Schläfer auf den nackten Körper. Er reagiert, noch im Schlaf, mit leichter Unruhe. Winzige Sonnenstiche beginnen die Haut zu reizen. Nervenenden signalisieren trotz schlechten Schlafes, dass noch Leben unter der Haut steckt. Muskeln spannen sich. Das Gehirn sagt o.k., wir sind unter Umständen bereit aufzustehen, und startet den Befehl zur physischen Durchführung. Mühsam richte ich mich auf und blinzle in die Sonne.

Vom Badezimmer-Fenster schweift der erwachende Blick über die Felder und Hügel zum Meer. Absolute Stille. Nur einige Spatzen hüpfen vor mir auf dem Dach des Porticato und stören die kleine Meditation. Es scheint, als würde die Natur die Luft anhalten, um nicht mehr Energie zu verbrauchen als unbedingt nötig. Kein Windhauch ist um diese Tageszeit zu spüren. Vor dem nächsten Regen liegt noch eine lange Durststrecke.

Die Augen ordnen Farben. Direkt vor mir füllt das helle Grün des schnell nachwachsenden Pfefferbaumes ein gutes Stück des Bildausschnittes. Auf gleicher Höhe weiß, rosa und dunkelrot blühende Oleander, die Fächerpalme, der violette Sommerflieder, der Hibiskus mit riesigen gelben Blüten. Wenige Meter dahinter Olivenbäume in ihrem kreidigen Oxydgrün. Im Sonnenlicht wird es geheimnisvoll silbrig und lebendig. Der Farbton, insgesamt Graugrün, ist ohne Frische. Kühle Frische strahlen stattdessen die langen schmalen Oleanderblätter aus. Oder die vielen Grün-Schattierungen des Weinlaubes im rechten Bildausschnitt. Trotzdem ist der Olivenbaum voller Kontraste und Farbnuancen. Der Grund mag die Zweifarbigkeit der Blätter sein. Die Oberseiten kräftig dunkel, die Unterseiten sehr hell und zart. Die Blätter sind jedoch nicht nur nach der Oberseite ausgerichtet. So entsteht ein Zusammenspiel der zwei Farben und der silbrige Gesamteindruck. Bei leichtem Wind beginnen die Farben zu glitzern.

Dort, wo die Olivenbäume den Blick freigeben, ist das abgeerntete Artischockenfeld zu ahnen. Wilder strohfarbener Hafer ist darauf in die Höhe gewachsen. Von den Artischockenpflanzen blieben nach dem Abschlagen nur braune Strünke stehen. Im Herbst werden sie nach dem ersten Regen wieder frisch austreiben.
Dahinter das große Feld. Ausgeblichene Stoppeln im mediterranen, sandigen Ockerton. Darauf die Pferde. Vicky hat ihnen das Feld überlassen. Die Sommermonate sind karg für Weidetiere. Trotzdem scheinen sie noch Fressbares zu finden. Am Feldrand, im Schatten der Laubbäume, stehen sie mit gesenkten Köpfen und weiden. Durch die Blätter dringen goldene Lichtflecken und zeichnen hell/dunkel-Muster auf die braunen Flanken.

Schließlich der Horizont. Im milchigen Dunst des jungen Tages verbirgt sich das Meer. Bis jetzt ist es nur durch die Gewissheit seiner Existenz zu ahnen, bald wird es in der Sonne gleißen. Aus der Ferne kann man keine Farbe zuordnen. Das Meer ist blau, möchte man spontan sagen, aber ich habe noch nie ein blaues Meer gesehen.

Den ersten Cappuccino trinke ich wieder im Schatten der großen Eiche. Lange halte ich mich nicht auf, die Sonne hat bereits den größeren Teil des Tisches mit der rötlichen Marmorplatte erfasst.

Auf der obersten Stufe der Treppe zum Atelier sitzend schreibe ich rasch in mein Tagebuch, bevor ich zu meinen üblichen Wartungsarbeiten am Pool zurückkehre. Morgens ist die Versuchung groß, ein paar Runden zu schwimmen. Leider wäre dann die Putzarbeit des Roboters sinnlos. Ich würde dabei den Staub, Insekten und Oleanderblüten aufwirbeln. Und später sollte der Pool den Gästen vorbehalten sein.

Wenn im Haus Innen- und Außentemperatur etwa gleich sind, schlie-ße ich Fenster und Läden. Außer im Atelier natürlich. Der Preis für das gute Arbeitslicht ist ein Anstieg der Raumtemperatur auf zirka 30 Grad. Spätestens dann beginnt das Leiden. Da man sich während der Arbeit langsam in die Hitze hineinschwitzt, ist sie stoisch noch eine Weile zu ertragen. Lästige Fliegen auf der klebrigen Haut eingeschlos-sen. Mehr als eine leichte Bermuda trage ich unter meiner fleckigen Malerschürze ohnehin nicht.

Zur Mittagspause sitze ich mit Vicky unter dem Porticato, der eher einem schattigen Backofen vergleichbar ist. Frische, kühle Melo-nen fehlen jetzt fast nie auf dem Tisch. Nach dem *caffè* ist es end-gültig Zeit, sich ohne viel Bewegung zu verkriechen. Vicky verzieht sich am liebsten auf ein Liegebett unter der großen Eiche. Einge-rahmt von fünf Hunden. Yago und Einstein sind wie üblich nass. Ihr Weg um das Haus führt sie grundsätzlich durch die Steintränke. Oft bleiben sie eine Weile im Wasser liegen. Mit heiligem oder dummem Gesichtsausdruck, genau lässt sich das nicht unterschei-den. Auf jeden Fall entrückt. Hat Vicky Glück, dann schütteln sie sich anschließend neben ihr. Der Platz unter der Eiche hat den Vor-teil, dass jeder noch so kleine Luftzug hier vorbeistreicht. Allerdings muss man den Lärm der Zikaden aushalten, die über dem Liege-bett im Laub sägen. Deshalb bevorzuge ich trotz der Hitze das in-zwischen abgedunkelte Atelier. Ein altes Biedermeierbett dient als kreativer Ruheplatz. Ich liege bewegungslos, denke über die nächs-ten Bilder nach oder stelle mir vor, wie ich mich im Winter nach den Leiden des Sommers zurücksehne. Darüber schlafe ich ein. Es ist kein erfrischender Schlaf. Aber er überbrückt die Agonie dieser Mittagsstunden.

Die Hitze lähmt meinen Arbeitswillen. Jeder Handgriff löst Schweiß-ausbrüche aus. Im Haus ist es zu warm, um den Kopf sinnvoll zu be-schäftigen. Draußen ist es noch zu heiß, um körperlich zu arbeiten. Die feucht-klebrige Haut ist jetzt Dauerzustand. Endlich, gegen vier

Uhr, gebe ich mir einen Ruck, setze mich auf den Traktor und fahre zu meiner derzeitigen Arbeitsstelle.

Vierhundert Meter Zaun sind zu ersetzen. Einschließlich der Pfosten. Schatten sucht man hier vergebens. Trotzdem ist es eine typische Sommerarbeit, weil in anderen Monaten keine Zeit dafür ist. Uralte Weinreben, obwohl jedes Jahr beseitigt, klammern sich an den Maschendraht, breiten sich auf beiden Seiten des Zauns aus. Längst hat auch wieder stachliges Brombeergebüsch die Maschen durchwuchert. Der unterste Draht ist im Erdreich verschwunden und hält morsche Pfosten an ihrem Platz. Mit Buschmesser und Drahtschere lege ich den Zaun Stück für Stück um. Jeweils einige Meter, bis zum nächsten Pfosten. Dort schneide ich ihn von oben nach unten durch und zerre das Teilstück heraus. Mit kräftigen Fußtritten falte ich den Zaun zu einem handlichen Päckchen und werfe es auf den Anhänger. Jetzt kann das offene Stück mit dem Motor-Freischneider von den restlichen Reben und Gestrüpp gesäubert werden.

Die Löcher für die neuen Pfosten müssen von Hand gegraben werden. Der vom Traktor betriebene Erdbohrer packt nicht auf dem steinharten Untergrund. Hier hilft nur die archaisch anmutende Brechstange aus Eisen. Immer wieder stoße ich sie stumpfsinnig, aber mit Kraft in den Boden. Rechtzeitig vor jedem Aufprall lockere ich die Hände, um der Prellung zu entgehen. Der Schweiß rinnt von der Stirn, perlt über die Gläser der Sonnenbrille. Ich lege sie beiseite. Zentimeter um Zentimeter geht es in die Tiefe. Die gelockerte Erde hole ich immer wieder kniend mit einer alten Lavazza-Büchse oder mit den Händen aus dem Loch. 50 Zentimeter tief sollen die Löcher werden. Als „Kontrolleur" liegt ein Zollstock neben mir. Zwischendurch ein langer Schluck aus der Wasserflasche, ein weiteres Cigarillo. Verbissen grabe ich weiter, es reicht noch nicht.

Ein Gast kommt mit seinem Jüngsten vorbei, um ihm die Freuden des Landlebens vorzuführen. Sie gehen neben mir in die Hocke. Rhetorische Frage: „Kann ich was helfen?" – „Ja, du könntest von meiner Sonnenbrille runtergehen." Ich versuche sie zurecht zu biegen, dann macht es knack.

Das Setzen des Pfostens ist eine kleine Erholung. Ich schiebe etwas von dem Aushub in das Loch, richte den Pfosten aus und fülle mit der restlichen Erde auf. Mit einem dicken Eisenrohr wird zuletzt die Erde festgestampft. Sitzt, wackelt und hat Luft, sagten wir als Kinder. Der Pfosten sitzt wie einzementiert. Das ist auch ein Grund, warum man Pfosten im Sommer setzen sollte. Die trockene Erde verdichtet sich gut.

Nächstes Teilstück. Um halb acht höre ich auf. Gerade vier Pfosten habe ich geschafft. Das sind zwanzig Meter. Eineinhalb Liter Wasser sind über die Haut verdunstet. Aber die sengende Hitze hat nachgelassen, die Sonne ist hinter dem nächsten Hügel abgetaucht.

Vicky hat mit ihrer Gäste-Kinderschar bereits die Esel von der Weide geholt und versorgt sie nun zusammen mit den Pferden. Für mich bleibt noch Hunde und Katzen zu füttern und zu gießen. Dann kommt der ersehnte Höhepunkt des heißen Tages: die kalte Dusche. Langsam senkt sich die Temperatur des aufgeheizten Körpers auf Normalwerte. Am liebsten verbrächte ich die nächste Stunde unter Wasser. Nur flüchtig trockne ich mich ab, Reibung erzeugt neue Wärme. Außerdem kühlen die letzten Wassertropfen auf der Haut.

Es wird zehn Uhr, bis wir an einem ganz normalen Sommerabend entspannt die Füße unter den Tisch strecken. Zum Abendessen, unserer (angeblich ungesunden) Hauptmahlzeit, decke ich den Gartentisch direkt neben dem Steinbrunnen. Leise rinnt Wasser über zwei große Feldsteine und plätschert beim Zusammenprall mit der Wasseroberfläche. Das Geräusch verspricht Kühle. Endlich finden wir Zeit zu reden.

Vicky sagt von sich: „Ich bin wie ein Hund, wenn ich gegessen habe muss ich schlafen." Bevor sie tatsächlich einnickt, räume ich das Geschirr ab und mache *caffè*.
Ich will nicht, dass der Tag schon zu Ende ist. Die ewige Angst, dass mir die Zeit entgleitet, sitzt mir im Nacken. Die Minuten, die Jahre. Ich will den Tag noch eine Weile festhalten, die kostbare Ruhe genießen, frei sein mit meinen Gedanken. Ein wenig träge von Essen und Wein lege ich die Füße auf den Brunnenrand, den Kopf in den Nacken und wandere durch den grenzenlosen Sternenhimmel. Ich suche einige Sternbilder zusammen und schlafe darüber ein. Erwache kurz darauf mit einem schmerzhaften Ruck, versuche den Gedankenfaden neu zu knüpfen und schlafe wieder ein. Oft wird es zwei Uhr morgens, bis ich mich entschließen kann ins Bett zu gehen. Die Hunde scheinen tief zu schlafen als ich an ihnen vorbei ins Haus gehe. Zumindest nehmen sie keine Notiz von mir.

Im Schlafzimmer ist es wesentlich wärmer als draußen. Ein großer Ventilator surrt leise, schwenkt träge von links nach rechts, von rechts nach links. Bestreicht die Körper im gleichen Rhythmus mit der Illusion eines kühlen Lufthauchs. Ich ziehe eine Ecke des Lakens über mich und schlafe übergangslos ein.

Auf der Größeren der beiden Eselweiden gibt es kein Wasser. Dafür aber mehr zu fressen. In den heißen Monaten muss das Trinkwasser hingebracht werden. Im Venturina gibt es eine Fabrik, die Tomatenkonserven herstellt. Die dort verarbeiteten Feldtomaten werden in großen Kunststoff-Bottichen zwischengelagert. Von Zeit zu Zeit werden sie ausrangiert und kostenlos abgegeben. Bei Bauern erfreuen sie sich einiger Beliebtheit, weil man sie gut zum Aufbewahren verschiedenster Futterarten verwenden kann. Natürlich haben wir auch diverse dieser Bottiche. Zum Beispiel zur mäusesicheren Lagerung von Hühnerfutter. Eines dieser Fässer ist im Sommer für den Wassertransport im Einsatz. Gefüllt bringe ich es mit dem Traktor zur Weide. Das Umfüllen ist ein wenig mühsam. Eimer für Eimer leere ich das Wasser in die Tränke. Das geht schneller als mit einer Handpumpe. Als Tränke dient ein nicht mehr benutztes 100-Liter-Weinfass aus Glasfiber. Angelockt durch mein Kommen stehen die Esel interessiert herum. Neugierig stecken sie schon mal vorsichtig die Schnauze hinein, die Zunge als Fühler vorgestreckt. Wenn der nächste Eimer Wasser herunterklatscht, drängen sie erschrocken rückwärts. Halb voll ist das Fass mittlerweile. Während ich den nächsten Eimer fülle, wende ich den Eseln den Rücken zu. Bruna nutzt den kurzen Augenblick, um die Tränke mit ihrer kräftigen Schnauze umzustoßen. Lustig. Ich fluche und beginne von vorne. Diesmal so, dass ich mich nicht zum Füllen des Eimers umdrehen muss. Die Esel scheinen sich zu freuen, dass ich ihnen noch ein Weilchen Gesellschaft leiste. Vielleicht freuen sie sich auch, weil sie mich ärgern konnten.

Fast wird der wochenlang wolkenlose Himmel langweilig. Trotzdem registriere ich ihn jeden Morgen dankbar, als gelte es einen persönlichen wolkenlos-Rekord aufzustellen. Manchmal denke ich dann an Großstädte wie Milano, über denen meist eine schmutzige Dunstglocke hängt. Man nähert sich bei sonnigem klaren Wetter und wird von trübem, blassem Licht empfangen. Auch die Menschen sehen trüb und blass aus. Ich fühle mich privilegiert. Zumindest optisch gesehen atme ich saubere Luft.

Bei trockener Luft lässt sich die Sommerhitze relativ gut ertragen. Doch sie kann schnell unangenehm feucht werden. An diesen Tagen beginnt das Leiden bereits beim Aufstehen. Ohne sich zu bewegen schwitzt der Körper kleine Rinnsale aus. Diese extreme Schwüle heißt *afa* und bringt auch Südländer zum Stöhnen. Bei hoher Luftfeuchtigkeit ist der Tag schon gelaufen, bevor er überhaupt richtig anfängt. Die wenigen körperlichen und geistigen Ressourcen sind schnell verbraucht. Am vernünftigsten wäre, sich wieder ins Bett zu legen. Über Rundfunk und Fernsehen werden Ratschläge gegeben, ältere Menschen sollen möglichst wenig das Haus verlassen, sich nicht anstrengen. Die Krankenhäuser füllen sich mit Patienten, die an akuter Kreislaufschwäche leiden. Teufel auch! Du bist jung, auch wenn du dich gerade uralt fühlst. Tu was!

Möglichst früh fahre ich mit dem Traktor und zwei leeren ehemaligen Ölfässern zum *consorzio agrario* nach Suvereto, um Dieselkraftstoff zu tanken. Bei jeder Unebenheit der Staubstraße heben die Fässer vom Boden der Hucke ab. Metall schlägt auf Metall. Meine Fahrt ist ein einziges Geschepper, obwohl die Fässer fest verzurrt sind. Hinter Toren kläffen Hunde, sobald ich mich nähere.

420 Liter passen in die zwei Tonnen. Die jährlich zugeteilte Menge richtet sich nach Anzahl der Traktoren und Geräte sowie der bearbeiteten Fläche. Der Tankschlauch ist dick wie jene an den Formel 1-Boxen. Ähnlich schnell rauscht der Treibstoff in die Fässer, schäumt zuletzt wild auf. Der junge Pächter des *consorzio agrario* erzählt, am Tag zuvor sei die *finanza* dagewesen. Mit einem Gerät errechneten sie den derzeitigen Tankinhalt und kontrollierten, ob die Differenz mit den abgegebenen Litern übereinstimmte. Diese Menge wiederum musste durch Rechnungen lückenlos belegbar sein.

Der subventionierte Kraftstoff ist längst nicht mehr preiswert. Nur wenige Cent trennen ihn von dem an öffentlichen Tankstellen. Trotzdem....

Den Rückweg nehme ich über die Asphaltstraße, das ist weniger holprig. Außerdem kann ich so in Cafaggio Zwischenstopp einlegen für einen *caffè*. Das tut meinem Kreislauf gut. Der Rest des Vormittags gehört dem Atelier. Später pumpe ich meinen neuen Dieselvorrat in den 500-Liter-Kunststoff-Behälter. Er steht in der Gerätehalle, ich kann also im Schatten arbeiten. Da Diesel immer einen kleinen Restanteil Wasser hat, ist der Behälter schräg nach hinten aufgebockt. So kann sich das Wasser absetzen ohne beim Tanken herauszufließen. Das Umpumpen dauert wesentlich länger als das Füllen der beiden Fässer. An meiner „Tankstelle" gibt es nur eine winzige Elektropumpe, verbunden mit zwei ausrangierten Stücken Gartenschlauch.

„Könntest du morgen die neuen Gäste in Empfang nehmen? Es ist nur eine Familie. Die anderen Gäste wechseln erst am nächsten Wochenende. Das Appartement ist gerichtet, du müsstest sie nur einweisen."
„Klar, mach ich doch. Bist du weg?"
„Ich dachte ich hätte davon erzählt, wahrscheinlich hast du wieder mal nicht zugehört. Wir wollten Samstag und Sonntag nach Sassetta reiten. Mit Zelt und so."
„Wir" hieß in dem Fall Vickys Reitclub. Eine kleine Atempause vom Alltag würde ihr gut tun.

Die angekündigten Gäste kamen am frühen Nachmittag. Ich lotste sie zum Carport, das Autokennzeichen wies sie als Sachsen aus und exakt so sprachen sie auch.
Ich muss mich auch heute immer noch zusammen nehmen, um nicht zu grinsen, wenn ich Sächsisch höre. Ich weiß, das ist nicht schön, aber als Kinder hatten wir uns immer einen Spaß daraus gemacht Sächsisch nachzuäffen. Anders als bei den Schwaben, die ja eingestandenermaßen einfach kein Deutsch können, liegt der sächsische Tonfall bereits auf den Stimmbändern. Dort bleibt er auch, egal ob sie Hochdeutsch oder Sächsisch sprechen.

Das Paar war um die vierzig, sie eine hübsche, gut gelaunte, energische Frau, die im wiedervereinten Land einen guten Job gefunden hatte. Er war kleiner, eher schmächtig und blickte misstrauisch durch starke Brillengläser auf mich und die Umgebung. Bedauerlicherweise war er arbeitslos, was seine schlechte Laune und das Misstrauen zumindest nachvollziehbar machten. Diese Details erfuhr ich natürlich erst später.

Ich bestellte Grüße von Vicky und dass sie sich entschuldigen ließe. In den misstrauischen Blick des Mannes mischte sich nun noch etwas wie Vorwurf. So als wollte er sagen 'wir sind wohl nicht gut genug, um gebührend empfangen zu werden'.

„Wenn ich Ihnen jetzt Ihr Appartement zeigen darf?" Mit einer Handbewegung wies ich den Weg und ging dann vorneweg. Auf der Außentreppe überholte er mich mit zwei großen Koffern, platzierte sie dicht vor der Haustüre und wartete ungeduldig, dass ich aufschloss.

Hier muss ich einfügen, dass wir, wenn ein Appartement geputzt ist, die Läden von Türen und Fenstern verschließen. Das soll verhindern, dass sich Staub oder Regenspritzer auf den frisch gereinigten Scheiben niederlassen. Im Haus war es also dunkel.

Bevor ich nach dem Lichtschalter im Flur greifen konnte, stürmte mein Gast mit seinen zwei Koffern an mir vorbei in den dunklen Wohnraum. Es folgte ein Aufschrei und er kam stark hinkend zurück in den Flur. Ohne Koffer. „Was war das denn?", schrie er empört und blickte mich böse an. Inzwischen hatte ich das Licht angeschaltet und sah die Bescherung. Sein Hinken war nicht die Folge eines Schlages gegen das Tischbein oder das Umknicken des Knöchels. Er klebte einfach am Boden fest. Offenbar hatte Vicky den Verdacht, eine Maus könnte im Appartement sein. Denn sie hatte mitten im Raum ein Stück Pappe auf den Boden gelegt und mit Mäuseleim bestrichen. Da mein Gast schimpfend wie ein Rumpelstilzchen hin und her hüpfte, schaffte er es in kürzester Zeit, den Leim zwischen Zimmermitte und Haustüre zu verteilen. Das Ganze war natürlich sehr peinlich, Vicky hatte vergessen, mir von dem Leim zu erzählen und ich konnte ja schlecht sagen „was mussten Sie auch gleich so losrumpeln". Ich entschuldigte mich artig und holte Lappen und Feuerzeugbenzin. Dann ging ich in die Knie. Unter strenger Aufsicht löste ich Flecken für Flecken den Leim auf und wischte und wischte und wischte. Die klebrigen Sandalen nahm ich mit in die Werkstatt und befreite nach und nach das Profil der Sohle von den Leimresten.

Als Vicky am Sonntagnachmittag zurückkam, schaffte sie es erstaunlich schnell, den misstrauischen Sachsen in einen freundlichen Urlauber zu verwandeln.

„Wann sollen wir das Stroh holen?" fragt Vicky.
„Mir egal, schwitzen müssen wir sowieso. Hauptsache wir fahren nicht so früh."
„Morgen gegen fünf?"
„O.k." Stroh für die Ställe müssen wir kaufen, da wir kein Getreide anbauen. Das lohnt auf den kargen Böden nicht. Da es in der Gegend immer mehr Pferde gibt, muss man sich beizeiten die notwendige Menge Strohballen sichern. Möglichst von einem Feld in der Nähe, um Transportzeit zu sparen.

Vor dem Aufladen fährt Vicky morgens mit dem Pickup auf das vereinbarte Feld. Die Strohballen liegen dort, wie sie aus der Pressmaschine gefallen sind. Einer hinter dem anderen, im Abstand von etwa zehn Metern. Mit einem Eisenhaken zieht sie die Ballen zu Gruppen von fünf bis sechs Stück zusammen. Diese Mühe beschleunigt das Beladen, da ich nicht wegen jedem Ballen vom Traktor steigen muss.

Ab vier Uhr bereite ich den Transport vor. Anhänger ankoppeln, Auflader anmontieren, Öldruckschläuche anschließen, Seile zum verzurren der Ladung bereitlegen und eine Flasche Wasser neben dem Sitz verstauen. Vicky schlüpft, nur mit Slip und BH bekleidet, in einen viel zu warmen Overall. Ich trage lange Hosen und ein Hemd mit langen Ärmeln, Baseball-Mütze. Das Stroh kratzt hundsgemein. Die leeren Ähren und Spelten, Staub und lose, kurze Halme werden uns beim Aufladen wie Fliegenschwärme einhüllen. Wir starten. Wenig später macht Vicky auf dem großen, schattenlosen Feld den Lademeister, ich den Auflader. Das Ladegerät ist dabei seit einigen Jahren eine gute Hilfe (vor allem im Frühjahr bei den viel schwereren Heuballen). Es ist an einer Längsseite des Anhängers angebracht. Hydraulisch klappt man einen etwa zweieinhalb Meter langen Metallarm aus, der mit einer kleinen Plattform endet. Darauf stelle ich einen der rechteckigen Strohballen und ziehe den entsprechenden Hebel der Hydraulik. Der Arm geht nach oben, bis er senkrecht am Anhänger anliegt und wirft den Ballen ab. Früher musste ich die Ballen mit der Heugabel anstechen und hochstemmen. Das verbrauchte zwar mehr Kalorien, aber man wird ja nicht jünger. So verladen wir Ballen für Ballen, immer höher muss Vicky klettern. Bis wir sieben Lagen übereinander haben. Nach dem Spannen der Halteseile gleitet Vicky an einem der Seile zu Boden. Irgendwann einmal konnte ich ihr ausreden, während der Fahrt oben mitzuschaukeln. Die Heimfahrt geht langsamer und vorsichtig. Jede Unebenheit bringt den hohen Aufbau eindrucksvoll ins Schwanken. Am Stall manövriere ich den Anhänger dicht neben das Förderband. Sein Ende ragt in den Heuboden. Bald rattert ein Strohballen nach dem anderen das Band hinauf und verschwindet im Stall. Vicky stapelt, ich sorge durch Abladen für Nachschub. Diesmal mit der Heugabel. Und weil das alles wie am Schnürchen abläuft, fahren wir gleich nochmal los, um die zweite Fuhre zu laden.

Es wird spät an diesem Abend, obwohl die Ferienkinder begeistert die Esel allein zum Stall bringen. Zuletzt gibt es nur noch einen Wunsch: raus aus den Kleidern und sich mit dem Gartenschlauch abspritzen. Durch das Schwitzen bei der Arbeit kleben die Stroh-Kleinteile auf der Haut, jucken, kratzen und peinigen wie ein Sack voller Flöhe.

Ich muss unbedingt Wein abfüllen. Schließlich soll er verkauft werden. Zwar ist es im Weinkeller schattig, aber inzwischen ist die Hitze auch hier zu spüren. In Verbindung mit der stets leicht alkoholgeschwängerten Luft schwitzt man bald leise vor sich hin. Für die rund tausend Flaschen im Jahr (die übrige Menge verkaufe ich offen als *vino della casa* oder trinke ihn selbst. Für letzteres mache ich keine Mengenangabe!) genügt eine transportable Abfüllmaschine. Zumal ich immer nur zirka 100 Flaschen vorrätig habe. So kann ich das Verhältnis zwischen abgefülltem Wein und verkauften Flaschen besser steuern. Das Abfüllen ist recht langweilig. Man klemmt die leere Flasche unter den Abfüllstutzen und glotzt dann auf den Flaschenhals. Die Füllhöhe ist regulierbar, ein halber Zentimeter Luft sollte zwischen Korken und Wein liegen. Lässt man die Flasche einen Augenblick zu lange stehen, so kann es passieren, dass sich noch ein paar Tropfen aus dem automatisch schließenden Abfüllstutzen lösen und die Flasche zu voll wird. Vicky behauptet, ich würde den überschüssigen Wein abtrinken. Das stimmt aber nicht!

Zum Verkorken gibt es ebenfalls ein einfaches Maschinchen. Dessen wichtigstes Teil besteht aus einer Öffnung mit zwei Stahlbacken. Wiederum klemmt man eine, diesmal gefüllte, Flasche darunter und steckt einen der 50 Cent teuren Korken in die Öffnung. Die Korken sind natürlich ordentlich mit dem „Terra di Ciucchi"-Logo bedruckt. Über einen langen Hebel quetschen die Stahlbacken den Korken zusammen. An dem Hebel ist ein höhenverstellbarer Dorn, der genau auf den Korken trifft. Der ist nun bis auf Durchmesser

Flaschenöffnung deformiert und in die Flasche gepreßt. Es dauert etwa einen Tag, bis sich der Korken von seiner Vergewaltigung erholt hat und hermetisch an die Flaschenwandung drückt.

Am nächsten Nachmittag leiste ich nochmals eine geistvolle Tätigkeit. Die Konfektionierung der Flaschen. Erster Arbeitsgang: Aufsetzen der schwarzen Kapseln auf den Flaschenhals.
Zweiter Arbeitsgang: Aufschweißen der Kapseln. Das Gerät dafür hat die Form einer etwa 40 Zentimeter langen Edelstahlwanne. Am Ende ist ein kleiner Tunnel mit einer Heizspirale, ähnlich der eines Tauchsieders. Wenn sie rotglühend ist (erzeugt zusätzlich beachtliche Hitze), schiebt man Flasche für Flasche in den Tunnel und zurück. Sofort schmiegt sich die Kapsel eng um den Flaschenhals.
Dritter Arbeitsgang: Abziehen des Schutzpapiers und Aufreiben des Vorderetiketts.
Vierter Arbeitsgang: Das gleiche nochmals für das Rücketikett.
So ausgestattet kostet eine leere Flasche ca. 1 Euro 35. Ohne Arbeitszeit. Im Supermarkt wird eine Flasche Wein bereits ab 1,99 Euro angeboten. Angeblich soll auch ein kleiner Anteil Trauben an dem Inhalt beteiligt sein.
Immerhin habe ich mit meiner Fließbandarbeit die heißen Nachmittagsstunden gut genutzt.

Im Ausstellungsraum im *centro storico* will ich einige Bilder austauschen. Auch nicht gerade eine kreative Tätigkeit, aber dafür sind ja die Vormittage reserviert. Die fünfzehn Minuten Fahrt machen den schwarzen Kombi kaum kühler als einen Pizzaofen. Das leise Rauschen des Klimagerätes vermittelt auf der kurzen Fahrt nicht mehr als die Illusion von Kühle. Der Platz vor der Galerie liegt nachmittags in der Sonne.

Während ich eines der auf Holz gemalten Bilder abhänge, ruft jemand in meinem Rücken *„ciao!"* – „Oh, wer ist da denn? Ciao Susanne, ciao Will! Wart ihr in Deutschland? Eine ganze Weile, dass wir uns nicht gesehen haben." – „Ja, wir sind auch nur ganz kurz hier. Sozusagen auf Abschiedstour." – „Wie? Sag bloß ihr wollt verkaufen." – Sie lachen. „Wir haben schon verkauft."

Will ist freier Journalist. Susanne ist schön. Die langen blonden Haare sind zu einem üppigen Mittelzopf geflochten. Sie besitzen, beziehungsweise besaßen ein hübsches kleines Haus, liebevoll restauriert, ein Nest für zwei Personen. Der Blick von dort ist beeindruckend und reicht unverbaubar über die gesamte Ebene bis zum glitzernden Meer. In der Ferne sieht man die Landzunge von Punta Ala am Ende des Golfo di Follonica. Das dazugehörige Gelände ist beängstigend steil. Mehrmals im Jahr verbrachten sie hier einige Monate mit Gartenarbeit unter erschwerten Bedingungen. Dann zog es die beiden wieder zurück in die bayrische Heimat. „Nach einiger Zeit fehlte uns einfach eine richtige Brotzeit."

„Ja, das soll es geben."

„Wirklich! Wir brauchen das einfach."

„Und mangels Weißwürsten und Brezeln habt ihr dann beschlossen zu verkaufen."

„Na ja", lacht Will, „ein paar andere persönliche Gründe kommen schon dazu. Außerdem ist ein Zweitwohnsitz in der gegenwärtigen Krise ein nicht so einfach zu übersehender Kostenfaktor."

„Wir haben es einfach mal versucht und ein *vendesi*-Schild an die Türe gehängt. Eigentlich waren wir sicher, dass niemand auf den Preis einsteigt."

Sie nannten den Preis, auch mir schien er unrealistisch hoch. Fast noch ein wenig ungläubig erzählt Susanne weiter: „Am Tag nachdem wir das Schild aufgehängt hatten klopfte ein deutsches Ehepaar an. Sie würden sich für das Haus interessieren. Gleichmütig reagierten sie auf unsere Preisvorstellung. Wir hatten dabei fast ein schlechtes Gewissen, stimmt's Will? Aber sie versuchten gar nicht erst zu

184

handeln, wollten nur wissen, ob sie das Haus schnell beziehen konnten. Das ist der Grund, weshalb wir etwas plötzlich ausgezogen sind. So eine Gelegenheit bietet sich bestimmt so schnell nicht wieder."

Wir gingen noch zusammen zur Piazza und nahmen einen Drink in der Bar „La Panca". Dann verabschiedeten wir uns etwas sentimental bis irgend wann mal. „Wir kommen ganz bestimmt wieder!", rief Susanne noch im gehen.
„Dann vergiss aber nicht, eine anständige Brotzeit mitzubringen!"
„Versprochen", lachte sie und tupfte vorsichtig ein paar Tränen aus den Augenwinkeln.

In einiger Entfernung sehe ich Rauch zwischen den Hügeln aufsteigen und beeile mich nach Hause zu kommen. Rauch heißt im Sommer fast immer Waldbrand. Offiziell ist es streng verboten, in diesen Monaten Feuer zu machen. Nach unseren dramatischen Erfahrungen mit Bränden wird Vicky jedes Mal zum Nervenbündel, wenn sie Rauch riecht. In der Unübersichtlichkeit toscanischer Hügel ist schwer festzustellen wo der Brandherd liegt. Das Feuer kann sich genauso auf der Rückseite des Nachbarhügels ausbreiten wie einen Kilometer oder mehr entfernt. Ein Umstand, der für Unruhe sorgt. Um Vicky nach Möglichkeit zu beruhigen, kurve ich mit dem Scooter herum, um die Brandstelle zu suchen. Ich höre das knattern eines Löschhubschraubers und folge seiner Flugrichtung. Der Flughöhe nach muss das Feuer in der Nähe sein. Tatsächlich ist es nur wenige hundert Meter Luftlinie von unserem Land entfernt. Da der Wind von Norden kommt, breitet sich das Feuer nur langsam den Hügel hinauf aus. Trotzdem weckt das Knistern und Prasseln alte Erinnerungen und sorgt für erhöhten Adrenalinausstoß bei mir. Brennende Pinien und ölhaltige *macchia*-Gewächse begleiten das Prasseln mit kleinen Explosionen. *carabinieri* haben das Gebiet abgeriegelt, Feuerwehren treffen ein, die Forstpolizei. Der

Hubschrauber umkreist das brennende Gebiet und wirft seine erste Tonne Wasser ab. Es dürfte nicht gefährlich werden für uns. Vorausgesetzt der Wind dreht nicht plötzlich. Ich fahre zurück, versuche Vicky zu beruhigen. „Alles in Ordnung, die haben das Feuer schon im Griff." Trotzdem bleibt sie misstrauisch, zu nahe ist der brennende Wald. Aber diesmal geht alles gut. Bereits nach zwei Stunden Löscharbeiten dreht der Hubschrauber ab und überlässt den Rest der Löscharbeiten den Feuerwehren. Bald sieht man kaum mehr Rauchentwicklung. Allmählich werden Vickys weiche Knie wieder stabil. Doch ihr Blick wandert noch oft hinüber zum Hügelrand, wo der Rauch herkam.

Samstags ist, wie bei allen anderen vergleichbaren Ferienanlagen, Gästewechsel. Von Freitag Nachmittag bis einschließlich Samstag besteht daher für uns beide Ausgehverbot. Am Freitag gegen Abend kommen abreisende Gäste zum bezahlen. Meist kaufen sie noch ein, vor allem Wein und Olivenöl. Aber auch Honig, Quitten- oder Weingelee, eingelegte Artischocken und Zucchini. Die Gäste sind erholt, haben Zeit und möchten noch ein wenig plaudern. Ich biete ein Glas Wein an, der Urlaub soll bis zum letzten Moment entspannt sein. Dazu passt es einfach nicht zu sagen: „Entschuldigung, wir sind in Eile, weil wir nachher eingeladen sind."

Manchmal reisen Gäste schon in der Nacht ab. Die Kinder schlafen dann, in der Nacht ist wenig Verkehr und es ist kühl. In solchen Fällen ergeht die Nachricht an Giovanna, unsere Reinigungsperle: „Du kannst morgen ganz früh anfangen." Die meisten Gäste halten sich an die üblichen Vereinbarungen und reisen bis 9 Uhr ab. Die Übrigen machen Vicky manchmal nervös. Es sind die Gäste, die einfach nicht von der Stelle kommen. Sie sitzen endlos beim Frühstück, als wäre Abreise ein Fremdwort, gehen vielleicht noch ein letztes Mal ins Schwimmbad und beginnen schließlich gemächlich viele Einzelteile in den Kofferraum zu stopfen. Sie strahlen unbekümmert und Vicky versucht, keine Ungeduld zu zeigen. Bald werden die ersten Neuankömmlinge eintreffen. Auch wenn die offizielle Übergabe der Appartements erst ab zwei Uhr zugesichert ist, gibt es Überraschungen. Nachts reisen ist aus den genannten Gründen natürlich auch auf der Hinfahrt eine verständliche Entscheidung. So passiert es, dass es morgens um acht klingelt. Am Tor stehen neue Gäste. „Hallo, da sind wir schon. Prima durchgekommen." Das ist wirklich prima und für uns auch kein Problem. Solange die Neuankömmlinge nicht ungeduldig von einem Bein aufs andere treten, weil ihr Appartement noch geputzt wird. Gäste, die uns von mehreren Aufenthalten kennen, organisieren sich. Sie fahren direkt mal zum Einkaufen oder machen einen ersten Besuch am Meer. Viele kommen mittags in der größten Hitze zur Essenszeit. Da muss man dann nur rasch die Gabel aus dem Mund nehmen und hinunterschlucken, um ein verständliches „herzlich willkommen" über die Lippen zu bringen. Nicht so angenehm ist es, wenn Gäste erst am späten Abend ankommen. Vor allem wenn sie nicht Bescheid sagen. Da sitzt man dann und wartet. Die Augen drücken bereits vor Müdigkeit. Das letzte Glas Rotwein bleibt ungetrunken. Wir losen aus, wer noch aufbleibt. Vicky gewinnt und darf ins Bett gehen. Irgendwann ermüdet auch der schönste Sternenhimmel. Erst verschleiert sich der Blick, dann kommt der Schlaf. Und dann kommt womöglich ein Anruf: „Wir sind jetzt erst in Verona und kommen morgen gegen Mittag."

Einmal ist mir ein peinliches Missgeschick passiert. Eine italienische Familie kündigte telefonisch ihre Ankunft für den nächsten Tag an, *„veniamo domani verso le nove"* („wir kommen morgen so gegen neun"). Ich sagte zu Vicky: „Hör mal, die kommen schon um neun."
„Das macht nichts, das Appartement ist schon fertig."
Am Abend waren die Gäste immer noch nicht da und wir gingen

ziemlich sorglos zum Essen. Im Moment der Rückkehr klingelte das Telefon. Es waren die erwarteten Gäste. Sie hatten 21 Uhr gemeint und irrten seitdem herum, weil sie uns in der Dunkelheit nicht fanden. Schließlich baten sie die *carabinieri* um Hilfe, standen schließlich am Tor und niemand war zu Hause.

Seit Urlauber vermehrt mit Billigfliegern reisen wird es in letzter Zeit häufiger später Abend, bis sie eintreffen. Es gibt auch Anreisende, die unsere Wegbeschreibung zu Hause vergessen haben und anrufen, weil sie uns nicht finden, wie die erwähnte italienische Familie. „Wir sind jetzt an einem großen Müllcontainer, wie fahren wir von da aus weiter?"
„Wir sind an einer Wegkreuzung."
„Wo ist die denn ungefähr?"
„Weiß ich nicht, da steht nichts dran."
„Wir sind jetzt im Ort, aber da kennt niemand Terra dei Ciuchi." Die meisten fragen allerdings nach etwas, das wie Terra di Kutschi klingt und das versteht wiederum kein Einheimischer (*ciuchi* sind übrigens die Esel, in toscanischem Dialekt).
Irgendwann kehrt dann doch Ruhe ein, die Hunde können endlich schlafen. Und wir auch. Morgen beginnt für die neuen Gäste der erste Urlaubstag und die Mühen der Anreise sind vergessen.

Während des Aufenthaltes gibt es dennoch kleine Probleme, die zu ihrer Beseitigung unsere Hilfe benötigen. Ein Kind hat z.B. eine Ohrenentzündung, ein anderes schlägt sich bei einem Sturz das Knie auf. Einem Hund müssen Fäden gezogen werden, die von einer Operation im Heimatland stammen. Ein Mädchen bricht sich den Arm (ich muss später Esel auf den Gips malen). Vicky besorgt dann die richtigen Ärzte, erste Hilfe im Krankenhaus, macht Termine und begleitet die Gäste, wenn's mit dem Italienisch hapert. Ich bin eher für Autoschäden zuständig. Ein Gast kommt mit dem kompletten Auspuff unter dem Arm anmarschiert. Bei einem anderen ist das Kupplungsseil gerissen (ausgerechnet auch noch in der *ferragosto*-Woche). Ein Seitenfenster lässt sich nicht mehr schließen. Ein fabrikneues Auto springt bei der Abreise nicht mehr an. Der Besitzer steht hilflos herum. Er weiß nur, wo der Zündschlüssel eingesteckt werden muss und wo Brems- und Gaspedal zu finden sind. Für einen Blick ins Handbuch hat die Zeit vor der langen Urlaubsfahrt nicht gereicht. Hilfsbereite sind schnell zur Stelle. Einer stellt fest, dass der Ölstand auf Null ist. Der letzte Rest hatte sich durch den schrägen Parkplatz fern des Messstabes „verkrochen". Ich habe nur Traktor-Öl. Das ist ungeeignet. Es heißt allgemein, dass ein Dieselmotor nicht durch Anschieben anspringt. „Doch", sagt Stefan, ein sympathischer junger Berliner, „man kann einen Diesel rückwärts anschleppen." Mit dem Traktor ziehe ich das fertig gepackte Fahrzeug zur Auffahrt. Der Gast traut sich das Manöver nicht zu. Stefan bietet sich für einen Versuch an. Rückwärts sehen kann er nur über die Außenspiegel. Das hoch aufgetürmte Gepäck verhindert den Gebrauch des Innenspiegels. Einen beängstigenden Moment lang steuert er dem seitlichen Abhang entgegen. Servolenkung und Bremskraftverstärker funktionieren natürlich ohne laufenden Motor nicht. Dann springt der Motor tatsächlich an. Das Publikum klatscht Beifall. Bis zur nächsten Tankstelle werden die paar Tropfen Öl gerade reichen.

Ein Gast rammt beim Zurücksetzen einen Pfosten im Carport. Der ältere Herr gibt vor Schreck Gas. Es kracht ein zweites Mal, etwas heftiger jetzt. Frontspoiler und Kühlergrill hängen traurig zu Boden. Ein Kotflügel ist eingebeult, der ältere Herr aufgeregt. Ich versuche erst einmal ihn zu beruhigen und krieche dann unter das Fahrzeug. Es sieht schlimmer aus als es ist, die beschädigten Teile sind nicht geschweißt, sondern angeschraubt. Verbogen wie die Teile sind bekomme ich die restlichen Schrauben nicht auf. Mit Draht kann ich sie provisorisch mit der Karosserie verbinden. So fahren wir mit zwei Autos in die Werkstatt. „Hoffentlich bekomme ich die passenden Teile", sagt Renzo, unser genialer alter Mechaniker. Sein Overall spannt über dem mächtigen Bauch. Seit einigen Jahren hat er auch noch schwere Diabetes, aber seine Stimme donnert immer noch wie vor dreißig Jahren. „Von diesem Modell gibt es drei verschiedene Front-Versionen. Die Beule im Kotflügel ist kein Problem." Allerdings sind die Teile nur grundiert erhältlich. Kein Problem, Renzo hat auch eine Lackiererei mit staubfreiem Lackierraum. Zwei Tage später holen wir den Wagen ab. Das dunkle Grün ist im Originallack gespritzt. Nichts, aber auch gar nichts erinnert an das Malheur.

Ein andermal organisierte ich einen Abschleppwagen. Renzo begleitete uns die gut zwanzig Kilometer zu einem Pinienwald in der Nähe des Meeres. Dort stand einsam das Pannenfahrzeug. Renzo stellte einen Schaden an der Lenkung fest und entschied, dass das Auto nicht mehr gefahren werden dürfe. Leider kann er sein Talent als großartiger Mechaniker immer weniger einsetzen. Im Zeitalter der Elektronik gibt es wenig zu reparieren. Heute werden Teile für teures Geld ausgetauscht. Unlängst kostete mich ein kleiner Elektromotor für das Schiebedach zirka 400 Euro.

Verständlicherweise sind höhere Reparaturkosten unangenehm. Zum einen überhaupt und im Urlaub besonders. Die ungeplanten Zusatzausgaben drücken auf die Urlaubskasse. Wie kürzlich, als an einem Gästefahrzeug der Rußfilter kaputt war. Ein Elektronik-Teil verhindert größeren Schaden und reduziert die Drehzahl des Motors. Die letzten 400 Kilometer der Urlaubsanreise lief der Wagen auf ebener Autobahn nicht schneller als 80 km/h. Kostenvoranschlag: rund 1800 Euro. Misstrauisch, schließlich sind wir in Italien, ruft der Gast seine heimatliche Vertragswerkstatt an. Ihr Kostenvoranschlag: rund 1800 Euro. Manchmal biete ich mein eigenes Auto an, damit die Gäste während der Reparaturzeit wenigstens zum Einkaufen fahren können.

Als milchig würde ich das Licht heute Nachmittag bezeichnen. Oder auch kränklich. Dicke, scharfgezeichnete Wolkenberge wären mir lieber. Bei der letzten Sonnenfinsternis war das Licht ähnlich. Die Zikaden scheint das nicht zu stören. Sie lärmen noch in gleicher Intensität. Obwohl der August zu Ende geht, ist die Hitze dieses Jahr ungebrochen. Die übliche Abkühlung lässt auf sich warten. Selbst die Urlaubsgäste, die sich mit Nichtstun beschäftigen, stöhnen unter der hohen Luftfeuchtigkeit. Drei Mal in Folge lag der toscanische Internet-Wetterbericht voll daneben. Heute Vormittag sollte nun endlich der immer wieder angekündigte Regen eintreffen. Und mit ihm frischere Luft. 34 Grad zeigt das Thermometer im Schatten an. Na gut, es war schon heißer. Am frühen Morgen zog kurzzeitig zwischen Elba und dem Festland eine dunkle Wolkenfront vorbei. Vorbei! Dann war der Himmel bis mittags blank geputzt. Und jetzt dieses milchige, bleiche Licht, das nicht einmal Schatten wirft. Weiter ins Land, wo sich die Hügel immer höher und zugleich ferner aufwerfen, Richtung Massa Marittima, Volterra, Siena, steht eine finstere Wolkenfront. Donnergrollen ist zu hören. Das ist alles. Der *scirocco* ist kräftig genug, um den Regen Richtung Appenin zu treiben. Ab morgen soll wieder strahlender Sonnenschein sein.

Die andauernde Hitze ist bei den Einheimischen Gesprächsthema Nummer 1. Wie in anderen Ländern der Dauerregen. Selbst braungebrannte Sonnenanbeter stöhnen: „Ich liebe den Sommer über alles, aber jetzt reicht es." Sandro reckt seinen Kopf durch die offen stehende Tür der Galerie. „Morgen soll es regnen." Er hat sein Architekturbüro gegenüber und wie immer eines seiner starken Toscanelli zwischen den Zähnen. So erinnert er mich an die alte Comicfigur Kater Carlo. Der eine Mundwinkel umfasst die Zigarre, der Rest des Mundes öffnet sich schräg nach oben und entblößt bleckende Zähne. Kater Carlo sah immer sehr gefährlich aus mit dieser Mundstellung, Sandro weniger.

„Aber nur, wenn diesmal die Vorhersage stimmt. Ich glaube noch nicht dran", antworte ich skeptisch. – „Ich auch nicht, ciao!" Um diese Zeit bringt der *scirocco* noch keinen Regen. Und schon gar nicht niedrigere Temperaturen.

Heute Abend werde ich trotzdem wieder die Wetterkarten ansehen und hoffen. Eigentlich ist es ja ärgerlich, dass sich die professionellen Wetterfrösche nie für ihre falschen Vorhersagen entschuldigen. Wie nett wäre es, gelegentlich zu hören: „Verehrter Wetterschau-Gucker. Es tut uns leid, dass wir dreimal hintereinander das Wetter falsch angekündigt haben. Wenn Sie möchten, treten wir von unserem Job zurück. Klicken Sie in diesem Fall auf den Link unten rechts. Selbstverständlich können Sie auch einen anderen Wetterdienst aufsuchen. Aber die sind auch nicht besser."

„Wir machen einen Mond-Ritt", verkündete Vicky. „Was bitte ist ein Mond-Ritt? Hat das was mit Don Quichotte zu tun, oder mit Peterchens Mondfahrt?"
„Blödmann, du weißt genau was ich meine. Übermorgen ist Vollmond und da will ich mit einigen Reiterkollegen einen Ritt nach Montioni machen."
„Nachts?"
„Natürlich nachts, sonst macht ja der Mond keinen Sinn."
Zwei Abende später ritt sie in der Dämmerung zum Tor hinaus. Da sich ein Unglück in der Regel nicht vorher ankündigt, hatte ich einen gemütlichen Abend. Er begann mit einem eiswürfelklirrenden Campari, verlängert mit einem Drittel Weißwein und zwei Dritteln Mineralwasser. Ich legte die nackten Füße auf den Tisch und genoss meinerseits den vollen Mond. Es war eine warme, klare Nacht Anfang September. Wären auf dem Mond Häuser, man hätte sie gesehen.

Irgendwann am späten Abend klingelte das Telefon. Es war Cristiana, die ebenfalls zur nächtlichen Reitergruppe gehörte. „Ciao, – also, ich soll dir nur sagen, – also Vicky sagt, ich soll dir sagen, dass es gar nicht schlimm ist. Sie hat sich nur weh getan." – „Ist sie gestürzt?" – „Nein, nein, es ist auf dem Pferd passiert. Es ist nur, weil du auf sie warten sollst. Weil du ihr dann den Frizzi abnehmen sollst, weil sie wahrscheinlich schlecht laufen kann. Wir sind jetzt auf dem Heimweg."

Ich erwartete nichts Gutes. Schließlich war es nicht das erste Mal, dass sich Vicky beim Reiten verletzt hat.

Einmal war es auf einem *costa-costa*-Ritt vom tirrenischen Meer zur Adriaseite. Hoch oben im Appenin überquerte sie mit anderen Reitern eine Geröllhalde. Frizzi verlor den Halt, als vor ihm ein Pferd scheute und er nicht ausweichen konnte. Es wurde ein gefährlicher Sturz in die Tiefe. Frizzi wurde von einem Baum ausgebremst. Wie durch ein Wunder hatte er nur kleine Verletzungen. Vicky stürzte weiter und hatte auch Glück. Die übrigen Reiter starrten geschockt in die Tiefe. Würde sie je wieder aufstehen? Nach einem bangen Moment der Besinnungslosigkeit erhob sie sich. Der Reithelm hatte ihr möglicherweise das Leben gerettet. Das Handgelenk war gebrochen. Den Gips aus dem nächsten Kreiskrankenhaus ließ sie sich zwei Tage später von einem der Reiter mit der Hufzange ein Stück aufzwicken, um die Zügel halten zu können. So trabte sie in Ravenna ein. Schwachsinn, aber auf mich hört ja keiner.

Das andere Mal war es ein Lungenriss. Sie übte mit Frizzi den Pferdeanhänger zu besteigen. Eine Aufgabe, bei der er immer wieder Schwierigkeiten macht. Irgendwann hatte sie Frizzi offenbar überzeugt, dass im Inneren des Anhängers nichts Lebensgefährliches lauert. Sie wollte die Barriere hinter ihm schließen, als Frizzi es sich plötzlich anders überlegte. Er wich ungestüm rückwärts auf die Rampe. Für zwei war der Platz etwas zu eng geworden, Frizzi drückte sie mit dem Rücken gegen den Verschluß der eisernen Barriere.

Sie kam krächzend wie ein alter Absinthtrinker nach Hause. „Reib mir mal den Rücken mit Mobilat ein. Morgen ist das wieder vorbei."

Gott sei Dank ließ ich mich nicht täuschen. Im Krankenhaus setzte man sie sofort in einen Rollstuhl. Später fand ich sie, zur Bewegungslosigkeit gezwungen, in einem Krankenhausbett. Aus dem Brustkorb bahnte sich eine Drainage den Weg unter das Bett in einen blutrot gefärbten Wasserbehälter aus Glas. Danke, ich konnte nicht hinsehen. Sie lag noch viele Tage so unbeweglich.

Mit diesen Erinnerungen wartete ich auf Vickys Rückkehr. Bald sollte ich erfahren, was passiert war. Die Gruppe ritt gemütlich und dicht beieinander unter dem hellen Mondlicht. Man unterhielt sich, ließ die Zügel locker, die Pferde gingen Schritt. Vor Vicky war eine Lücke zwischen zwei Pferden. Frizzi ist ein ehrgeiziges Pferd, am liebsten trabt er vorneweg. Offenbar verlockte ihn die Lücke zu einem kurzen Galopp. Jedenfalls preschte er plötzlich los. Vicky, die sich gerade mit ihrem Nebenmann unterhielt, war nicht auf den Ausfall vorbereitet. Bis sie ihr Pferd wieder im Griff hatte, war Frizzi schon in die Lücke galoppiert. Sie war zwar ausreichend für ein Pferd, aber nicht für Ross und Reiter. Vicky verhakte sich mit dem rechten Fuß im Steigbügel des Reiters neben sich. Frizzi, obwohl energisch abgebremst, war doch noch etwas schneller als das Nachbarpferd. So wurde Vickys blockiertes Bein nach hinten gedreht.

„Sitz mal vorsichtig ab", rief Alessandro, der außer Reiter auch noch Arzt ist, „dann kann man testen ob du noch auftreten kannst." – „*Ragazzi*, wenn ich jetzt vom Pferd steige, komme ich nie im Leben wieder in den Sattel. Wir sind mitten im Gelände. Hier könnte mich nicht mal ein Auto rausholen. Am besten, ich bleibe sitzen und reite ganz langsam nach Hause."

Eine Stunde später, es war inzwischen kurz nach Mitternacht, näherten sich die Reiter endlich unserem Tor. Aus einiger Entfernung wirkte die Szene unwirklich und theatralisch. Wie eine Aufführung aus der Antike. Die tapferen Krieger kehren mit ihren Gefallenen aus der Schlacht zurück. Der Scheinwerfer des Bewegungsmelders tauchte elf Pferde und ihre Reiter in Bühnenbeleuchtung. Die Pferde standen kreuz und quer. Durch diese Unordnung und die kräftigen Schatten vermehrten sie sich zu einem kleinen Heer. Die Reiter waren jetzt abgesessen, umringten das Pferd in ihrer Mitte, auf dem Vicky leicht vornübergebeugt saß. Alessandro gab Anweisungen, wie sie herunter zu heben sei. Vicky stöhnte auf. Endlich löste ich mich aus meiner passiven Beobachterwarte und ging die restlichen Meter zum Tor hinunter. Es war nicht der Moment Fragen zu stellen. Um Vicky kümmerten sich die Reiter. Ich übernahm Frizzi, hakte den Karabiner der mitgebrachten Leine an sein Halfter und ging voraus. Er ließ sich gut führen, kein bisschen unruhig. Zwei Reiter trugen Vicky waagrecht zwischen sich, drei weitere folgten. Die übrigen blieben am Tor und bewachten die Pferde. Wieder erinnerte das Bild an einen antiken Trauerzug. Die Krieger geleiten ihren gefallenen Helden im fahlen Mondlicht zur sicheren Burg. An der Spitze sein verwaistes Pferd. Gesattelt, aber ohne Reiter. Allerdings müsste es, wenn ich mich recht erinnere, hinter dem Gefallenen laufen. Auf Gemälden hält das Schlachtross das Haupt gesenkt, während Frizzi seinen Kopf vorwitzig in die Höhe hielt. Aber ansonsten stimmte das Bild. Hinter uns der „tote" Held, zuletzt die Getreuen.

Am Haus zweigte ich ab und brachte Frizzi zum Stall und Absatteln. Dann kümmerte ich mich um Vicky und konnte zunächst beruhigt feststellen, dass sie wieder einmal nicht tot war. Aber sie hatte starke Schmerzen. Die Reiterfreunde hatten sie provisorisch auf eine Gartenliege gebettet. Alessandro rief nach Eiskompressen, das Bein war stark angeschwollen. Für alle Beteiligten war es ebenso wichtig wie unnütz die Dynamik des Unfalls zu rekapitulieren und in allen Einzelheiten zu diskutieren. Eine sehr italienische Fähigkeit. Es kommt nichts dabei heraus, aber jeder hatte die Befriedigung, der Lust am reden gefrönt zu haben.

Inzwischen richtete ich im Erdgeschoss ein Bett her. Die Treppe wäre jetzt unüberwindbar. Wir brachten Vicky ins Haus und Alessandro kam später nochmal mit Schmerztabletten vorbei.

Am nächsten Morgen stand ich sehr früh auf, der Tag würde viel Arbeit bringen. Bis alle Tiere versorgt waren hatte Vicky bereits selbst die Ambulanz angerufen. Sie kamen mit Blaulicht, aber Gott sei Dank ohne Sirene. Die Hunde hätten wahrscheinlich durchgedreht. In der Nacht wirkten sie verstört, aber jetzt belagerten sie Vicky. Sie hatte Mühe, das verletzte Bein aus dem Bereich ihrer Zudringlichkeit zu halten. Die Sanitäter sahen schnell, dass Vicky nicht laufen konnte und schoben sie behutsam auf der Bahre zum Krankenwagen. Das war zu viel für die Hunde. Drei sprangen sofort mit in die Ambulanz, die beiden anderen jaulten an der offenen Hecktüre. „Die Hunde können da nicht mit", entschied durchaus verständlich der Fahrer.

Natürlich war das Bein gebrochen, ein komplizierter Splitterbruch. Die Knochen waren regelrecht abgedreht worden, als der Fuß hängengeblieben war. Vicky blieb bis auf weiteres im Krankenhaus, die starke Schwellung musste vor der Operation zurückgehen. Dann wurde das Bein mit Edelstahl angereichert.

Vicky hatte die Schmerzen und ich die Arbeit. Den ganzen Hof einschließlich Feriengästen zu versorgen war eine ganz nette Aufgabe. Einmal am Tag fuhr ich nach Piombino ins Krankenhaus, um Vicky zu besuchen. Die anderen Kranken beäugten mich misstrauisch. Da ist wieder dieser Typ, der sich kaum um seine Frau kümmert. Schwer vorstellbar für Italiener, einem Angehörigen in der Klinik nicht rund um die Uhr beizustehen. Familienmitglieder und

Verwandte lösen sich zwar gelegentlich ab, aber es ist immer jemand in der Nähe.

Die nächsten Wochen waren voller Stress, 14- bis 15- Stunden-Tage waren jetzt normal und ich begann den Mond-Ritt zu verfluchen. Da meine Kochkünste sehr begrenzt sind, war es sehr willkommen, dass Anna oder Elena immer wieder mit köstlichen *sugi* vorbeikamen, aus denen ich Pasta-Gerichte „zaubern" konnte. Die Weinernte fiel in diese Zeit. Immerhin behielt Vicky die enologische Oberaufsicht. Sie machte die täglichen Most-Messungen, übertrug die Daten in unser Kelter-Buch und Ähnliches. Das klappte auch vom Rollstuhl aus. Für schwere Arbeiten, wie beispielsweise ein Fass zum Reinigen ins Freie bringen, fand ich immer einen netten Gast, der mit anpackte.

Irgendwann suchte sich Vicky eine Krankengymnastin (das Bein war nie in Gips gelegt worden) und machte jeden Tag gewissenhaft mit dem Bein Übungen. Im November saß sie wieder auf dem Pferd. Dem Arzt standen die Haare zu Berge, er versuchte sie zu überzeugen, erst einmal ein wenig mit dem Fahrrad zu üben. Vicky lachte: „Wissen Sie, ich falle viel eher vom Fahrrad als vom Pferd." Nichts zu machen, aber es ist alles gut gegangen. Das viele Eisen hatte sie noch über ein Jahr im Bein.

Zurück in die Gegenwart. Wir müssen an die diesjährige Weinernte denken. Wie jedes Jahr umgaben wir Anfang August den Weinberg mit einem Elektrozaun gegen die Wildschweine. Dafür schlug ich einen Meter lange Armierungseisen in den harten Boden und schraubte die Isolatoren an. Vicky spannte in zwei Reihen übereinander die stromführenden Bänder und schloss den Transformator an. Wenn ab August bis zur Weinernte nicht mehr gespritzt wird, der Weinberg ruhen soll und die Trauben ausreifen, dann werden die verdammten Wildschweine süchtig nach dem süßen Traubensaft. Diesmal scheinen wir es mit besonders schmerzunempfindlichen Schweinen zu tun zu haben. Trotz elektrischem Schlag auf die Nase drangen sie in den Weinberg und rissen zahlreiche Trauben von den Reben. Und das nicht nur einmal. Wir konnten nur die Faust in der Tasche ballen. Selbst wenn ich ein Gewehr besäße und schießen könnte, oder einen Wilderer um Hilfe bäte, was sind schon zwei Wildschweine weniger gegen ganze Rudel?

In der ersten Septemberwoche beginnen wir mit der Planung der Weinlese. Im Internet informiere ich mich regelmäßig über die Entwicklung des Wetters und lege danach den Termin fest – in der Hoffnung, dass die Vorhersagen einigermaßen zutreffen. Vom Regen überrascht wurden wir in all den Jahren tatsächlich nur einmal. Vicky hängt abends am Telefon und versucht die nötigen Helfer für die Ernte zusammenzustellen. Einige Leute sind zu dem Termin verhindert, es gibt eine Verschiebung. Der endgültige Termin ist nun der 13. September. Inzwischen werden Geräte überprüft, Wannen und Schläuche gereinigt und bereitgestellt, die bunt zusammengewürfelten Kisten für die Trauben vom Dachboden geholt, saubere Stahlfässer nochmals durchgespült, die Weinpresse zusammengebaut und die schwere Abbeermaschine mit dem Traktor zu ihrem Arbeitsplatz am Porticato gebracht. Der Weinkeller liegt direkt daneben.

Das Wetter am Tag der Weinernte konnte schöner nicht sein. Leichte *tramontana* sorgte für trockene Luft und einen wolkenlosen Himmel. Am frühen Morgen hatte es 20 Grad, es war immer noch Sommer. Auch an den staubigen Farben hatte sich noch nichts geändert. Gut gelaunt treffen die ersten Helfer ein und fuchteln mit ihren Rebscheren herum. Wir legen zwar immer genügend Scheren bereit, aber die meisten bringen ihre eigene mit. „Fangen wir an?" – „Ihr müsstet erst mal den Elektrozaun abbauen, sonst kann man zum Aufladen nicht in die Reihen fahren." Die Helfer sind sämtlich

Freunde und alte Bekannte. Wir sind neun Leute, sechs davon zum Schneiden. Geschnitten wird in Zweierteams, die jeweils eine Rebreihe von zwei Seiten abernten. Mein Arbeitsplatz ist wie immer die Abbeermaschine (*deraspatrice*). Hierhin liefert Giorgio mit dem Traktor die vollen, schweren Weinkisten an und stapelt sie vor mir auf. Leere Kisten nimmt er sofort mit zurück. Den kostbaren Inhalt fülle ich in die Wanne der lärmenden Edelstahlmaschine und kontrolliere nebenbei die Qualität der Trauben. Schlechte Trauben kann ich sofort aussortieren. (Auf großen Weingütern dürfte das kaum möglich sein bei der Masse an Trauben!) Eine Endloswelle treibt die Trauben vier rotierenden Hartgummiwalzen zu. Unaufhaltsam packen sie zu und zerquetschen die Trauben, die schlaff und nass in die Zwischenebene fallen. Eine Übersetzung sorgt dort für höhere Geschwindigkeit. Eine weitere Welle schlägt rasend und heftig auf die Stiele ein und trennt sie von den safttriefenden Bälgern. Die Stiele fallen am Ende der Maschine in eine untergestellte Wanne. Irgendwo tropft es. Irgendwo tropft es immer. Um mich herum klebt alles vom süßen Traubensaft. Zwischendurch halte ich meine Hände in einen Eimer mit Wasser, der neben mir bereitsteht. Das Wasser beginnt sich zu trüben. Die ersten Hornissen riechen den Saft. Der Boden klebt und wird rutschig. Gelegentlich fliegen zwei, drei Beeren in hohem Bogen aus der Maschine und geraten früher oder später unter meine klebrigen Schuhe. Die Maische fließt beständig in die unterste Ebene und wird von dort durch einen dicken Schlauch ins Fass gepumpt.

Dann ist erst einmal Pause. Pizzen werden aufgetragen, *schiaccia* und Kuchen. Espressotassen werden gefüllt. Es wird gelacht, geplaudert und getrunken. Wein steht bereit, aber fast alle begnügen sich mit Mineralwasser. Weiter unten auf der Staubstraße fahren Traktoren vorbei, vollgeladen mit leeren Weinkisten. Später werden sie mit gefüllten zurückkehren. In vielen Weinbergen wird heute geerntet. Befriedigt stelle ich fest, dass sich das genaue einhalten des Spritzplanes gelohnt hat. Die Qualität der Trauben bleibt gleichbleibend ausgezeichnet. Nur die Quantität ist durch die Angriffe der Wildschweine arg dezimiert.

Der Vormittag vergeht im Flug, die blauen Trauben sind bereits verarbeitet. Das gemeinsame Mittagessen wartet. Nach dem Heben der schweren Kisten ist es wohltuend zu sitzen. Allerdings schleicht sich Müdigkeit ein. Die Wärme, der Wein (sonst trinke ich mittags grundsätzlich Wasser), das reichliche Essen. *antipasto di terra, penne alla boscaiola* (beinahe schon traditionell) und vor dem *caffè* diverse Kuchen. Der Nachtisch findet bei allen das berühmte freie Eckchen. Ein Hauptgericht hat Vicky gestrichen. In den letzten Jahren aßen unsere Helfer jeweils nur eine Winzigkeit aus Höflichkeit.

Ich mache mich wieder an die Arbeit, um die weißen Trauben durch die *deraspatrice* laufen zu lassen. Obwohl noch kein Gärprozess begonnen hat, hängt bereits der unverkennbare Weinduft in der Luft. Unter den Kisten mit den weißen Trauben taucht unerwartet eine volle Kiste mit blauen Trauben auf. Ich fluche. Giorgio hat sie offenbar beim Aufladen übersehen. Kurz vorher habe ich die Maschine grob gereinigt, um die Reste der blauen Trauben zu beseitigen. Vicky hat die rettende Idee. Sie ruft Christiane und Anna, zwei Kinder von Feriengästen. „Habt ihr beiden Lust Trauben zu zermatschen?" – „Au ja!" – „Also dann, Turnschuhe runter und Füße unters Wasser!" Ich nehme eine der größeren Wannen und Kippe die Trauben hinein. Glücklich stapfen die beiden Mädchen mit nackten Füßen in den Trauben herum, die bald so aussehen, als kämen sie aus der Abbeermaschine. Nur die Stiele müssen noch herausgefischt werden. Dann kommt auch diese Maische ins Fass.

Im Gegensatz zu früheren Ernten ist der dicke Förderschlauch für die weißen Trauben direkt in der Weinpresse befestigt. Die Bälger der Beeren werden durch den Holzkäfig zurückgehalten, die

Flüssigkeit fließt ab. Auf kürzestem Weg landet der Most im Fass. Die Maische presse ich noch am selben Abend. So behält der spätere Wein auf natürliche Weise seine helle Farbe. Weißwein ist – wie schon an anderer Stelle erklärt – sehr empfindlich und beginnt schnell an der Luft zu oxidieren. Das hat keinen Einfluss auf Geschmack und Qualität. Aber die Farbe wird kräftiger.

Es wird Mitternacht, bis der letzte Most im Faß ist. Die Anspannung der letzten Wochen ist inzwischen abgefallen. In den nächsten Tagen werde ich genießen, nicht mehr mit Sorge an Rebkrankheiten, Hagel, Wildschweine, Wespen oder ähnliche Bedrohungen zu denken. Die weiteren Kelterarbeiten brauchen in den kommenden zehn Tagen nur Sorgfalt und Zeit. „Nächstes Jahr", sagt Vicky gegen ein Uhr müde, „nächstes Jahr hängen wir den Elektrozaun an ein stärkeres Stromgerät. Dann kriegen diese verdammten Wildschweine ordentlich eins auf die Rübe."

Bald danach fällt der erste Regen. Endlich. Auch wenn man es sich nicht vorstellen kann, er war nach dem langen Sommer heiß ersehnt. Der milde *scirocco* kommt heftig. Er wird Natur und Mensch zum Aufatmen bringen. Getrieben von unbeherrschten Windböen klatscht das Wasser gegen die nach Süden gelegenen Fenster. Winzige Rinnsale drücken sich unter den Fensterlaibungen nach drinnen. Die Aussicht, die sonst bis zum Meer reicht, endet im verschwommenen Grau der Baumgruppen, die unsere Grundstücksgrenze markieren. Tonnen von Staub, angesammelt in den trockenen Sommermonaten, werden abgeschwemmt. Staub aus Pflanzen, Bäumen, Grashalmen. Bis vor einer Stunde war der stickige Staub zu riechen. Jetzt lagert er sich nass auf nasser Erde ab und wird zum cremigen Belag. Auf den Wegen wird es glitschig. Nach einigen Stunden verbindet sich alles zum Morast. Auf den Feldern bilden sich erste Pfützen und werden proportional zum Regen größer. Seit zwei Tagen bereits versuchten Regenwolken vergeblich in unsere Gegend einzudringen. Nach einem jeweils klaren Vormittag ziehen dunkle Wolken auf, verdichten sich und geben dünnes Spritzwasser ab. Nicht der Rede wert. Stärkere Luftströmungen vertreiben die Wolken rasch. Entfernte Gewitter im Norden kündigen kältere Luftmassen an. Auf morgendliche 19 Grad ist die Temperatur bisher gefallen. Im Haus halten sich durch die aufgeheizten Mauern noch 24 Grad.

Der Wolkenbruch hat sich zu normalem Regen beruhigt. Dafür umkreisen jetzt mehrere Gewitter gleichzeitig Land und Häuser. Wie Geier, die darauf lauern sich auf ihre Beute zu stürzen. Vergangenes Jahr hat Ende August während eines heftigen Gewitters ein Blitz die Immersionspumpe 40 Meter tief in unserem Brunnen getroffen und zerstört. Fast gleichzeitig schlugen Blitze in drei Heizungen ein. Unsere Gäste blieben mehrere Tage ohne warmes Wasser. Die Ersatzteile waren nach dem Unwetter vergriffen. Da bei uns auch die Stromversorgung ausgefallen war, hatten wir den Schaden nicht sofort bemerkt. Kosten des Naturereignisses: dreieinhalb Tausend Euro.

Am Abend regnet es immer noch. Beim Essen unter dem Porticato genießen wir entspannt das ruhige Rauschen. Man spürt das befreite Atmen der Natur. Es riecht nach Ozon. Am Rand der Terrasse platscht eine fette Kröte entlang. Zufrieden steigt sie durch jede Pfütze. „Jetzt ist keine Feuergefahr mehr", stellt Vicky fest und nickt befriedigt ein. Später sitze ich noch alleine am Tisch mit dem Rest der Karaffe Rotwein und lausche dem gleichmäßigen Regen. Bilde ich es mir ein, oder schimmert die vertrocknete Wiese vor mir schon ein ganz klein wenig grün?

Am nächsten Morgen scheint die Sonne. Alles sieht frisch und leicht und sauber aus. Tatsächlich, das Grün war keine Einbildung. Zart lugen winzige Millimeter frisches Grün durch das trockene Gras. Aus den großen Gräben hört man das abfließende Wasser rauschen.

„Da hatten wir doch mal wieder das richtige Timing!", stellt Vicky beim Frühstück fest. Rechtzeitig vor dem Regen hatten wir den Weinberg mit Traktor und Tiefenlüfter bearbeitet. Jetzt konnte der Boden das nährende Regenwasser gut aufnehmen. Auch verschiedene Salate säte Vicky noch einen Tag vor dem Regen ein.

Schon bald nach Susis Tod waren wir uns einig, dass ein junges Pferd angeschafft werden musste. Wenn Vicky ausritt, stand Sarah einsam und verloren an der Einzäunung. Alleine ging sie nicht auf die Weide. Wehmütig wieherte sie hinter Frizzi her und wartete, bis er nach einigen Stunden zurückkam. Dennoch ließ sich Vicky Zeit mit der Suche. Nicht zu jedem Pferd entwickelt man eine spontane Beziehung, ein Gefühl der Zuneigung. Ein Pferd ist kein Auto, das man verkauft, wenn es einem nicht mehr gefällt. Mit ziemlicher Sicherheit wird es sein ganzes Leben mit uns teilen.

Vor einiger Zeit ergab sich darüber ein Gespräch mit Alessandro. Außer Arzt und Reiter ist er auch noch Vorsitzender von Vickys Reitclub, entfernter Nachbar und Pferdezüchter. Mit seiner Zucht belebt er eine fast ausgestorbene Rasse kleiner Pferde. Sie heißen Monterufoli. Bis ins letzte Jahrhundert waren diese zierlichen Pferde bei toscanischen Adligen sehr beliebt. Vicky verliebte sich in ein sechs Monate altes Hengst-Fohlen. Nach einigen Besuchen wurde man handelseinig. Wenige Tage später brachte Alessandro mit seinem Sohn das Fohlen. Es trottete brav hinter der Mutter her, bis die kurze Reise in Susis ehemaligem Stall endete. Allesandro führte die Stute wieder ins Freie, Vicky schloss rasch die unteren Hälften der Doppeltüre und schob den Riegel vor. Achille war angekommen (spricht man *Akille*).

Achille ist pechschwarz und besitzt einen wunderschönen schmalen langen Kopf mit gerader Stirn und wachen, lieben Augen. Sein

Körper ist passend dazu proportioniert, schmal, elegant und schnell. Spannend würde die erste Begegnung mit den beiden anderen Pferden werden. Als Sarah und Frizzi abends von der Weide kamen und im großen Bogen auf ihren Stall zutrabten, witterten sie natürlich sofort die Veränderung. Frizzi bemerkte die geschlossene Stalltüre, reckte seinen Kopf hinein und war sofort verärgert, wahrscheinlich auch eifersüchtig. Hier war ein Eindringling! Schüchtern näherte sich Achille und wollte an Frizzis Schnauze schnuppern. Sofort versuchte Frizzi zu beißen. Hier galt es alte Rechte zu verteidigen. Sarah nahm die Situation etwas gleichmütiger. Für einige Tage blieb Achille im Stall. Zum einen musste er das Trauma der Trennung von seiner Mutter überwinden. Er hatte noch an ihr getrunken. Zum anderen hofften wir, dass sich das Verhältnis der drei schon mal etwas normalisierte. Für die erste Gelegenheit zu körperlichem Kontakt wählte Vicky unser größtes Feld. Hier konnte Achille gut ausweichen, wenn es zu Ärger kam. Und natürlich kam es dazu. Sobald er sich neugierig näherte, wurde er von Frizzi grob und ungehalten weggescheucht. Ein paar Mal versuchte Achille an Sarah zu trinken. Sie beantwortete das Ansinnen mit einigen Huftritten, dann war die Sache geklärt. Er war ohne Blessuren davongekommen.

Achille begann seine Ernährung auf feine frische Grasspitzen umzustellen. Einige Tage weideten die beiden Großen wie üblich eng beieinander, der Kleine dagegen hielt respektvollen Abstand. Wenn Frizzi und Sarah weiterzogen folgte er, den Sicherheitsabstand immer einhaltend.

Inzwischen sind alle drei längst aneinander gewöhnt, weiden und galoppieren über die Oliventerrassen. Am Abend, wenn wir mit den Eseln von der Weide kommen, sind die Pferde meist schon zu Hause. Bis Vicky mit einem Eimer voll Apfelstücken für alle kommt, reinige ich nochmals die Ställe. Auf der Pferdeseite unter Achilles Aufsicht. Verspielt folgt er der Schubkarre, zieht sich den einen oder anderen Halm heraus, kaut auf dem Besenstiel herum oder wirft die Kehrschaufel um. Frizzi war als Fohlen energischer. In unbewachten Momenten warf er mit Vorliebe die mit Mist gefüllte Schubkarre um. Achille dagegen stupst mich gerne mit der Schnauze in den Rücken. Dann drehe ich mich um, schmuse eine Weile mit ihm und genieße den warmen Körperkontakt. Allerdings achte ich auch darauf, dass er in seiner wachsenden Zuneigung nicht zu stürmisch wird. Was sich bei einem Fohlen noch relativ harmlos auswirkt, kann später bei dem ausgewachsenen Pferd zu echter Bedrängnis führen. Etwa wenn er mit den Vorderbeinen plötzlich hochgeht. Vor allem darf er nicht an mir herumzupfen oder gar zwicken. Eine Marotte muss Vicky ihm abgewöhnen, er läuft neuerdings hinterher, wenn sie mit Frizzi ausreitet.

Meine Cigarillo-Vorräte gehen schon wieder zur Neige. Ohne Cigarillo bin ich nicht in der Lage ein Bild anzufangen. Ich murmele zu Vicky möglichst unverständlich, ich müsse mal eben weg. Sie braucht nicht zu wissen, dass ich Nachschub für mein ungesundes Laster brauche. Sie ist in letzter Zeit recht militant geworden, was das Rauchen betrifft.

Mein Tabakladen ist in Campiglia, direkt neben meinem Friseur. Beim Betreten des Ladens muss ich an ein Erlebnis denken, das mit meiner Leistenbruch-Operation zusammenfiel. Die Besitzerin ist eine sympathische Frau um die fünfzig, hübsch anzuschauen mit ihren kurzen grauen Haaren und immer freundlich. Damals, als ich wieder Auto fahren durfte, war die Tabaccheria eines meiner ersten Ziele. Wir plauderten ein wenig, nachdem sie die übliche Stange Cigarillos aus dem Lager geholt hatte. „*E suo marito? È già un pò chè non ci siamo più visti.*" („Und wie geht es Ihrem Mann? Wir haben uns schon eine ganze Weile nicht gesehen.") – „*È morto.*"

Beinahe zuckte ich zurück, als sie, etwas unsicher lächelnd, diese Worte sagte: „Er ist tot." Ich entschuldigte mich für mein Unwissen, kondolierte und fragte dann leise nach dem wann, wie und warum. Samuele starb bei einer Routineuntersuchung im Krankenhaus an Herzversagen. Wieder lächelte sie schüchtern und gefasst. So, als wundere sie sich selbst über ihre emotionslose und präzise Auskunft. „Samuele starb am 16. Juni um 10.38 Uhr. Alle Wiederbelebungsversuche waren vergeblich." Das Datum löste bei mir Empfindungen aus, die ich bestenfalls mit „seltsam" beschreiben kann. Genau am 16. Juni lag ich um diese Zeit im gleichen Krankenhaus eine Etage höher und wartete auf meine Operation. Nicht ahnend, dass unter mir mein Tabaccaio starb. Ich behielt diesen Umstand für mich, für die Witwe war er unerheblich.

Heute bedient mich ihr Sohn Roberto. Unser Verkaufsgespräch läuft immer gleich ab. Roberto strahlt mich an: „Vado?" – Ich lache zurück: „Vai!" („Soll ich?" – „Geh!"). Dann holt er aus dem Lager die Stange Cigarillo und stopft sie in eine Tüte. Während ich bezahle, sagt er noch: „Such dir ein Feuerzeug aus."

Kaum war ich ins Atelier zurückgekehrt, als Vicky aufgeregt hereinstürzte. Mit sich überschlagender Stimme schrie sie: „Komm sofort! Ich werde mit den Hunden nicht fertig, die sind total durchgeknallt! Im Graben ist ein Wildschwein, sie haben sich alle draufgestürzt." Ich rannte los. Neben der Haustüre stand ein Besen untätig herum. Ich packte ihn und lief in die Richtung, aus der das große Geheule herüberschallte. Der rote Besenstiel zeigte fast umgehend Wirkung. Drei unserer Hunde zogen sich in sichere Entfernung unter einen Olivenbaum zurück. Brilli und Einstein blieben brav am Rand des Grabens liegen und beobachteten das Ganze aufmerksam. An dieser Stelle war der Graben besonders tief, etwa 1,80 bis zwei Meter. Unten lag das Wildschwein. Es japste, als bekäme es nicht genügend Luft zum atmen. Außerdem lag es halb im

206

Wasser, das sich dort an der tiefsten Stelle gesammelt hatte. Daneben stand Vicky und versuchte das Tier aufzurichten. Sie sorgte sich, das Schwein könnte ertrinken. Wegen des Gewichtes misslang dieser Kraftakt. Stattdessen biss es in seiner Verzweiflung in Vickys Gummistiefel. Um ehrlich zu sein, hatte ich keine große Lust meine Kraft an einem Wildschwein zu erproben. Selbst wenn es offenbar hilflos war. Soweit man sehen konnte, war es äußerlich unverletzt. Man sah auch keine Spuren der Hunde-Attacke. „Ruf Roberto an, er soll mit seinem Gewehr kommen." Roberto, der Nachbar und Wildschweinjäger. Hilfsbereit und besonnen würde er wissen, was zu tun war. 15 Minuten später traf er ein, das Gewehr in der Hand. Er besah sich das Schwein und stellte dann seine Diagnose. „Das ist ein krankes Tier. Ich muss es töten, alles andere wäre sinnlose Quälerei." – „*Lo devo ammazzare.*" Dann schwieg er und nahm das Gewehr aus dem Futteral. Er lud die Waffe durch und ließ sich wieder in den Graben rutschen. Dann zögerte Roberto und bat Vicky, das Gewehr zu halten. Er zog ein Jagdmesser aus der Hose. Dann stieg er von hinten über das Wildschwein, hielt mit beruhigendem Gemurmel dessen Kopf fest, beugte sich nach vorn und schnitt ihm völlig ruhig die Kehle durch. In diesem Moment wendete ich den Kopf ab. Trotzdem hörte ich in der angespannten Stille das Messer eindringen und ein gurgelndes Geräusch. Mit meiner coolen Männlichkeit war es vorbei. Mir wurde zunehmend übel, was auch nicht besser wurde, als ich einige Meter wegging. Ein kurzer Blick zurück und ich sah, wie sich das Wasser zu einem roten Tümpel verfärbte. Das reichte. Ich entschuldigte mich wegen akuten Unwohlseins und kehrte zurück zum Haus. Dort goss ich erst einmal einen großzügig bemessenen Cognac ein, setzte mich mit blutleerem Kopf in einen Sessel und trank. Ich versuchte an Schokolade und andere Süßigkeiten zu denken. Trotzdem dauerte es eine gute halbe Stunde, bis mein Kreislauf wieder ins Lot kam. Ich kann einfach kein Blut sehen.

Inzwischen stopften Roberto und Vicky das tote Wildschwein in einen großen schwarzen Müllsack und luden es auf den Pickup. Da Vicky mein Problem kennt, ließ sie mich unbehelligt und brachte den Sack alleine zum nächsten Müllcontainer. Sie bat den nächstbesten Passanten, ihr beim Entladen des Sackes zu helfen. „Oh, ist der schwer", sagte der Mann. „Ja, da ist ein Wildschwein drin, es ist noch warm." – „Und das wollen Sie wirklich in den Müll werfen?", fragte er ungläubig. Vielleicht ist er ja später zurückgekommen, um sich das Schwein zu holen.

Vor der Fahrt zum Müllcontainer hatte Vicky vorsichtshalber den Amtstierarzt angerufen, ob irgendeine Vorschrift zu beachten sei wegen möglicher Krankheiten. Er gab seine Zustimmung zur Entsorgung.

Wenn sich eine Olive gut zwischen Daumen und Zeigefinger zerdrücken lässt, ist sie reif zum Ernten. In der zweiten Oktoberhälfte ist es so weit. Vicky will am kommenden Montag beginnen. Aus irgendeinem Grund kann ich an diesem Tag nicht und schlage Dienstag vor. Dienstag geht aber überhaupt nicht. Ich hatte vergessen, dass Bauern abergläubisch sind. Dienstags darf man keinesfalls eine neue Arbeit beginnen. Das bringt Unglück. Dienstag und Freitag. An diesen beiden Tagen darf man auch nicht heiraten. Letzteres stellte für uns kein größeres Problem dar. Es heißt: *Ne di vener ne di marte non si sposa e non si parte.* Man lächelt darüber, aber man hält sich tunlichst daran. Ich griff daher zu einer kleinen List. Am Sonntag erntete ich bei strahlendem Sonnenschein einige Kilo Oliven von Hand. Damit war die Ernte eröffnet, Vicky war einverstanden und wir mussten am Dienstag nicht anfangen, sondern einfach weitermachen.

Die Olivenernte ist für uns die größte zusammenhängende Arbeit im Jahr. Landwirtschaftlich gesehen. Etwa drei Wochen planen wir dafür ein. 365 Bäume stehen zur „Verfügung". Alle Bäume schaffen wir zu zweit ohnehin nicht. Also wird selektiert. Wir ernten nur Bäume ab, bei denen das ausbreiten eines Netzes zeitlich in lohnendem Verhältnis zum Ertrag steht. Was natürlich subjektiv ist.

In diesen Tagen trifft man wieder auf Großstädter aus Milano, München oder sonst irgendeiner großen Stadt. Auch sie reisen zur Olivenernte an. Schon deshalb, weil es sehr schick klingt sagen zu können: „Ich bin dann mal weg, muss eben meine Oliven in der Toscana ernten." Die allerwenigsten ernten aber wirklich selbst. Sie lassen ernten. In der Dorfbar verbreiten sie dann gerne ihr Halbwissen und jammern über den geringen Ertrag und die hohen Arbeitslöhne. Die Bauern nicken höflich und machen sich an die Ernte ihrer eigenen Oliven. Der großstädtische Grundbesitzer macht sich an die Überwachung seiner Ernte. Vertrauen ist gut, Kontrolle besser. Manche fahren auch schon mal den kleinen Traktor von einem Baum zum nächsten.

In den beliebten deutsch-schweizerischen Zirkeln der Wahl-Toscaner gibt es in diesen Wochen kein wichtigeres Thema als die Olivenernte… Habt ihr schon angefangen?… Bei uns sind noch alle grün… Wie viele Bäume habt ihr?… Bei uns fallen sie schon runter… Habt ihr dieses Jahr auch so wenig?… Ach was, wir sind froh, wenn wir das Öl für uns zusammenkriegen… Wer hilft euch dieses Jahr?… Es soll ja sehr wenig Öl für die Oliven geben… Habt ihr gespritzt?… Und trotzdem wurmig?… Zu wem bringt ihr die Oliven zum pressen?… Mir tun jetzt schon alle Knochen weh… Genau, ich kann keine Oliven mehr sehen. – Ein unerschöpfliches Thema.

Hat wirklich einmal jemand behauptet, Oliven ernten sei die reinste Freude? Die pure Lust? Doch, das war ich selbst. Vor mehr als zehn Jahren schrieb ich vom milden Herbstlicht, das von den glänzenden Blättern gefiltert wird. Von dem sinnlichen Gefühl, wenn die festen und doch zarten Oliven durch die Finger gleiten. Von der Ruhe, dem heiteren Vogelgezwitscher, das ans Frühjahr erinnert, dem Duft der *macchia*, dem feinen Aroma des späteren Olivenöls auf den Händen.

Heute ist die Olivenernte zur zeitraubenden Plackerei verkommen. Vielleicht liegt es daran, dass die Menschen immer weniger Zeit haben für komplexe Arbeiten. Alles soll oder muss schnell gehen, auch in der Landwirtschaft. Oliven ernten von Hand? Welch grobe Zeitverschwendung! Längst arbeite ich mit einem Luftdruckgerät. Zwei Kämme am Ende einer Aluminiumstange, die von Hand geführt wird. Klatsch, klatsch schlagen sie in flatterhaftem Tempo gegeneinander und zwingen die Mehrzahl der Oliven zum freien Fall ins Netz. (Die Bewegung wird durch die Druckluft ausgelöst.) Ist der Baum höher, als Stange und Mensch lang sind? Dafür gibt es eine Verlängerung. Egal, ob sich die Schultern verbiegen, die gestreckten Arme erlahmen oder Genickstarre einsetzt, die Oliven fallen wesentlich schneller vom Baum als von Hand geerntet. Eine Leiter sicher anzulegen kostet zusätzlich Zeit und ist, weil wacklig, immer ein Risikofaktor. Die Olivenquerschläger, die einem aus vier Metern Höhe auf den Kopf knallen, kann man durch eine Schirmmütze etwas abmildern. Ihre Sinnlichkeit aber haben sie verloren. Nase und Mund kann man nicht schützen. Letzterer ist geschlossen zu halten. Vor den Augen sollten große Brillengläser sitzen. Eine fette Olive, die auf's Auge fällt, tut richtig weh. Auch für die Netzhaut soll es nicht so gut sein.

Die Kämme schlagen einzelne Oliven weit über den Netzrand hinaus? Damit muss man leben. Im Verhältnis zur gesparten Zeit ist der Verlust unerheblich. Die paar Hand voll, die am Ende noch am Baum hängen? Vergiss es! Nächster Baum.

Die Druckluft wird von einem ansehnlichen Kompressor erzeugt, den der Traktor mit einer Zapfwelle in Schwung hält. Der Motor läuft deshalb ununterbrochen mit erhöhter Drehzahl. Der Lärm der Zahnräder, die den großen Propeller am Kompressor antreiben, addiert sich zum Krach des Traktors. Das Sicherheitsventil faucht, wenn der Maximaldruck erreicht ist. Die dicken Kunststoffkämme schnattern beim rasenden Öffnen und Schließen. Am Handgriff entweicht zischend überschüssige Druckluft. Gemischt mit einem Hauch von Vaselinöl, das tröpfchenweise die Kämme schmiert. Dezibel-Werte wie in der Discothek und fast ebenso rhythmisch. Wie in einer Disco ist eine zusammenhängende Unterhaltung unmöglich. Allenfalls gebrüllte Wortfetzen erreichen den Ernte- und Ehepartner. Der Sinn für das Glitzern des Lichtes in den silbrigen Blättern hat längst abgeschaltet. Die Gier, möglichst viele Oliven in möglichst kurzer Zeit zu ernten, ist zum einzigen Antrieb geworden. Statt mich an der hell/dunkel-Poesie der Olivenbäume zu erfreuen, denke ich: „Verdammt, bei diesem Gegenlicht sieht man ja kaum die Oliven."

„Was isst du für eine Pizza heute Abend?", schreit Vicky aus drei Meter Entfernung. – „Diavola!" – „Wie bitte?" – „D i a v o l a, und du?" – „Ich esse eine Rucola." – „Waas?" – „R u c o l a." Damit ist die Unterhaltung erst einmal beendet.

Vor einigen Tagen ging der Druckluftkamm kaputt. Ein Gewindestück war gerissen, das Ersatzteil beim Händler nicht vorrätig. Ich beschloss ein neues Gerät zu kaufen. Es arbeitet mit einem leise schnurrenden Elektromotor. Das Stromkabel wird an die Traktorbatterie angeschlossen. Der Traktor schweigt. Das Prinzip ist das gleiche. Nur sitzen jetzt am Ende der Stange links und rechts zwei faustgroße, rotierende Kugeln. Rundum sind sie mit längeren Hartgummistacheln bestückt. Sie gleiten sanft durch das dichte Blattwerk und lassen die Oliven purzeln. Ansonsten bleibt die Arbeit gleich: lahme Knochen, Oliven auf den Kopf und akrobatische Höchstleistungen an der Stange. Aber die erkaufte Ruhe ist traumhaft. Fast macht die Olivenernte wieder Spaß.

Um fünf Uhr, wenn die kurze Dämmerung hereinbricht, verlade ich die gefüllten Säcke auf den zweiten Traktor und mache mich auf den Heimweg. Vicky geht mit den Hunden voraus und ruft die Pferde zum Stall. Beendet ist meine Tagesarbeit noch nicht. Die Oliven müssen einige Tage zwischengelagert werden, bis die notwendige Menge für eine eigene Pressung beisammen ist. Zwischen 400 und 500 Kilo werden dafür gebraucht. Deshalb werden sie jetzt gewogen. In Ermangelung einer großen Waage verwende ich die elektronische Personenwaage aus dem Badezimmer. Zuerst wiege ich mich alleine. Das ist der Punkt, an dem ich meistens beschließe, nach der Ernte eine Diät zu beginnen. Dann wuchte ich mir Sack für Sack auf den Rücken und wiege mich nochmals. Von diesem Wert ziehe ich dann mein Gewicht ab. Die Zahl, minus eines geschätzten Gewichts für Sack und Blätter, trage ich in eine Tabelle ein. 98 Kilo sind es heute. Das ist für die vier Nachmittagsstunden ein recht gutes Ergebnis. Der letzte Arbeitsgang besteht darin, die Säcke eimerweise zu leeren und jeweils durch ein grobes Sieb zu rütteln, um die Oliven von den Blättern zu trennen. Eilig rollen die Oliven die lange Rutsche hinab in den großen Holzrahmen, so als wüssten sie, dass Zeit so kostbar ist wie das Öl, das sie in wenigen Tagen liefern. Der Rahmen ist mit einem engmaschigen Netz ausgelegt. Sind Würmer in einigen Oliven, verlassen sie jetzt ganz eilig ihr geschütztes Zuhause, winden sich durch die Maschen des Netzes auf den Betonboden und beenden dort zügig und auf sehr ökologische Weise ihr weltliches Dasein. Beim Anblick des endlosen kullernden und hüpfenden Olivenstromes stellt sich als erster Lohn für die Mühen das erhoffte Erfolgserlebnis ein. Zu allerletzt verteile ich die Oliven gleichmäßig mit einem Holzschieber. Sie sollen nicht mehr Druck aufeinander ausüben als nötig.

Müde schleppe ich die lahmen Knochen samt schmerzendem Rücken bis zum häuslichen Kamin. Bei einem ersten Glas Rotwein lege ich Holz nach und genieße dann erst mal das knistern der wärmenden Flammen.

Das Wetter bleibt zunächst mild und nach wenigen Tagen kann ich die erste Fuhre fertig machen. Für ihre letzte Reise fülle ich die Oliven in die vormaligen Weinkisten. Früher benutzte man riesige ausrangierte Kaffeebohnen-Säcke aus grobem Rupfen für den Transport. Sie waren vielmals gebraucht und geflickt und fleckig. Inzwischen sind sie von der Gesundheitsbehörde aus hygienischen Gründen verboten. (Meine alten Säcke sind in Kunst verwandelt. Ich benutzte sie für eine wunderschöne Installation.)

Das Umfüllen dauert etwa so lange wie der Verzehr von drei würzigen Cigarillos, das heißt eine Stunde. Ich schleppe die bunten Kisten und setze sie auf die Ladefläche des Pickup. Drinnen stapelt Vicky (weil sie praktisch klein ist) jeweils drei Kisten aufeinander. 27 solcher Kisten passen hinein. Am Nachmittag geht die Ernte weiter, abends kann Vicky bereits das Öl holen. „Wie viel?", rufe ich ihr gierig entgegen. – „18!" – „Super!" Das ist keine Geheimsprache, sondern bedeutet, dass der Ertrag 18 Kilo Öl für je 100 Kilo Oliven ist. Das ist ein gutes Ergebnis.

Später feiern wir traditionell das neue Öl mit *bruschetta* und Prosecco. Das am offenen Feuer geröstete, mit Knoblauch abgeriebene, reichlich mit Olivenöl beträufelte und zuletzt leicht gesalzene Weißbrot ist längst auch anderweitig beliebt. Richtig köstlich schmeckt es aber nur mit dem toscanischen *pane casalingho*, unserem ungesalzenen Brot. Für die *bruschetta* sollte es ruhig zwei Tage alt sein.

Über Öl-Qualitäten ist schon viel geschrieben worden. Dabei ist alles so einfach. Für ein hochwertiges Olivenöl gibt es nur eine Pressung und nur ein Olio di oliva extra vergine. Das entsteht, wenn der gemahlene Olivenbrei sanft und ohne chemische Hilfsmittel oder heißes Wasser ausgepresst wird. Alles Übrige sollte man als Feinschmecker vergessen. Darunter fallen allerdings die meisten Olivenöl-Produkte aus dem Supermarkt.

Nach der Olivenernte drängt mich Vicky, mit ihr auf den Wochenmarkt nach Follonica zu fahren. Ich hätte es schon so oft versprochen. Der Markt in Follonica (jeden Freitag) ist der größte in unserer Gegend. Vielleicht ist er nur genauso groß wie der in Cecina, aber er gefällt mir besser. Der Himmel ist freier, die Wege zwischen den Ständen wirken breiter. Dadurch sieht alles bunter und fröhlicher aus. Die vielen Menschen bewegen sich in beiden Richtungen. Gehen kann man das Geschiebe nicht nennen. Vicky versucht mir klar zu machen, dass man nicht einfach in der Mitte zwischen den Leuten durcheilt. Man lässt sich entweder links oder rechts an den Ständen entlang treiben. Und vor allem bleibt man immer wieder stehen, um die Waren zu besehen und anzugrapschen.

„Aber wenn ich gar nichts brauche?", werfe ich vorsichtig ein.

„Das ist doch egal. Es ist einfach lustig, verschiedene Sachen anzuschauen."

„Bisher sehe ich nur Ramsch und Dinge, die kein Mensch braucht."

„Mein Gott, da lacht man halt einfach drüber. Ich finde es auf jeden Fall kurios und unterhaltsam."

„Aha, na gut."

„Schau mal, du magst doch gern bunte Ringelsocken. Fünf Euro für drei Paar, kann man nichts dagegen sagen. Cardin steht auch noch drauf. Auch wenn es wahrscheinlich nicht stimmt. Hier, deine Lieblingsfarben."

„Eigentlich brauche ich keine Socken."

„Socken kann man immer gebrauchen."

„Welche Größe haben die denn?"

„*Taglia unica*, gibt's nur in einer Größe. Von 40 bis 45 steht drauf, 80 % Baumwolle."

„Genau, das kenne ich. Bis Schuhgröße 41 passen sie und bei 45 sind es dann Procrustes-Socken. Und ich habe nun mal Schuhgröße 45."

„Du bist vielleicht kompliziert! Mach mal eine Faust." Sie spannt ein Paar Socken darum. „Die passen!"

„Ich will sie aber am Fuß tragen", sage ich, um sie zu ärgern.
„Also, willst du sie oder nicht? Mir ist es egal."
Ich kaufe die drei Paar Socken.

Nach diesem Einkauf beschleunige ich meine Schritte etwas.
Sage ein paar Worte zu Vicky. Die Frau neben mir sieht mich er-
staunt an. „Oh, Entschuldigung, ich dachte ich spräche mit meiner Frau." Ich blicke mich suchend um, Vicky steht zwei Stände
zurück und wühlt in Pullovern. Jedes Teil fünf Euro. Sie zieht einen hübschen schwarzen Pullover aus dem chaotischen Haufen.
„Gefällt er dir?"
„Für mich?"
„Nein, für mich. Fass mal an, der ist richtig schön weich und
kuschelig."
„Dann nimm ihn doch, schwarz ist ja deine Lieblingsfarbe."
Meine Großmutter auf dem Land trug auch immer schwarz. Ab
einem bestimmten Alter trugen dort alle Frauen schwarz. Meist
waren sie gerade in Trauer. Das konnte sich durchaus zwei Jahre
auf die Kleidung auswirken. In der Zwischenzeit gab es nach sta-
tistischer Wahrscheinlichkeit wieder einen Trauerfall im weiteren
Verwandtenkreis. Da war man dann schon richtig gekleidet. Irgendwann lohnte es nicht mehr die schwarze Kleidung abzulegen,
weil es immer etwas zu betrauern gab. In unserer Familie wurde
schon länger nicht gestorben. Daher nehme ich an, dass Vicky
schwarz deshalb bevorzugt, weil sie es für schick hält.

Wir schlendern weiter. Wenigstens darf man auf Märkten rau-
chen. „Wonach suchst du?", frage ich an einem anderen Stand
und sehe nur hunderte von Schals, Tüchern und Krawatten.
Statt einer Antwort zeigt sie mir ein längeres schmales Halstuch.
Baumwolle mit Kunstseide, Brauntöne, ein paar Goldfäden und
Fransen rundherum. „Für mich?" – „Nein, für Frizzi."

215

Sonntags schlingt sie ihm zum Ausreiten gerne ein Tuch um den edlen Nacken. Frizzi sieht dann richtig rausgeputzt aus. Für weitere fünf Euro wandert das Tuch in die Tragetasche zu Socken und Pullover. Fünf Euro scheinen hier das allgemeine Zahlungsmittel zu sein.

Für Mitte November ist es sehr heiß, längst trage ich die leichte Jacke über dem Arm. Die Sonne blendet. Dummerweise ist mir am Vortag ohne Vorwarnung ein Bügel meiner Sonnenbrille abgebrochen. Die zweite Sonnenbrille ist derzeit nicht auffindbar. An der dritten fehlt ebenfalls ein Bügel, weil das winzige Schräubchen, das ihn am Gestell festhält, verschwunden ist. Es gibt noch eine vierte, die aber sehr eingeschränkt benutzbar ist. Die beiden Gläser sind verkratzt und an einer Stelle ist das Glas blind. Da liegt immer ein Bügel auf, wenn sie nicht benutzt wird. Trotzdem konnte ich mich bisher nicht dazu entschließen sie wegzuwerfen. Sie hat ein blaues Metallgestell und sehr intellektuelle, kleine, runde Gläser. Auf Anraten des Augenarztes sollen meine Augen wegen der Makula-Erkrankung nicht dem direkten Sonnenlicht ausgesetzt werden. „Wir könnten mal nach einer Sonnenbrille Ausschau halten." – „Hast du nicht jede Menge Sonnenbrillen? Aber wenn du möchtest… irgendwo ist ein Koreaner, der hat die größte Auswahl."

Weiter vorne leuchtet es pink. „Lass uns da mal hingehen", rufe ich entzückt, denn Pink ist meine Lieblingsfarbe. – „Das ist der Stand von Marina." – „O.k., nichts wie hin."
Vicky kennt Marina, weil sie Pferde hat. Marina, groß, blond und hübsch, ist in Pink gekleidet. Sogar die per Hygienegesetz vorgeschriebene Kopfbedeckung ist pink. Der ganze Wagen ist pink lackiert. Sie besitzt einen dieser großen Busse, von denen man eine Längsseite zur Hälfte als Vordach hochklappen kann. Eine über die ganze Front laufende Glastheke lockt mit allen Süßigkeiten dieser Welt. Schon vom Hinsehen bekommt man Diabetes oder zumindest Zahnschmerzen. Marina ist eine erfolgreiche rosa Ich-AG. Nachmittags, wenn die

Märkte sich wieder aufgelöst haben, verschwindet sie zu Hause in ihrer Backstube und bereichert das Sortiment durch eigene Leckereien. Vicky muss unbedingt ein größeres Stück Torrone kaufen (besteht aus Mandeln und Haselnüssen, eingebettet in eine Mischung aus Honig, Eiern, Kakao, jeder Menge Zucker und allen möglichen Aromen. Sehr ergiebig, da sich das zähe Zeug lange in den Zähnen hält. Durch Vickys kalorienverachtende Maßlosigkeit provoziert wähle ich eine Packung Ricciarelli aus der Eigenproduktion. Sie sind langweilig unförmig, schmecken nach Marzipan und sind innen ganz zart und weich. Oben bedeckt sie eine dicke Haube Puderzucker. Marinas pinkfarbene Verkäuferin stopft die Süßigkeiten in eine pinkfarbene Tragetasche. Die will ich tragen. Vicky verspricht Marina noch, sich bald das neue Pferd anzusehen. Dabei kann sie dann gleichzeitig die Zutaten für die eigene Weihnachtsbäckerei kaufen.

Das ständige Stop-and-go macht müde. „Ist das nicht der Stand, an dem du mir vor ein paar Jahren eine viel zu enge Hose passend geredet hast?"
„Die war nicht zu eng sondern hatte endlich mal einen guten Schnitt."
„Und ich hatte keine Luft mehr. Du schwätzt mir immer zu enge Hosen auf. Deshalb kaufe ich Hosen am liebsten allein."
„So sehen sie auch aus. Deine selbstgekauften Hosen haben grundsätzlich Sackärsche."
„Ich sehe mich ja nicht von hinten und immerhin sind sie bequem."
„Schau mal, die haben ganz schöne Pullover. Da, der dunkelblaue mit dem feinen Pinkstreifen müsste dir gefallen."
„Der ist zu klein."
„Der ist doch nicht zu klein, probier mal!"
Vicky zerrt den Pullover in die Breite. Die Verkäuferin wittert ein Geschäft und unterstützt sie mit weiteren Kauf-Argumenten. „Reines Cashmere, nur 39,90."
„Du brauchst nicht so an dem armen Pullover herumzuzerren, der ist zu klein. Außerdem ist mein Bauch vorne, nicht auf der Seite."

„Ach diese Männer!", klagt Vicky in Richtung der Verkäuferin, um so ohne Gesichtsverlust unseren Rückzug einzuleiten. Die Verkäuferin nickt verständnisvoll und legt den dunkelblauen Pullover mit dem feinen pinkfarbenen Streifen zusammen.

Dafür kommen wir kurz darauf bei dem Koreaner mit den Sonnenbrillen vorbei. „Sonnenblillen", sagt er. Ich weiß nicht. ob Koreaner die gleichen Ausspracheprobleme haben, vielleicht ist er doch Chinese. „Alle Sonnenblillen fünf Eulo. "

Ich finde einige Brillen, die mir gefallen. Das Aufprobieren ist ein wenig albern, weil das in der Mitte befestigte Qualitätsetikett jedes Mal vor der Nase herumbaumelt. Ich entscheide mich für das RayBan-Modell, da kann man wenig falsch machen. Der kleine Asiate bekommt die fünf Euro und strahlt. „Glazie, allividelci." Irgendwie muss ich mir doch das Grinsen verkneifen.

Wir biegen in eine Quergasse ein, nähern uns schiebend und geschoben einem weiteren der begehrten Wühltische. Schnell steckt Vicky bis zu den Ohren in den Klamotten. Man darf sich nicht schrecken lassen von dem Chaos der verkrumpelten Textilien. Manchmal sind Wühltische edle Fundgruben. Das Wichtigste ist, sich Zeit zu lassen und das Unterste nach oben zu zerren. Allerdings darf man keine weibliche Kundin neben sich haben, die das gleiche vor hat. Gegen Frauen ist man völlig chancenlos. Selbst zarteste Geschöpfe werden zu Hyänen. Unerreichbar, mit welcher Geschwindigkeit und rücksichtsloser Entschlossenheit sie wühlen und herumfetzen. Die Teile fliegen im Sekundentakt von einer Seite des Tisches zur anderen. Jedes Mal, wenn ich etwas Interessantes herausfische, ist es im nächsten Moment wieder verschwunden. Erst als das Wühltempo meiner Nachbarin erlahmt und sie schließlich unbeteiligt weitergeht, komme ich doch noch zum Zug. Ich erwerbe eine fein gestrickte dunkelblaue Weste aus reiner Baumwolle. Sie ist mit dem Etikett einer bekannten deutschen Modemarke versehen und wechselt für drei Euro den Besitzer. Ich lege noch drei Euro drauf für ein sportliches sandfarbenes Cordsamt-Hemd mit Button down-Kragen. Vicky ersteht inzwischen eine schicke Lederhose für zehn Euro. Natürlich in schwarz. Vermutlich erfasst mich allmählich eine Art Kaufrausch. In Kürze werde auch ich Dinge kaufen, die kein Mensch braucht und wir haben immer noch nicht den ganzen Markt abgeklappert.

Meine Konzentration bezüglich des Warenangebots hat allerdings beträchtlich nachgelassen. „Wir müssen nachher noch zu den Obst- und Gemüseständen auf der anderen Seite des Marktes."
„Können wir auch gleich machen."
„Nein, nein, das hat keine Eile, ich sagte es nur, damit wir's nicht vergessen."
„Oh Gott, da drüben gibt's noch was zu wühlen. Eigentlich reicht's jetzt. Findest du nicht?"
„Bloß mal gucken, komm!" In einem großen Holzkasten liegen ausschließlich Lederjacken jeder Machart. Kurze, lange, dunkelbraune, rote, rehfarbene, schwarze, aus Wildleder, Nappaleder, große, kleine, hauchdünne und gefütterte.
„Wow, was haben wir denn da?" Ich ziehe eine schwarze Rocker-Jacke aus dem Berg. Modell „Django zahlt heute nicht". Sechs dicke Reißverschlüsse, blitzende Druckknöpfe. Ein Kragen mit Revers, das man übereinander schlagen und mit dem zentralen Reißverschluß schließen kann. Dicke Kappnähte, künstlich abgenutzt wie auch Ellbogen und Schultern. Goldfarbenes Futter mit einem riesigen aufgedruckten Adler. Am Bund ein eingenähter Gürtel mit kräftiger Schließe. Aus einer Innentasche ziehe ich eine kleine gewölbte Blechschachtel mit Adleraufdruck und Ersatz-Druck-knöpfen darin. Die Jacke scheint neu zu sein. „*Quanto viene questa giacca?*" – „20 Euro", ruft der Händler fröhlich zurück. Ich probiere, sie passt. Wie für mich gemacht, ich muss die Jacke haben. Endlich werde ich das Outfit eines knallharten Harley-Fahrers haben. Wenn auch ohne Harley, sondern nur mit einem 300 ccm-Scooter.

Aber es kommt ja vor allem darauf an, wie man sich fühlt. Ich stelle mir schnell vor, wie ich aussehen werde mit mattschwarzem offenem Helm und den roten Initialen darauf. Dazu die ledergepolsterte Schutzbrille mit den gekanteten Gläsern, blitzender goldener Ohrring. Gut, Letzteren sieht man nur, wenn der Helm runter ist.

A propos Ohrring, den trage ich zwar freiwillig, aber nicht aus eigenem Antrieb. Vicky hat ihn mir vor einigen Jahren zum Geburtstag geschenkt. Was sie damit beabsichtigte, ist mir nicht ganz klar. Sehe ich zu alltäglich aus, zu wenig wie ein Künstler oder das was man sich darunter vorstellt? Ich vermute, sie wollte mich nur quälen. Ich freute mich damals etwas verunsichert: „Ich hab ja gar kein Loch im Ohrläppchen." – „Das macht nichts", antwortete sie fröhlich, „ich habe ein steriles kleines Gerät gekauft, damit geht das ganz leicht und schnell. Tut auch gar nicht weh." Die Vorstellung, ein Stück Fleisch aus dem Ohr amputiert zu bekommen, ließ mich schaudern. Ich dachte an die Zange, mit der man zusätzliche Löcher in Gürtel stanzen kann. Morgen würde ich ihr sagen, dass man das Ganze verschieben sollte. Heute, am Geburtstag, fand ich eine Absage einfach nicht nett.

„Willst du nicht deine Geburtstagstorte anschneiden?" – „Klar, da freue ich mich schon die ganze Zeit drauf!" Während ich noch mit der Torte beschäftigt war, hatte sich Vicky von hinten angeschlichen. Sie griff nach meinem linken Ohrläppchen: „Tut gar nicht weh und geht ganz schnell", hauchte sie zärtlich in mein Ohr und ließ die Falle zuschnappen. „Schon fertig! Na, hat's weh getan?" – „Und wie! Meinen Geburtstag hatte ich mir eigentlich schmerzfrei vorgestellt."
Im Ohr saß jetzt ein kleiner Knopf, der so lange drin blieb, bis die Verstümmelung verheilt war. Deshalb trage ich jetzt einen Ohrring. Viel lieber hätte ich stattdessen einen kleinen Brillanten an gleicher Stelle, aber Vicky steht auf Ring. Im vergangenen Jahr

schenkte sie mir noch einen in Weißgold zum wechseln. Das ist mir aber zu mühsam gewesen. Da ich fast nie einen Spiegel benutze, sehe ich den Ring nicht und vergesse ihn meist. Vicky hat immer noch ihre Freude daran.

An den Obst- und Gemüseständen überlasse ich ihr die Auswahl und zünde mir lieber ein Cigarillo an. Ich verstehe sowieso nicht, warum Vicky die Karotten an dem einen Stand nicht kauft und die vom Stand gegenüber bevorzugt. Für mich sehen sie gleich aus. Dafür soll der Radicchio am dritten Stand besser sein, die Kartoffeln am ersten und die Mandarinen am vierten.
„Ich habe wunderschönen Blumenkohl, Signora, ganz frisch!" – „Mein Mann mag keinen Blumenkohl." Die Verkäuferin sieht mich vorwurfsvoll an: „Keinen Blumenkohl mögen, aber rauchen und die Luft verpesten." Ich schweige schuldbewusst, Raucher sind heutzutage immer schuldbewusst und haben schlechte Karten.

Am Mandarinenstand kommt es zu einem kleinen Zwischenfall. Eine Kundin, die Orangen kaufen wollte, hatte Zweifel, ob sie auch richtig saftig seien. Sie wirkten nicht ganz ausgereift. Bei der Obsthändlerin kommt sie mit ihren Zweifeln schlecht an. „Was? Die sollen nicht saftig sein?", schreit diese über die Kisten hinweg. Dann nimmt sie ein Messer, so groß, dass man auch gut ein Schwein damit hätte zerlegen konnte, greift sich eine Orange und schlägt sie in der Hand mitten durch. Ich verstehe nicht was sie dazu zetert, denn sie wechselt in sizilianischen Dialekt. Sie nimmt in jede Hand eine Hälfte der Orange, hebt die Arme fast bis auf Schulterhöhe und quetscht die Teile aus. Saft schießt hervor, spritzt und läuft zu Boden. Die Demonstration ist überzeugend, die Kundin kauft, die Sizilianerin beruhigt sich wieder.

Zuletzt ist unser Einkauf auf 13 Plastiktragetüten angewachsen, was nicht gerade umweltfreundlich ist. Bevor wir den Markt verlassen, schließt sich mir noch eine Hose in einem frechen Graugrün an. Sie hat einige aufgesetzte Außentaschen und kostet 15 Euro. „Willst du sie nicht lieber anprobieren? Nicht, dass sie wieder einen deiner Hängeärsche hat." Ich zücke mein Maßband, das ich immer bei mir trage, damit ich nichts probieren muss. Zumindest keine Hosen. Die Bundweite ist o.k., sogar eine Nummer kleiner ist noch im Limit. Das wird sich sicher vorteilhaft auf die hintere Passform auswirken. Außerdem geht bequem vor schick. Ich habe keine Lust beim Anziehen vor der Entscheidung zu stehen, ob ich lieber die Stehhose trage oder die Sitzschuhe. Wir sind bei Plastiktüte Nummer 14.

Angemüdet schleppe ich meinen Teil der Tüten zum Parkplatz und verstaue ihn zusammen mit Vickys Beute im Kofferraum. Was mit dem Gewicht von drei Paar Socken angefangen hatte, ist jetzt ganz schön schwer und sperrig geworden.
Ich steuere den Wagen ins Zentrum. Wir gehen einige Schritte am Meer entlang und dann in eine Bar. Es ist Zeit für einen Aperitif, außerdem muss ich mal.

Im November lässt einen das Wetter immer wieder mal vergessen, dass der Winter bevorsteht. Kalte graue Tage wechseln ab mit sonnendurchfluteten Perioden. Das geschieht immer dann, wenn Luftströmungen aus Afrika die Oberhand gewinnen. Schnell legt man den Pullover, der gestern noch unverzichtbar schien, beiseite und begnügt sich mit einem T-Shirt. Allerdings sucht man jetzt gerne den direkten Kontakt mit der Sonne.

Ich beginne die Oliven zu schneiden. Noch vor einigen Wochen hatte ich die Nase voll von den ewigen Olivenbäumen. Aber jetzt macht mir die Arbeit wieder Freude. Oliven ernten ist Fließbandarbeit. Oliven schneiden dagegen eine kreative Tätigkeit. Zunächst habe ich mir die 115 Bäume auf dem Feld vorgenommen. Das ist überschaubar. Statt auf Oliven sind die Augen jetzt auf Wuchs und Form konzentriert. Es ist erstaunlich, wie viel Holz und Blattwerk ein Baum innerhalb eines Jahres produziert. Vieles ist unbrauchbar für den Wuchs, vor allem die sogenannten *succhioni*. Das sind lange Triebe, die aus dem Stamm senkrecht in die Höhe wachsen. Sie kosten dem Baum wertvolle Kraft und verstopfen das Innere der vier Hauptarme. Sie nehmen ihm Luft und Licht, die er zum Atmen und Gedeihen braucht. Bei diesem Arbeitsgang kann man nichts falsch machen. Im Sekundentakt fallen die *succhioni* durch die elektrische Schere zu Boden. Der Olivenbaum sieht jetzt bereits viel luftiger, leichter aus. Nun wird das alte Holz ausgeschnitten. Das sind vor allem die dünnen Fruchtzweige, einige Jahre alt und ausgelaugt. Nur noch wenige Oliven würden im Herbst an ihnen hängen. Freilich darf man nicht den Fehler begehen und kritisch Zweiglein für Zweiglein ausschneiden. Die Arbeit würde endlos. Mit raschen Entscheidungen entfernt man ganze Zweigbüschel. Berücksichtigt werden muss die Eigenheit des Wuchses. Der Schnitt soll den Baum ja unterstützen bei der Entwicklung neuer Triebe und Fruchtzweige. Trotzdem gilt die Faustregel: Zu viel kann man nicht ausschneiden.

Die vier Kronen sind da schon etwas heikler. Sie werden auf vernünftige „Erntehöhe" gekürzt und nur ein einzelner dünner Zweig wird die Spitze bilden. Dazu braucht es ein gutes Auge und Erfahrung. Da Vicky Oliven schneiden gelernt hat, bleibt ihr diese Arbeit überlassen. Außerdem steht sie ganz oben auf der Leiter sicherer. Ich bin nicht schwindelfrei.

Pünktlich zum meteorologischen Winteranfang am 1. Dezember ist es kalt geworden. Europa ist klein. Wenn in Deutschland Schnee fällt, erreichen sogenannte Kälteausläufer meist auch Italien. Wenn auch ein bisschen abgemildert. Zieht ein größeres Atlantik-Tief auf die Bucht von Genova zu, regnet es bald danach auch bei uns. Weht dann noch *tramontana* (Nordwind aus Richtung Alpen), wird es ungemütlich in der Toscana (5 bis 6 Grad zeigt das Thermometer am Morgen, 12 bis 14 am Mittag). Trotzdem, bei klarem Himmel sitzen wir mittags zum Essen draußen. In der Sonne ist es mit 20 Grad richtig schön warm. Sie läuft jetzt einen flachen Bogen und strahlt weit unter das Porticato-Dach.

Gestern war Günter zum Abendessen da (*insalata di polpo, pasta al salmone frescho, aciughe fresche, torta di mela, caffè*). Er trug einen dicken Pullover und behauptete, bei uns sei es immer kalt. Dabei zog wohlige Wärme vom Kamin durch den Raum. Aber im Prinzip hat er wahrscheinlich Recht, wir mögen eben keine überheizten Räume. Vielleicht haben wir uns auch nur notgedrungen an niedrigere Zimmertemperaturen gewöhnt, weil unser Haus mit wenigen Türen und offenem Dachgebälk schlecht durchwärmt. Außerdem geht ständig eine der drei Türen zur Terrasse auf und zu oder ist nur angelehnt. Katzen können offenbar nicht zusammen raus oder rein. Im Abstand von einigen Minuten kommt eine nach der anderen angekleckert. Einen Türsteher müsste man haben. Irgendjemand sagte mal so treffend: Hunde haben einen Herrn, Katzen brauchen Personal.

Während des Essens bekommt Günter einen Anruf von Mary. Sie ist mit einer Freundin nach Indien geflogen.
„Wir waren schon zweimal am Strand!", berichtet Mary begeistert. Günter: „Deswegen brauchtest du doch nicht bis nach Indien fahren." – „Der ist doch ganz anders hier!" – „Was kann denn an einem indischen Strand anders sein als am Mittelmeer?" – „Da laufen Kühe entlang." – „Hast du noch nie Kühe gesehen?" – „Doch, aber noch nie am Strand."
Die unterschiedlichen Auffassungen eines Indien-Urlaubs schienen sich hinzuziehen. Inzwischen ging ich in den Weinkeller und holte Nachschub.

Nach einem Regennachmittag leuchtet heute wieder ein blankgeputzter tiefblauer Himmel. Vom Atelier blicke ich in den riesigen Pinsel-Strauch (keine Ahnung wie er wirklich heißt, er ist in keinem meiner Pflanzenbücher verzeichnet. Die Blüten sehen aus wie rote Flaschenputzer). Er hat nochmal angefangen zu blühen und leuchtet wie Klatschmohn, nur etwas weniger üppig als im Mai. Davor gelbe Margeriten. Die Bougainville verliert ihre ausgeblichenen Blätter nur bei kräftigem Wind. Sie haben die Farbe von benutzten Teebeuteln. Das lichter werdende Laub im Weinberg ist im Gegenlicht zart durchscheinend. Verenge ich die Augen zu Sehschlitzen, wird daraus eine große, überwiegend senfgelbe Farbfläche. Ich werde die Farbe auf meinem nächsten Bild kopieren.

Die Kürze der Tage ist lästig und für die Landarbeit hinderlich. Nach 17 Uhr ist draußen keine Arbeit mehr möglich. Wir versuchten mehrmals die Sommerzeit beizubehalten, um dadurch abends eine Stunde Tageslicht zu gewinnen. Schließlich können wir unser Leben gestalten, wie wir es gut finden. Es funktioniert leider nicht. Zwei bis drei Wochen kann man das durchhalten, bald gerät aber alles durcheinander. Man merkt plötzlich, wie eng man in seine Umwelt eingebunden und damit abhängig von ihr ist. Bürozeiten, Schalterstunden, öffentliche Ämter, Arzttermine, Fahrpläne, Anfangszeiten von Kino und Theater, einfache Verabredungen und so weiter. Es gelingt mir nicht, automatisch eine Stunde weiter zu rechnen. Ich muss jedes Mal nachdenken. Zum Beispiel habe ich um halb drei (Winterzeit) einen Termin in Livorno. Mit Parkplatz suchen brauche ich zirka eine Stunde und muss daher um halb zwei (Winterzeit) losfahren. Nach meiner Zeit ist der Termin aber schon um halb zwei. Also muss ich um halb eins das Haus verlassen. (Als ich das kleine Beispiel notierte, rechnete ich prompt falsch. Im Winter, überschlug ich schnell, ist die Zeit eine Stunde weiter, also ist mein Termin um halb vier). Irgendwann kommt dieser Fehler immer. Das ist dann der Punkt aufzugeben und sich wieder einmal anzupassen. Kürzlich las ich in einem wissenschaftlichen Artikel, dass der Zeitwechsel krank machen kann. Die Menschen stünden zwar im Sommer eine Stunde früher auf, gingen aber abends nicht entsprechend eine Stunde früher ins Bett. Sie halten die alten Gewohnheiten bei und schlafen deshalb 7 Monate lang eine Stunde pro Nacht weniger. Außerdem gibt es heute keinerlei Argument mehr zur Beibehaltung der Zeitverschiebung. Den ursprünglichen Grund Energie zu sparen halten nicht einmal mehr Politiker aufrecht. Und in den ersten drei Tagen nach der Zeitumstellung erleiden ein Viertel mehr Menschen einen Herzinfarkt als im Jahresdurchschnitt. (Quelle: „Die Zeit", Nr. 13 vom 25. März 2010.)

Morgens kurz nach sieben ein Anruf. Ich überlege, ob ich dran gehen soll. Gegen frühmorgendliche Anrufe habe ich, wie bereits eingestanden, eine abgrundtiefe Abneigung. Offenbar ist der Anrufbeantworter nicht eingeschaltet, denn es klingelt und klingelt. Am anderen Ende der Leitung ist die Hausverwalterin der abwesenden Nachbarn. „Ihre Pferde sind bei uns im Weinberg." „Oh! Sind sie noch da?" – „Nein, jetzt fressen sie in unserem Artischockenfeld." – „Tut mir leid, ich kümmere mich sofort darum."

Wie sind die verdammten Pferde da hinüber gekommen? Wir haben etwa 200 Meter gemeinsame Grundstücksgrenze. Der Zaun gehört dem Nachbarn. Irgendwo müssen sie ihn umgedrückt haben. Abgesehen davon ist der Zaun schon ein wenig hinfällig. Ich mache mich mit einem Halfter von Frizzi und einer Leine auf den Weg. Wenn ich ihn erwische, folgen auch Sarah und Achille. Es kann aber auch sein, dass sie sich durch mein Erscheinen ermuntert fühlen, einen riesen Zirkus zu veranstalten. Das heißt, sie galoppieren dann unberechenbar mit steil erhobenem Kopf und ausgestelltem Schweif durch die Gegend, werfen die Beine in die Luft, rasen im Kreis und sind so ausgelassen, dass man besser erst einmal abwartet, bis sie sich keuchend und prustend beruhigen.

Doch ich habe Glück. Auf dem Weg zur Grundstücksgrenze kommen mir alle drei auf einer der Oliventerrassen entgegen getrottet. Damit ist allerdings noch nicht das Zaun-Problem gelöst. Der „Tatort" ist leicht zu finden. Auf dem weichen Boden sind die vielen Hufabdrücke nicht zu übersehen. Unsere Seite des Nachbarzaunes ist durch dichtes Gebüsch und Gestrüpp verdeckt. Trotzdem schafften sich die Pferde einen Durchgang, der wie ein häufiger benutzter Trampelpfad aussah. Vielleicht hatten sie erst einmal den kleinen Achille vorgeschickt. Ich quetsche mich durch die *macchia*, von dem Zaun ist an dieser Stelle nur Kleinholz übriggeblieben. Im anschließenden Weinberg sind tiefe Hufspuren. Wenigstens haben sie auch ordentlich gedüngt. Vielleicht kann ich etwaige Schäden mit den Pferdeäpfeln verrechnen. Das Artischockenfeld sehe ich mir lieber nicht an. Bis zum Frühjahr werden die Pflanzen sicher wieder nachgewachsen sein. Sie sind robust.

Ich zähle Pfosten und Querbalken, die für die Reparatur des Zauns nötig sein würden und kehre erst einmal ins Atelier zurück. Als Vicky vom Einkaufen kommt, bringt sie die Pferde auf eine andere Weide. Ohne Kontakt zum Nachbarzaun.

Am Nachmittag belade ich den Traktor mit dem nötigen Werkzeug und Holz. Von der Straße winkt Tom herüber (er hat immer noch nicht verkauft). Rasch laufe ich hinüber, wir unterhalten uns ein wenig. Vicky fährt vorbei und ruft mir zu: „Ich fahre eben zum Gitarrenunterricht." Unmittelbar danach hält ein Geländewagen. „Ihre Esel stehen mitten auf der Straße", sagt der Fahrer leicht vorwurfsvoll, als hätte ich sie ausgesperrt. Typisch, so etwas passiert grundsätzlich, wenn ich alleine bin. Ich lasse Tom und den Traktor stehen, schnappe mir unterwegs die Halfter und eile zum Tor. Unentschlossen stehen meine sieben Esel tatsächlich mitten auf der Straße. Als ich mich allerdings nähere, sind sich alle blitzschnell einig: „Vorsicht, der Alte! Nichts wie weg!" Um Esel einzufangen braucht man Geduld und Ruhe. Schreien oder Antreiben bewirkt genau das Gegenteil. Ich laufe also gemächlich hinter ihnen her, tue so, als würde mich ihre Gegenwart nicht im Geringsten interessieren. Alles muss nach Tralala aussehen. „Ach, ihr seid auch da, sollen wir vielleicht ein bisschen nach Hause gehen?" Nach einigen hundert Metern bekomme ich Bruna zu fassen, streife ihr flugs das Halfter über die langen Ohren und halte energisch die Leine. Bruna ist so etwas wie der Leitesel und bereit mitzukommen. Zum Glück folgen die anderen, links und rechts der Straße Gras fressend.

Wie die Pferde am Morgen landen auch die Esel auf einer ziemlich ausbruchsicheren Ersatzweide. Ein rasches Abgehen des Zauns zeigt keine Beschädigung und kein Loch im Maschendraht. Wo haben sie es geschafft rauszukommen? Auffällige Hufspuren kann ich nirgends entdecken. Ich beschließe Vicky das Erfolgserlebnis zu überlassen, die undichte Stelle zu finden.

An einem Samstagabend fahren wir nach Follonica. Wie jedes Jahr steht das Benefiz-Essen des Tierschutzvereins auf dem Programm. Zum vierten Mal findet es im Restaurant Piccolo Mondo statt. Das steht auf Betonsäulen im Meer und weist Ähnlichkeiten mit Schiffsaufbauten auf. Man erreicht es über eine Brücke. Signora Rosaria ist die Vorsitzende des Vereins und organisiert das Fest. Sie ist klein und energisch, zierlich, mittlerweile 84 Jahre alt. Sie ist pensionierte Lehrerin und schreibt Gedichte, die sie in zwei kleinen Bänden veröffentlicht hat. Ein dritter Band erscheint. Vor einigen Monaten schlug sie bei einem Sturz schwer mit dem Hinterkopf auf. Bei der Begrüßung entschuldigt sie sich, sie hätte sich überreden lassen, einen Stock zu Hilfe zu nehmen. Dazu lächelt sie und zuckt mit den Schultern, als wollte sie sagen: „Meine Idee war das nicht."

Das große Menü gibt es zum Festpreis. Wir Gäste zahlen etwas mehr, die Differenz kommt dem Tierheim zugute. Vicky telefoniert jedes Jahr bereits Wochen vorher alle ihr bekannten Tierfreunde an. Je mehr Gäste, umso mehr bleibt fürs Tierheim.

Wie üblich bei solchen Gelagen geht es hauptsächlich darum, die Dehnungsfähigkeit des Magens zu testen. Um diesen möglichst lange zu täuschen, schmecken die zahlreichen Gänge auch noch vorzüglich. Einige weibliche Gäste, offenbar Profis solcher Gelage, lassen unauffällig den einen oder anderen Gang ausfallen. Oder spannen ihre Männer ein. („Hilfst du mir?")

Zwischen den einzelnen Gängen verschwinden die Raucher nach draußen, oft schon gierig die Zigarette zwischen den Lippen. Ich selbst mag nicht zwischen dem Essen rauchen. Tabakgeschmack im Mund verdirbt den Genuss des nächsten Gerichts. Signora Rosaria nutzt die Pausen, um mit einzelnen Gästen Small talk zu machen. Nebenbei versucht sie charmant, aber hartnäckig wie ein Staubsaugervertreter einen ihrer Schützlinge unterzubringen. So sind wir beispielsweise zu unserem Foxy gekommen. Die Tatsache, dass er in einer Mülltonne gefunden wurde, hatte uns weich gemacht.

Das Dessert wird im Piccolo Mondo zur Orgie. Der Magen reagiert wie anästhesiert, der schmerzende Druck verschwindet. Das Gehirn nimmt die gefälschten Signale an und gibt den Weg frei für den hemmungslosen Angriff. Der Feind, den es zu vernichten gilt, besteht ausschließlich aus Torten. Es ist, als würde man sich in einer Konditorei durch das gesamte Angebot fressen (da passt kein anderes Wort). Wie am Fließband werden die unterschiedlichsten sahnigen, schokoladigen, cremigen Kreationen weitergereicht. *„Mhm, questa sembra una torta Sacher. È buona?"* – „Ja, köstlich. Musst du unbedingt probieren!"

Ich muss jetzt doch dringend ein Cigarillo einschieben und geselle mich dafür zu einem Grüppchen Raucher, die fröstelnd draußen auf der Brücke stehen, als würden sie auf die letzte Fähre warten. Rauchen vor der Türe ist sehr kommunikationsfördernd. Es vermittelt auch das Zusammengehörigkeitsgefühl einer verschworenen Minderheit.

Allmählich lässt die Anästhesie nach, der Druck im schmerzenden Magen kehrt zurück, nur stärker. Endlich hat mein Gehirn den Betrug erkannt und gibt das Signal „Schlacht sofort einstellen!" Bevor die entwichene Euphorie beginnenden Depressionen und Schuldgefühlen Platz macht, kommt bei *caffè* und Grappa der letzte Höhepunkt des Abends. Die Tombola. Je nach Geberlaune deckt man sich mit einer Reihe von Losen ein. Die Tombola ist für jeden lustig, denn jedes Los gewinnt. Das muss per Gesetz so sein, sonst gilt das Ganze nicht als gemeinnützig. Jeder Gewinn ist von Helfern zuvor liebevoll verpackt worden. Die zur Verlosung kommenden Gegenstände sind in verschiedensten Geschäften für den guten Zweck zusammengebettelt worden. Dass sich der eine oder andere Geschäftsmann/frau dabei von Ladenhütern befreit, ist nebensächlich. Nützliches oder Unnützes kennt keine Saison. Ob die Swatch-Uhr aus der aktuellen oder einer älteren Kollektion stammt, interessiert allenfalls Swatch-Sammler. Die Nummern der Lose werden aufgerufen. In die Höhe gestreckte Arme fuchteln in der Luft herum *„sono io, sono io!"* Unter heftiger Anteilnahme der Umsitzenden beginnt sofort das Auspacken. Ich überhöre dabei den Aufruf einer meiner Nummern. Die Nachbarin (die gerade auspackt) stößt mich an: „Hey! Das bist du doch, 39." Toll, wie manche Leute ihre Augen überall haben. *„Io! io!"* Mit dankbarem Lächeln, gänzlich ohne Ungeduld, überreicht mir die Ausruferin mein erstes Päckchen. Es ist eine Sonnenschutzcreme 50+. Dazu ein Plastikarmband, das sich bei UV-Strahlung violett verfärbt.

Es wird lauter, Lachen, Anfeuern „setz die Mütze mal auf!", „wer kann eine Briefwaage gebrauchen, ich habe zwei?" Bei dem anwachsenden Lärm werden die ausgerufenen Nummern immer schwerer verständlich. Die unermüdlich lächelnde Helferin schreit jetzt und fügt der *cinquantaquattro* noch ein leichter zu hörendes *cinque quattro* an. Natürlich gewinne ich auch wieder ein Paar Nylonstrumpfhosen (letztes Jahr wurde ich auch verlegener Besitzer eines roten Negligees). Während ich das Negligee nicht losbrachte, weil keine der Damen ihre geheimen Wünsche eingestehen wollte, ist die Strumpfhose schnell gegen einen Porzellan-Aschenbecher mit Goldrand und kobaltfarbenen Streifen getauscht. Für die letzten Nummern geht die lächelnde Helferin (sie lächelt tatsächlich noch) an der hufeisenförmigen Tafel entlang, nennt heiser die Zahl und hält uns das jeweilige Päckchen unter die Nase, damit man die Nummer erkennen kann. Den grellroten Lippenstift tausche ich noch in ein ledergebundenes Notizbuch, dann sind meine 10 Lose aufgebraucht. Es ist weit nach Mitternacht, als wir lärmend aufbrechen. Ich verstaue meine Gewinne in der ebenfalls gewonnenen Strandtasche, Vicky stopft ihre Gewinne dazu. Entlang der Tafel türmen sich auf benutzten Servietten, zwischen heruntergebrannten Kerzen und leeren Wein- und Wasserflaschen Berge von Geschenkpapier. Im Gehen entdecke ich schräg gegenüber meinem Sitzplatz eine einsame Nippesfigur, fast verdeckt von dem vielen Papier. Oder gut versteckt? Ich greife hinüber und ziehe die Figur heraus. *Brutta come la fame* nennt man so etwas, hässlich wie der Hunger. Sie soll wohl, mit einiger Phantasie, einen Trommler darstellen. Silbrig und hochglänzend taugt sie nicht einmal als Briefbeschwerer, denn sie ist viel zu leicht. Was wie Chrom wirkt, ist nur eine billige Legierung, aufgetragen auf Plastik. Saß da nicht bis vor kurzem Günter an dem Fundort? Heimlich stecke ich den Trommler ein. Beim nächsten Besuch werde ich ihn mitnehmen. „Sieh mal, was ich dir mitgebracht habe. Das hast du kürzlich aus Versehen vergessen." Oder noch besser, ich stelle den Trommler heimlich auf die antike Kommode zwischen die edlen Meissner Porzellan-Figuren.

Heute früh fuhr ich rasch für einige Besorgungen nach Campiglia hinauf. Vom Parkplatz an der Porta di Mare hatte man einen grandiosen Fernblick über die Friedhofskirche La pieve di San Giovanni und die Ebene hinweg aufs Meer. Im Süden sah man bis Orbetello. Dann die Inseln Pianosa, Montecristo, ein Stück von Elba, dazwischen war sogar, im Dunst, Korsika zu erkennen. Selbst schuld, wer da nicht „entschleunigt" und einen Augenblick diese Aussicht genießt.

Ich ging die Via Roma hinauf. Vorbei an der Kirche, deren eine Ecke vorwitzig selbstbewusst in die ohnehin schmale Einbahnstraße ragt, als wollte sie einem ein Bein stellen. Am Zeitungsladen las ich die ausgehängten Titelseiten mit ihren neuesten Katastrophenmeldungen. Die Lokalzeitung hatte den griffigsten Aufmacher: *„TIR contro Auto. Due morti"* (Lastzug gegen Auto. Zwei Tote). Loriano steht vor seinem Friseurladen. „Geh rein, es ist kalt heute Morgen", rufe ich ihm zu. „Ja, ja, gleich. Ich will nur meine Zigarette zu Ende rauchen." Elenas Bar auf der Piazza hatte nach einer Urlaubspause wieder geöffnet. Trotzdem ging ich in die gegenüberliegende Bacco-Bar, um einen Cappuccino zu trinken. Über ein halbes Jahr war ich nicht mehr dort. Ich hatte mich geärgert. Michela, die hübsche junge Frau hinter der Theke, hatte damals Wein von mir kaufen wollen. Im Gegenzug sollte ich unseren Gästen ihre Bar empfehlen. Zusammen mit einem Gutschein für einen kleinen Verzehr-Rabatt. Ich brachte ihr das nächste Mal eine Flasche zum Probieren mit. Beim übernächsten Mal war ihr Mann da. Er schaut grundsätzlich griesgrämig. „Na, wie war der Wein?" – „Tja", sagte der Griesgram, „um ehrlich zu sein finde ich ihn nicht besonders. Hab ihn mal probeweise ausgeschenkt, aber die Kunden waren auch nicht begeistert." Natürlich war ich restlos beleidigt. Zumal mir so ein Urteil noch nie zu Ohren gekommen war. Das war etwa so, als würde jemand von den eigenen Kindern behaupten, sie seien potthässlich. Und noch dumm dazu. Dann, dachte ich, dann schmeckt mir dein *caffè* auch nicht. Und ging. Offenbar bin ich nicht mehr beleidigt, jedenfalls beschloss ich, meinen *caffè* gelegentlich wieder bei Michela zu trinken. Sie strahlte, ich bestellte den *cappuccino* und bevor ich etwas sagen konnte, ergänzte sie sofort: „*Con pocha schiuma, vero?*" (Mit wenig Schaum, stimmt's?) Es stimmte.

Bei Margherita nehme ich noch zwei Stückchen *sfoglia* mit, ganz frisch aus dem Ofen (Blätterteig mit Marmelade gefüllt). Eines davon wird am nächsten Morgen mein Frühstück sein. Dann kehre ich zum Parkplatz zurück. Auf der kurvigen Straße Richtung Cafaggio fällt mir das viele üppige Grün auf, das im Sommer völlig verschwunden war. Die Olivenbäume sind von der Ernte zerzaust. Auf Francescos Reit- und Turnierplatz stehen die Pfützen vom gestrigen Regen. Am Weinberg gegenüber des *Palazzaccio* blühen noch die hohen Rosenstöcke am Beginn jeder Rebreihe. Außer, dass das hübsch aussieht, behauptet man, Rosen würden sich mit etwaigen Reberkrankungen früher infizieren und so als rechtzeitige Warnung dienen. *Palazzaccio* bedeutet so viel wie hässlicher *Palazzo*.
Diese angehängten Endungen ersparen in der italienischen Sprache so manches Adjektiv. Wäre der *Palazzo* klein, würde man *Palazzetto* oder *Palazzina* sagen. Umgekehrt heißt der große *Palazzo Palazzone*. Die Bedeutung des Wortes *Palazzo* reicht von großer Villa über Schloss bis zum großen Mietshaus. Für einen Ausländer kann das anfangs zu Missverständnissen führen. Sagt beispielsweie jemand: „Meine Freundin wohnt in einem *Palazzo* am Stadtrand", denkt man vielleicht: „Wow, der hat aber Schwein gehabt." Stattdessen wohnt sie wahrscheinlich in einem Viertel mit großen Wohnblocks.

So hässlich kann der *Palazzaccio* aber offenbar nicht sein. Von vorbeifahrenden Touristen wird er jedenfalls häufig fotografiert. Nur sein Baustil ist etwas seltsam. Das Schlösschen würde eher nach Schottland passen. Eine romantisch bemooste Treppe führt zwischen Cypressen senkrecht hinauf zu dem turmbewehrten düsteren Gebäude mit seinen gotischen Fensterbögen. Es ist eingerahmt von

Oliventerrassen und Natursteinmauern, die die Terrassen stützen. Der Gedanke an ein verwunschenes Märchenschloss kommt auf.

Ich halte noch am Briefkasten. Seit man den Briefträgern nicht mehr zumuten darf entferntere Ziele anzufahren, steht er leuchtend rot auf der Ecke, an der unsere Straße abzweigt, gut einen Kilometer von Zuhause entfernt. Alle Landbriefkästen sind einheitlich rot und gehören der Post. Ist auf dem Türchen ein grüner Punkt zu sehen, ist Post im Kasten. Ein roter Punkt besagt, dass nichts angekommen ist. Ein gelber Punkt ist das Zeichen für den Briefträger, dass ich einen Brief hineingelegt habe den er bitte schön mit zur Post nehmen soll. Jetzt ist der Punkt grün. Inhalt: Zwei Rechnungen, drei Werbesendungen, eine Wespe.

Im Oktober habe ich zwar meinen Job als Bademeister erst einmal an den Nagel gehängt, nicht aber als Verantwortlicher für die gesamte Anlage. In der Hoffnung, dass Einstein und Yago ihren Spieltrieb inzwischen an weniger wichtigen Dingen ausleben, bestellten wir im Sommer neue Wassersäcke, um die Abdeckung zu fixieren. Auf der Plane hat sich wieder reichlich Regenwasser gesammelt. Dazu haben sich auch reichlich trockene Blätter gesellt. Sie sinken nach wenigen Tagen ab und faulen. Jeder kräftige Wind wirbelt Berge von Laub, trockene Zweige, kiloweise Eicheln und was sonst noch durch die Luft fliegt auf die Liegeterrasse. Der größere Teil sammelt sich in Mauerecken. Mit Vorliebe dort, wo das Regenwasser abfließen soll. Einmal pro Woche, meistens sonntags (damit ich in Bewegung bleibe) inspiziere ich die Anlage und kehre Blätter und Eicheln zusammen. Besonders die Eicheln müssen weg. Sie haben die unschöne Eigenschaft, nach einer Weile dunkelbraune Flecken auf den Fliesen zu hinterlassen. Selbst mit dem Hochdruckreiniger sind sie im Frühjahr nur schwer zu beseitigen. Gelegentlich pumpe ich das Regenwasser aus der Abdeckung. Ein paar Stunden läuft das

Wasser dann volles Rohr aus einem ehemaligen Weinschlauch mit fünf Zentimetern Durchmesser die Böschung hinab in den Weinberg. Leider ist das eine Riesenverschwendung. Im Sommer könnten wir es zusätzlich gut zum Gießen brauchen. Wegen der Verunreinigungen kann ich es aber nicht zusammen mit dem Brunnenwasser speichern.

Ideal sind mehrere tausend Liter (es ist tatsächlich so viel) Wasser im Weinberg allerdings nicht. Deshalb habe ich kleine Kanäle angelegt. Als Kind spielte ich mit Begeisterung in halb ausgetrockneten Bachbetten, baute Staudämme oder leitete die Rinnsale in eigene Bahnen. Das ist heute noch immer eine lustige Arbeit. Mit Entwässerungsgräben, Haupt- und Nebenkanälen gelingt es schließlich, den kräftigen Strom aus dem Weinberg abzuleiten. Jetzt läuft er gebändigt in einen großen gemauerten Graben am unteren Ende des Weinberges.

Während das Wasser abgepumpt wird fische ich mit dem Kescher, der im Sommer für Insekten zuständig ist, das faule Laub heraus. Dabei kann ich mir überlegen was besser ist, im Sommer das klare blau schimmernde Poolwasser zu pflegen oder im Winter im Trüben zu fischen.

Alle sieben bis acht Jahre erlebt die Toscana einen harten Winter, einige Schneeflocken eingeschlossen. Dieses Jahr könnte wieder so ein Winter sein. Die Zeitungen titelten bereits beim ersten Kälteeinbruch „Italia nella morsa del gelo" (wörtlich übersetzt: Italien im Schraubstock der eisigen Kälte).

Am ersten Advent sitzen wir allerdings noch bei herrlicher Sonne im Freien und denken nicht an Winter. Advent ist für mich zu einem abstrakten Datum geworden. Weihnachten scheint in irrealer Ferne zu liegen. Auch wenn die Geschäfte eine ganz andere Sprache sprechen.

An den folgenden Tagen ist es grau. Eher Dunst als Schlechtwetter-Wolken. Dann kehrt die Sonne zurück.

Eine eisige *tramontana* schiebt die dunkle Wolkendecke Richtung Meer. Sogar der noch kältere *grecale* mischt sich noch dazu. Die Temperaturen gehen zurück. Zuerst auf etwa 6 Grad (der Jahreszeit entsprechend normal, sagen die Wetterfrösche). Sie sinken weiter: 5,2 Grad am frühen Morgen. Am nächsten Morgen zeigt das Thermometer nur noch 3 Grad, 1,5 und schließlich fällt es bis minus 2 Grad. Bei 3 Grad spannen wir gerade noch rechtzeitig das riesige *frangivento*, ein poröses dunkelgrünes Netz, als Frostschutz über die Citrus-Früchte. Sie hängen übervoll mit reifen Orangen, Grapefruits, Mandarinen und Zitronen. Am Morgen des Frost-Tages, es war Gott sei Dank nur einer, sind die Wasserränken der Tiere gefroren.

Jetzt wird das Leben hart in toscanischen Bauernhäusern. Selbst wenn man an bescheidene Raumtemperaturen gewöhnt ist und bei 17 Grad Raumtemperatur Wohlfühl-Anfälle bekommt. Am besten, man bleibt in Bewegung. Für Schreibtischarbeit lege ich mir eine leichte Decke über die Knie, das wirkt Wunder. Zum Glück beginnt Vicky mit der Weihnachtsbäckerei. So ist es wenigstens in der Küche gemütlich warm. Leider finde ich außer einem Stuhl keinen Platz. Rosa Zuckerglasur, Teigmaschine (kennt man hier übrigens nicht, toscanische Hausfrauen vertrauen beim Teig kneten wohl lieber auf Muskelkraft), Tupper-Behälter mit geriebenen Mandeln, andere mit geriebenen Haselnüssen. Bleche mit fertigen Plätzchen, Bleche mit rohen Plätzchen in der Warteschleife, Waage, Backtrennpapier, Ausstechförmchen (zweimal vererbt), Eischnee, ehemalige Keksdosen mit fertigem Gebäck, die mein besonderes Interesse wecken. Ich mache mich klein, aber für länger als eine kurze Aufwärmzeit taugt der Platz nicht.

Will ich abends am Kamin lesen, muss ich mit der engen gemauerten Ofenbank vorliebnehmen. Die beiden bequemen Sessel vor dem Kamin sind von Katzen besetzt. Auf einem schlafen der dicke Flo und der rote Maunzi eng verknäult. Auf dem anderen hat sich die über zwanzigjährige Meusi eingerollt. Betti liegt längs auf dem Kaminsims, direkt über dem Feuer. Eigentlich heißt er Bettini, wie die Freunde, von denen wir ihn übernommen haben. Auf die Dauer war uns der Name aber zu lang. Natürlich simulieren alle Tiefschlaf, als ich mich nach einem Sitzplatz umsehe.

Schnee ist gemeldet. Zunächst im Landesinneren, gegen Abend bis zur Küste. Doch es graupelt nur. Am nächsten Morgen sind die Hügel Richtung Monterotondo und Massa Marittima weiß. Auch bei uns fallen immer wieder Flocken; zum Glück bleibt der Schnee nicht liegen. Hier ist keine Gegend, in der man sich über Schnee freut. Bliebe er liegen, würde sofort der Verkehr zusammenbrechen.

Am Abend sind wir bei Freunden eingeladen. Auf dem Weg zu ihnen fährt man eine Weile über Feldwege, immer bergauf. Der Schnee ist dort liegengeblieben. Es knirscht unter den Reifen, vorsichtshalber schaltet Vicky den Allradantrieb zu. Als wir uns nach Mitternacht auf den Heimweg machen ist es sternenklar, der Schnee glitzert und reflektiert das Mondlicht. Diesem romantischen Eindruck mitten im Wald kann ich mich doch nicht entziehen.

Am nächsten Tag reitet Vicky bei herrlichem Sonnenschein zum Monte Calvi. Das ist der höchste Berg im näheren Umkreis, genau 646 Meter hoch. Ausgefroren und jammernd kehrt sie einige Stunden später zurück. Der Ritt ging hauptsächlich durch Wälder. Die bunten Laubbäume luden bei Berührung die weiße Last auf sie um. Vorzugsweise in den Hals, die Stiefel und auf die straffen Oberschenkel.

Doch schon am folgenden Tag wirbeln verschiedene Luftströmungen durcheinander, Regen setzt ein. Der südliche *scirocco* gewinnt

237

die Oberhand. Rasch steigen die Temperaturen auf 15 Grad. Der kräftige Wind treibt den Regen gut zwei Drittel unter den Porticato. Die Hunde liegen dicht an die Hausmauer gedrückt auf ihren stoffbezogenen Liegen. Im Weinkeller rinnt Kondenswasser an Tür und Wänden herab. Bei länger anhaltendem Regen drückt dort von unten das Wasser herein. Zum Glück stehen alle Fässer erhöht.

Wir holen die Esel vorzeitig von der Weide. Durchnässt und stoisch stehen sie am Gatter. I-ah beschwert sich mit einem langen herzzerreißenden Schrei, die anderen fallen jammernd ein. Das Anlegen der Halfter dauert etwas länger. Auf dem nassen Fell gleiten sie schlecht, die hübschen Ohren muss ich ziemlich energisch durchzerren. Bei Paolina kräuselt sich bei Regen das Fell zu kleinen Löckchen, die an einen altmodischen Persianermantel erinnern. Nur ihrer Wimperntusche kann der Regen nichts anhaben. Die Zeichnung der Augen sieht tatsächlich so aus, als hätte sie getuschte Wimpern. Auf dem Heimweg trotten sie gleichmütig neben und hinter uns her. Kein Ziehen und Zerren wie sonst, wenn sie versuchen, da und dort ein schmackhaftes Gräschen mitzunehmen. Den trockenen Stall werden sie in dieser Nacht nicht mehr verlassen. Esel hassen Regen. Im Gegensatz zu den Pferden. Sie weiden auch im Regen. Genüsslich wälzen sie sich zwischendurch auf aufgeweichtem Boden. Hübsch sehen sie danach aus. Vor allem wenn die Erde später zu einer festen Kruste trocknet und die Mähnen zu Rasta-Locken werden. Dagegen fürchten Pferde starken Wind. Als geborene Fluchttiere werden sie unruhig, weil der Wind das Gehör beeinträchtigt. Heute stehen sie bereits im Stall, als wir mit den tropfenden Eseln ankommen. Neugierig strecken sie die Köpfe heraus und beobachten, wie nebenan ein Esel nach dem anderen hurtig im Stall verschwindet.

Obwohl es am nächsten Tag erst ab spätem Nachmittag wieder zu regnen beginnt, trocknet die Terrasse nicht ab. Die Luft, die der *scirocco* vom Meer herüber treibt, ist extrem feucht. In meinem Tagebuch notiere ich: „Gestern ein absolut widerlicher, scheußlicher Tag. Heute Morgen ist es wolkenlos." Bis Mittag hat es fast 20 Grad. Aufs Wetter bezogen ist die Welt erst einmal wieder in Ordnung. Bis der *scirocco* zu schwach wird und uns die Kälte aus dem Norden wieder in die Zange nimmt.

W arnung an alle bequemen und gutgläubigen Teilzeit-Toscaner! Mittlerweile hat sich auch bei ausländischen Immobilienbesitzern herumgesprochen, dass für Grundstücks- und Hausbesitz Steuern anfallen. Das Wieviel und Wofür, Wann und Wo kann für den Fremden verwirrend sein. Manche Steuern kann man nur auf der Post einzahlen. Zahlungstermine sind festgeschrieben und die Zahlungswilligen stehen sich vor den Schaltern in langen Schlangen die Beine in den Bauch. Die Bürokratie der italienischen Gesetzgebung schlägt die deutsche um Längen. Da Unwissenheit ja leider nicht vor Strafe schützt, ist es nützlich, alle Abgaben rechtzeitig zu bezahlen. Es sei denn, man kennt Schlupflöcher. Früher, sofern jemand still und unauffällig seine Aufenthalte in der Toscana verbrachte, konnte er sich jahrelang vor Steuern drücken. Hinterziehen sagt man da, glaube ich. Heute ist praktisch jeder in den Computern der Gemeinden und Finanzbehörden erfasst und transparent gemacht. Kreuz-und- quer-Kontrollen machen das Spinnennetz immer engmaschiger. Man ist also gut beraten, sich einem seriösen Steuerberater anzuvertrauen.

Außer dem *commercialista* oder *ragioniere* gibt es ein paar clevere Zeitgenossen, die sich mit dem selbstverliehenen Titel *consulente* unwissenden Ausländern andienen. Der *consulente* ist nett und freundschaftlich, gibt Tipps und gute Ratschläge, schimpft auf die unersättliche Gier des Staates, gewinnt Vertrauen und wird bald zum unentbehrlichen Vertrauten. „Wie gut", sagte Claus, ein schweizer Freund, vor einigen Jahren. „Wie gut, dass wir unseren Lorenzo haben, der

239

erledigt das alles für uns. Lorenzo ist ein anständiger Kerl, eigentlich ist er längst zu einem Freund geworden. Wir haben auch privat Kontakt. Kürzlich erst waren wir zur Taufe seiner zweiten Tochter eingeladen."

„Wie nett. Wie seid ihr denn an diese Perle geraten?"

„Wenn ich mich recht erinnere, haben wir ihn auf einer Party bei Freunden kennengelernt. Für die zahlt er auch alle Abgaben." „Das war also sozusagen Mundpropaganda. Wahrscheinlich ist er Steuerberater und macht das professionell."

„Das weiß ich nicht genau, Lorenzo macht alles Mögliche. Manchmal vermittelt er auch Grundstücke oder verwaltet Häuser, vermietet sie auch an Touristen. Oder er bringt Autos zur TÜV-Kontrolle und solche Sachen." Er lacht. „Ja, ja, der Lorenzo ist fleißig. Inzwischen betreut er fast 50 deutsche und schweizer Familien. Manchmal fährt er gerne mit in die Schweiz, wenn ich dort zu tun habe und erledigt ein paar Geschäfte."

„Auf der Bank, nehme ich an."

„Das weiß ich nicht, ich frage auch nicht. Das sind seine Privatangelegenheiten."

Durch Zufall hatten wir Lorenzo einmal kennengelernt, als wir in einem Restaurant Bekannte trafen, mit denen er am Tisch saß. Vicky war er ausgesprochen unsympathisch, wie sie mir später sagte. Sie benutzte das Wort schmierig. Ich fand ihn etwas sehr servil, aber das kommt vielleicht aufs gleiche heraus. Ein Typ, der anderen gerne die Aktentasche trägt. Nun ist Lorenzo zwar sehr kontaktfreudig, mit der Ehrlichkeit hat er aber offensichtlich Probleme bekommen. Oder sollte man sagen: Gelegenheit macht Diebe? Jedenfalls ließ er sich Steuern und andere Abgaben in Bar geben und steckte das Geld in die Tasche. Anfangs zahlte er hin und wieder etwas davon an Staat oder Gemeinde ein. In der Mehrzahl der Fälle blieb das Geld aber dort, wo es zunächst gelandet war, nämlich in der eigenen Tasche. Wahrscheinlich so lange, bis er wieder Mitfahrgelegenheit in die Schweiz hatte.

Nur durch Zufall ist die Sache herausgekommen. Claus, der für Lorenzo die Hand ins Feuer gelegt hätte und mir nun in tiefer Enttäuschung sein Herz ausschüttete, hat es selbst bemerkt. Eines Tages, als nur seine Frau Kitty zu Hause war, brachte Lorenzo die Aufstellung der zu bezahlenden Steuern plus seines Honorars. Wie üblich auf einem handgeschriebenen Zettel. Wie üblich machte Kitty *caffè* und bezahlte dann den gesamten Betrag in bar. Als Claus zurückkam, besah er sich den Zettel, der noch auf dem Tisch lag. Eine Position irritierte ihn. Es handelte sich um die Steuer für den Nebenwohnsitz. Sie wurde vor einiger Zeit abgeschafft. Das wusste Claus und das musste erst recht Lorenzo wissen. Er rief ihn an und bat um den Einzahlungsschein. *„Ma certo, te lo porto."* Aber Lorenzo brachte ihn nie. Misstrauisch geworden ging er bei nächster Gelegenheit zur Gemeinde und musste feststellen, dass die kommunalen Abgaben schon lange nicht mehr bezahlt worden waren. Lorenzo ist seit geraumer Zeit verschwunden. In fünf Stunden ist man in Chiasso an der Schweizer Grenze. Gesucht wird er nicht, da ihn bisher keiner der Kunden angezeigt hat. Wahrscheinlich hat jeder von ihnen noch eine Leiche im Schrank und schweigt deshalb lieber. Im Zuge von Ermittlungen der Finanzpolizei könnte die Leiche herausfallen. Im Zweifelsfall wurde irgendwann einmal schwarz gebaut. Irgendwann werden alle zahlen müssen. Und zwar viel Geld. Das Finanzamt sagt nämlich nicht: „Ach du armer Steuerzahler, du bist in bestem Glauben betrogen worden. Wir werden das Geld bei Lorenzo eintreiben." Statt dessen gilt: „Uns interessiert nur, ob die Steuern fristgerecht eingegangen sind. Alles Übrige ist dein Problem." Deshalb entgeht man auch nicht den Sanktionen. Die Strafen sind hoch und werden entsprechend der Länge der Säumnis immer höher. Ganz schnell werden aus 500 Euro nicht bezahlter Steuern einige Tausend.

Über den schwer übersetzbaren Begriff „*fare bella figura*" schrieb ich bereits an anderer Stelle. Eine recht gute Interpretation war mir dazu noch eingefallen: „Mit etwas glänzen" (das umschreibt ganz schön das Positive einer Handlung zuzüglich einem Hauch von Eigenlob). Bei dem folgenden Erlebnis glänze ich nicht gerade, allenfalls vor Dummheit.

Im Geschäft mit dem Tourismus gibt es tote Zeiten. Das ist hier das zeitige Frühjahr und der Spätherbst. Um diese Perioden zu beleben, macht der toscanische *agriturismo*-Verband Werbung. Damit sollen unter anderem sportliche Leute angesprochen werden, die gerne mit dem Fahrrad unterwegs sind. Die kühleren Jahreszeiten eignen sich dafür besonders gut. In die Werbebroschüren konnte man sich mit der eigenen Adresse und entsprechenden Empfehlungen aufnehmen lassen. Allerdings musste man bestimmte Voraussetzungen erfüllen. Dazu gehörte unter anderem ein abschließbarer Raum für die oft kostspieligen Räder, eine komplette Ausstattung mit Spezial-Werkzeug sowie ein Mountain Bike-Waschplatz. Das Werkzeug wurde gekauft, der Raum war vorhanden, aber wir besaßen keinen „offiziellen" Waschplatz. Also baute ich einen. Die Wahl des Platzes fiel auf eine Fläche am Ende des Hauses. Direkt vor dem Einstellraum, nur getrennt durch den gefliesten Fußweg, der am Haus entlangführt. Da der Boden dort ein leichtes Gefälle hat, grub ich mit der Spitzhacke das Erdreich ab und brachte den Platz ins Lot. Damit das alles so blieb, wollte ich das Geviert mit einem Betongürtel einfassen und einen Wasserabfluss vorsehen. Ich hob einen 30 Zentimeter breiten und 25 Zentimeter tiefen Graben aus und baute eine Schalung, die ich an Armierungseisen befestigte. Auf der Seite des Fußweges bekam ich Probleme. Die Eisen ließen sich nicht genügend tief in den harten Boden schlagen, um den Schalungsbrettern Halt zu geben. Das ist an sich nicht verwunderlich, denn auf Steine stößt man bei uns immer und überall. Vermutlich hatten die Maurer, damals als der Fußweg angelegt wurde, Steine für den Unterbau aufgeschüttet.

Ich versetzte ein Armierungseisen und versuchte meine Schlagkraft zu erhöhen. Das gleiche Ergebnis. Ich versetzte nochmals und nochmals und donnerte mit aller Kraft auf das Eisen. Irgendwann hatte ich das Gefühl, es würde doch etwas tiefer gehen. Das Eisen saß zwar immer noch etwas wacklig, aber es hielt. Anschließend würde ich zwei Leisten auf die Bretter nageln, um den gewünschten Abstand zu halten.

Zunächst stand ich erstmal auf und zündete mir ein weiteres Cigarillo an. Es war ziemlich windig und mit dem Wind zog ein komischer Geruch in die Nase. Da der Geruch nicht nachließ, schnupperte ich neugierig in die Luft, um festzustellen wonach es roch und wo es herkam. Das konnte Gas sein. Plötzlich wurde ich unruhig. War es möglich, dass ausgerechnet am Fußweg eine Gasleitung entlang lief und ich… Mit dem brennenden Cigarillo im Mundwinkel kniete ich mich wieder auf den Boden und schnüffelte wie ein Hund in die Schalung hinein. Der Gasgeruch verstärkte sich. Und wie! Erst jetzt wurde mir bewusst, dass ich mit dem glühenden Cigarillo über dem ausströmenden Gas hing. Erkenntnis und Aufspringen waren eins. Ich rannte hinunter zum Tor, wo sich in einem Kasten der Haupthahn für das Gas befindet und sperrte ab. Wahrscheinlich hatte ich Glück gehabt. Vielleicht weil sich Erdgas schwerer entzündet, oder weil das Methan durch den starken Wind sofort verwehte.

Vorsichtig hackte ich weiter in die Tiefe und traf auf eine dicke Mörtelschicht, die ich mit meinen Hammerschlägen an mehreren Stellen zertrümmert hatte. Darunter lief die Gasleitung. Es war eine Abzweigung, die von unserer Heizung zur Hauptleitung führte. Das kunststoffummantelte Kupferrohr war an verschiedenen Abschnitten perforiert. Ich hatte ganze Arbeit geleistet. Es wurde bereits dämmrig, als ich den Installateur anrief. Er wollte am nächsten Morgen kommen, jetzt sähe er ja nichts mehr. Ich bekam die gerechte Strafe für meine Gedankenlosigkeit. Es wurde ein freudloser Abend ohne heißes Wasser zum Duschen. Außerdem blieb die Küche kalt, da wir einen Gasherd besitzen.

Der Fahrrad-Waschplatz wurde doch noch ganz schön und funktionell. Leider hat ihn noch nie jemand benutzt. Ebensowenig wie das schöne Werkzeug und den Abstellraum. Wenn ich auf den Waschplatz hinweise, winken die Biker ab: „Dankeschön, das ist sehr nett, aber putzen können wir das Rad dann zu Hause." Die Sache mit dem Cigarillo habe ich bis jetzt für mich behalten.

Um unsere sieben Esel auf die Weide zu führen, muss man zunächst ein schmales Gatter öffnen. Es verbindet ihren Stall-Vorplatz mit dem der Pferde. Von dort führt ein breiter Ausgang hinaus. Er dient auch als Anfahrt zum Heuboden. Die Konstruktion ist einfach, aber sehr stabil. Links und rechts ist je ein Stahlrohr in einem Betonfundament verankert. Es sind Rohre, wie man sie für den Gerüstbau verwendet. Diese Pfosten sind mit ebensolchen Rohren, vier Meter breit, durch massive Kreuzgelenke verbunden. Um die Esel auf die Weide zu bringen, schiebt man das untere Querrohr ein Stück auf. Seit Achille da ist, gibt es ein Problem. Er ist sehr unternehmungslustig und passt ebenfalls unter dem zweiten Rohr durch. Es ist ein wenig stressig, ihn jedes Mal wieder einzufangen. Abends, wenn wir mit den Eseln von der Weide kommen, stehen Frizzi, Sarah und Achille grundsätzlich am Eingang und erwarten unseren Konvoi. Da Pferde und Esel nichts, aber auch gar nichts miteinander gemein haben (außer, dass sie das gleiche fressen), herrscht zwischen ihnen ein grundsätzliches, wenn auch nicht bösartiges Misstrauen. „*Vai dietro* Frizzi! Sarah! Achille! *In dietro, via!*" Nach dieser Aufforderung Platz zu machen geben sie meist den Eingang frei. Dann schiebt einer von uns wie am Morgen das Rohr zur Seite. Wenn die Pferde genügend Abstand halten, sind die Esel bereit, sich hineinzerren zu lassen. Meist versucht Frizzi dann doch noch eine Kontaktaufnahme. Sie funktioniert aber nie, weil sie von raschen Tritten nach hinten beantwortet wird. Die Esel haben es plötzlich sehr eilig. Sie drängeln durch ihr Gatter, um sich auf ihren eigenen Vorplatz zu retten.

Dieses unpraktische System wollten wir ändern und für die Esel einen eigenen Aus- und Eingang schaffen. Vicky schreinerte ein Türchen. Die Holzbalken der Einzäunung wurden an einer bestimmten Stelle durchgesägt, ein weiterer Pfosten gesetzt, das Türchen angeschraubt, fertig. Allerdings gab es keinen Weg dorthin. Vom neuen Ausgang gelangte man direkt auf eine steile Böschung, die auch noch nach einer Seite schief hängt. Die Stelle präsentiert sich eher wie ein Buckel als eine normale Böschung. Aber Esel sind ja sehr geländegängig. Nur hatten wir nicht an die Eseltreiber gedacht. Alleine kam ich noch ohne größere Schwierigkeiten hinauf und hinunter. Mit einigen Eseln an den Leinen war es schon etwas schwieriger, nicht wegzurutschen. Hinzu kam, dass dort herrlich dichtes frisches Gras wuchs. Kaum aus dem Türchen, stürzten sich die Esel auf das Grün („mhm, fein so eine kleine Weide vor der Haustüre. Da können wir ja erst mal bleiben").
Am Nachmittag nahm ich Spitzhacke, Schaufel und eine Maurerkelle und schlug eine Reihe Stufen in die harte Erde. Mit der überschüssigen Erde füllte ich die Böschung so auf, dass die Stufen in die Waage kamen. Natürlich machte ich mir keine Illusionen, dass die Stufen so ordentlich erhalten blieben, wie ich sie angelegt hatte. Aber eine waschbrettartige Oberfläche, auf der man Tritt fassen konnte, würde wohl bleiben.

Doch dann regnete es ein paar Tage hintereinander. Das aufgeschüttete Erdreich war noch nicht gefestigt, der Boden wurde glitschig. Mit jedem Mal runter und wieder rauf wurde der Untergrund weicher. Gut durchgearbeitet von 28 Hufen, in deren tiefen Abdrücken das Wasser stehen blieb. Die Stufen waren nur noch zu ahnen. Vor dem neuen Eingang bildeten sich schlammige Pfützen. Zerrte einer der Esel vorneweg, konnte ich mich von ihm hochziehen lassen. Aber wehe, sie konnten sich nicht einigen wer als erster geht, dann rutschte ich unweigerlich aus. Die Pferde sahen, schadenfroh wie mir schien, meinen Anstrengungen zu.

Gestern bekam ich unfreiwillig einen Lachkrampf. Wir holten abends die Esel ab, vier führte ich, Vicky folgte mit den übrigen drei. An der Böschung sah ich, dass von meiner Treppe nur noch eine steile Rampe übriggeblieben war. „Pass auf, dass du nicht ausrutschst!", rief Vicky von hinten, „ich hatte heute früh schon Probleme." Ich nahm die Leinen ganz kurz, damit die Esel gar nicht erst nach links oder rechts zerren konnten. Sie mochten den neuen Pfad nicht besonders. Außer dem Gras, aber das war inzwischen zertrampelt. Dann nahm ich Anlauf. Leider folgten die Esel meinem Tempo nicht und schon beim zweiten Schritt lag ich im Dreck. Über mich senkten sich vier paar lange Ohren. Ich versuchte mich aufzurappeln. Fast stand ich, da landete ich erneut im Schlamm. Auch jeder weitere Versuch endete nach Sekunden auf der schmierigen Rampe. „Los Lulu! *Avanti!* Geh weiter!" Sie war inzwischen vor mir und wartete geduldig. Noch hielt ich krampfhaft alle Leinen zusammen. Augustin zu meiner linken zerrte zum lehmverschmierten Gras und begann zu fressen. Ebenso wie Emely und Bruna hinter mir. Schließlich erbarmte sich Lulu und machte einen Schritt vorwärts. Die Leine straffte sich und ich konnte mich endlich daran hochziehen. Geschafft! Ich war oben und versuchte die übrigen drei Esel nachzuziehen. Was dann geschah ging so schnell, dass ich es kaum nachvollziehen konnte. Urplötzlich glitt ich wieder aus. Diesmal der vollen Länge nach und ohne Chance, mich schnell noch abzustützen. Ich landete mit dem Gesicht nach unten im Matsch. Es war wie in einer der Film-Komödien, in denen jemandem eine Sahnetorte ins Gesicht geklatscht wird. Mit dem Unterschied, dass es Schlamm statt Schlagsahne war.

Das war der Punkt, als ich den Lachkrampf bekam. Die ganze Situation war einfach nur komisch. Mit dem rechten Auge konnte ich nichts mehr sehen, weil es völlig mit Schlamm verkleistert war. Ein wenig sah ich mit dem linken. Hauptsächlich aber Erdklümpchen, die an meinen Wimpern hingen. Im Mund knirschte es, die Lippen waren doppelt so groß und spannten unter der Paste. Mit leicht erhobenem Kopf blieb ich einfach zwischen den Eseln liegen und lachte. Es war jetzt sowieso egal wie ich aussah und schlammiger konnte es nicht mehr werden. Wegen der Esel konnte mich Vicky von unten nicht sehen. „Was machst du eigentlich die ganze Zeit da oben?" – „Ich suhle mich im Schlamm", grunzte ich und machte ein Wildschwein nach. „Steh endlich auf, wir wollen auch rein!" – „Ich kann nicht", kicherte ich. Meine Füße hatten sich mittlerweile fest in Augustins Leine verwickelt. Mühsam drehte ich mich um, lag nun mit dem Hintern in einer Pfütze und fädelte halbblind meine Beine aus der Leine. Augustin machte sich davon. Dann kehrte ich zur Bauchlage zurück, stützte mich mit den Händen ab und rutschte auf den Knien zum Gatter. Dort konnte ich mich endlich hochziehen und das Gatter öffnen. Als Vicky mit Hilfe der Esel ebenfalls oben ankam und mich sah, konnte auch sie sich ausschütten vor Lachen. „Ach bitte, warte einen Moment! Ich hole eben meinen Foto."

Nun gibt es also einige Aufnahmen, die zeigen wie man aussieht, wenn man in der Toscana nach tagelangem Regen vier Esel zum Stall bringt und dabei ausrutscht. Aber wahrscheinlich interessiert das wieder keinen. Die Grobreinigung meines Gesichtes dauerte mindestens eine Viertelstunde und ließ sich nur mit Hilfe eines Spiegels, den Händen und jeder Menge Wasser bewerkstelligen. Danach kam mein wahres Gesicht wieder zum Vorschein.

Vicky behauptete am nächsten Tag, die Waschmaschine hätte blockiert, als sie meine Arbeitskleidung wusch. Inzwischen sind wir uns einig, dass der neue Eingang nebst Zugang eine Fehlkonstruktion ist.

Ich habe ein Problem: Ich mag den Dezember nicht. Das macht es etwas schwierig, diesem Monat freundliche Gedanken abzugewinnen. Andererseits kann ich ihn aus sachlichen Gründen nicht einfach übergehen. Ich werde versuchen, mein Bestes zu geben.

Was das Klima betrifft, ist im Dezember alles möglich. Draußen in der Sonne sitzen zum Beispiel und in einem leichten Pullover schwitzen. Manchmal ist es wärmer als an Ostern. Genauso gehören aber auch Regentage, Kälte und vor allem heftige Gewitter dazu. Sie wechseln sich ab oder verschwören sich gemeinsam. Alles ist grün, wir ernten jetzt täglich köstliche Mandarinen, Orangen und Grapefruits. Die Arbeit auf dem Land ist überschaubar. Nur das üppige Licht fehlt; dies deprimiert mich an trüben Tagen. Der flache Bogen der Sonne dauert gerade acht Stunden. Sechzehn Stunden Dunkelheit sind für mein sonnenhungriges Gemüt entschieden zu viel. Außerdem, wie ich schon erwähnte, unterliege ich regelmäßig einer zeitlichen Fehleinschätzung, die mich ebenso regelmäßig in Stress bringt. Ende November ist Weihnachten gemäß meiner Fehleinschätzung in weiter Ferne und daher kein Thema. Anfang Dezember begehe ich den nächsten Fehler und datiere Weihnachten gefühlsmäßig an das Ende des Monats. Unbeeindruckt übergehe ich die aufdringlichen Weihnachtsdekorationen und Angebote in den Auslagen der Geschäfte. Samt der verschwenderischen Festbeleuchtung auf den Geschäftsstraßen verdränge ich alles in die Ecke hektischer Geschäftemacherei. Wundere mich allerdings, dass der 1. Advent jedes Jahr offenbar noch früher liegt. Es dauert noch eine ganze Weile, bis ich mich der Tatsache des nahen Weihnachtsfestes stelle. In der Regel so zwischen dem 3. und 4. Advent.

Vicky sitzt abends längst über langen Adressenlisten, um herzliche Weihnachtsgrüße an Freunde und Gäste zu versenden. Ich habe noch nicht einmal einen Entwurf für eine Karte am Computer gestaltet. Nicht aus Faulheit, nein, ich bin eher wie paralysiert von der

Geschwindigkeit, mit der Weihnachten auf mich zurollt. Natürlich werde ich einige Geschenke kaufen; es ist schön, Freude zu bereiten, aber möglichst ohne äußeren Druck (auch wenn er selbst gemacht ist).

Der lange Arm der Firma Lidl reicht seit einigen Jahren bis in die Toscana. Sollte man aus Prinzip nicht…? Dagegen spricht, dass es dort außer einem deutschen Landfahrer mit unvermeidlichem Mischlingshund vor dem Eingang auch deutsche Weihnachtserinnerungen gibt. Spekulatius, Printen, Christstollen, Dominosteine, Lebkuchen et cetera. Ungefragt werden über den Bauch vorweihnachtliche Gefühle geweckt. Wir tun plötzlich Dinge, die mit dem südlichen Leben abgelegt schienen. Zum Beispiel an trüben Adventsnachmittagen Kaffee oder Tee trinken und Lebkuchen oder Stollen essen.

Auch Italiener lassen sich von dieser Art Globalisierung infizieren. So hält beispielsweise der urdeutsche Heilige Abend immer häufiger in italienischen Familien Einzug. Früher gab es Geschenke strikt erst am Weihnachtsmorgen.
Vicky hängt an der Außentreppe und entlang der Dachrinne am Porticato Lichterketten auf. Zu allem Übel blinken sie auch noch in wechselndem Rhythmus. Ich revanchiere mich mit einer weihnachtlichen Dekoration des Kaminzimmers. An langen roten Geschenkbändern hängen dann glitzernde Christbaumkugeln von der Decke. Möglichst dicht und durchsetzt mit schokoladefarbenen Fondant-Kringeln. Der Effekt ist großartig. Es sieht aus wie ein tief hängender bunter Himmel. Manchmal bringe ich einen bizarr verzweigten, abgestorbenen Ast mit nach Hause. Er kommt in einen riesigen Tontopf, der mit Steinen aufgefüllt wird. Behängt mit den gleichen Zutaten plus einigen Engelchen aus Pappmaschee entsteht ein sehr dekorativer Weihnachtsbaum. Er hat auch noch den Vorteil nie zu nadeln wie sein berühmter Kollege aus dem Wald. Der

Nachteil ist, dass unsere Katzen beherzt hineinspringen und mit Kringeln und Kugeln spielen, bis es klirrt.

Eine Weihnachtstradition pflegen wir seit vielen Jahren. Am Morgen des 24. Dezember fahren wir nach Siena. Es ist ein eher snobistischer Ausflug, denn wir fahren nicht wegen Kunst und Kultur dorthin. Vielmehr benutzen wir die Stadt als stimmungsvolle Kulisse für den wichtigsten Punkt der Tagesordnung: Trinken eines Campari auf der Piazza del Campo. Wir sitzen draußen vor einer der Bars, gewärmt von der winterlichen Sonne. Von Tisch zu Tisch flattern die zahlreichen Tauben auf der ewigen Suche nach Krümeln. Würde man nicht in regelmäßigen Abständen eine scheuchende Handbewegung machen, fräßen sie die Chips und Erdnüsse direkt aus den Schalen. Der Blick umfasst das weite Rund der Piazza bis hinüber zum Rathaus. Mit dem Rücken zur Bar, das Gesicht der Sonne zugewandt, kann man wunderbar die Menschen beobachten. Manche gehen eilig vorbei, andere flanieren und studieren Speisekarten. Mütter schieben leere Kinderwagen und beobachten ihre Kleinen, wie sie breitbeinig, unsicher auf der abschüssigen Muschelform des Platzes herumstaksen. Eine Weile zähle ich die Sekunden, die sie sich auf den kurzen Beinchen halten können, bevor sie wieder auf allen Vieren landen. Die wenigen Touristen halten ihre Kameras im Anschlag. Pelze werden ausgeführt, egal, wie warm oder kühl es ist. Große weibliche Sonnenbrillen täuschen Jugend vor und ziehen Blicke auf sich. Auffällig sind die edlen kleinen Tragetaschen der eleganten seneser Frauen. Deutlich sieht man die großen Markennamen der Mode- und Schmuckwelt darauf gedruckt. Manch eine Tragetasche von Prada, Gucci oder Bulgari landet zum Zwischenaufenthalt auf einem der Stühle der Nachbartische, während ihre Besitzerinnen selbstbewusst rauchend einen *caffè* oder Aperitif zu sich nehmen und den neuesten Klatsch austauschen. Vor der nächsten angrenzenden Bar sitzt der alternde Otto Schily mit drei kleinen Päckchen vor sich und zwei Bodyguards in schwarzen Anzügen und „unauffälligen" Sonnenbrillen am Tisch hinter ihm. Wir bleiben noch sitzen und verlieren uns in der entspannten Stimmung. Schließlich bestellen wir uns einen Teller Pasta und einen großen Salat für Vicky. Gegen halb zwei zahle ich, dann verschwindet die Sonne hinter den hohen Palazzi in Richtung Palazzo delle Papesse. Dieses Gebäude ist nach dem vormittäglichen Bummel und der ausgedehnten Campari-Sitzung unser letztes Ziel. Es beherbergt ein Museum für moderne Kunst mit wechselnden interessanten Ausstellungen. Danach noch ein *caffè* und die Heimfahrt.

Eine weitere Tradition ist das Abendessen am ersten Weihnachtstag bei Elena und Anna. Früher hätte man die beiden Schwestern als alte Jungfern bezeichnet. Es sind zwei unabhängige, selbstbewusste Frauen, die ihr Leben und ihre Berufe bestens im Griff haben. Elena ist, wie schon an anderer Stelle erwähnt, unsere Hausärztin. Ich liebe sie schon deshalb, weil sie mir noch nie Vorhaltungen wegen meiner Cigarillos gemacht hat, wahrscheinlich weil sie selbst wie ein Schlot raucht. Die beiden ziehen zwei fröhliche Mädchen groß und versuchen sie ihre ersten Lebensjahre vergessen zu lassen, beziehungsweise ihnen zu helfen sie zu verarbeiten. Vom Vater missbraucht, von der Mutter (Alkoholikerin) verwahrlost. Nach jahrelangem Kampf mit Behörden, Gerichten, Psychologen und Jugendamt hat sich der zermürbende Marsch durch die Instanzen gelohnt. Der Weg war endlich frei für eine Adoption von Sofia und Carla. Ein Hindernis war wohl, dass Elena und Anna keine richtigen Eltern im Sinne von Vater und Mutter sind.

Vor dem Essen wird jeder beschenkt, die beiden Bilderbuch-Collies liegen desinteressiert und frisch gebürstet auf den geräumigen Sofas. Carla und Sofia tragen die Vorspeisen auf und wieder einmal beginnt ein maßloses Festessen. Wie üblich nimmt Elena keinerlei Rücksicht auf meinen beschränkten Kalorienbedarf und die zulässigen Cholesterinwerte. Wie üblich will Carla, die Kleinere, neben mir sitzen.

„Sollen wir einen Ausflug zur Akropolis von Populonia machen?", fragte Vicky an einem strahlenden Morgen nach den Weihnachtstagen. „Ich kann dir auch ein bisschen was über die Ausgrabungen erzählen."
Wir fuhren zum Golf von Baratti und ließen dort das Auto stehen. Der Weg führte ein Stück an der Straße entlang. Vorbei an den beiden gigantischen alten Pinien. Sie sehen aus wie schlafende Riesen aus einer verwunschenen Welt. Wenn man weiß, dass Pinien sehr flach wurzeln, wirkt es wie ein Wunder, dass sie nicht längst einem heftigen Sturm zum Opfer gefallen sind. Bedrohlich sahen sie auf uns herab. An der ersten scharfen Linkskurve bogen wir, immer weiter bergauf gehend, in einen Waldpfad ab. An der nächsten Kurve stand ein steinerner Andachtsschrein mit einem bunten Votivbild. Ein Sonnenstrahl bahnte sich seinen Weg durch den dichten Wald. Er fiel genau auf einen Blumenstrauß, der direkt neben dem Schrein aus einem morschen Baumstumpf zu wachsen schien. Ein kitschiger Anblick, es hätte auch ein Gartenzwerg dort stehen können. Zumal die aufleuchtenden Blumen künstlich waren. Aber das sah man erst aus unmittelbarer Nähe.

„Lass mich ein Foto von dir machen!" Ich zoomte Vicky dekorativ ins Bild. Die Batterieanzeige leuchtete auf. Mit der letzten Energie fuhr das Objektiv zurück, die Kamera schloss sich. Na gut, die Aufnahme wäre ohnehin in einer Computer-Datei eingesargt worden. Unter „Fotos allgemein".

Einige Meter weiter mündete der Pfad in eine alte Etrusker-Straße. Links die ebenso geschichtsträchtigen Mauerreste, die einstmals 22 Hektar Stadt und zirka 45.000 Einwohner schützten. Sagte Vicky.

Rechts der Ansichtskarten-Ausblick hinab auf die Bucht von Baratti. Zur Stille gesellte sich das herbeiphantasierte Quietschen der Wagenräder an den plumpen Etrusker-Holzkarren. Und das Klappern der Pferdehufe auf dem ausgefahrenen steinernen Straßenbelag.

Auf der Akropolis wusste Vicky tatsächlich eine Menge zu erklären. Durch Deutschkurse für die jungen Fremdenführerinnen war sie gut präpariert. Aus den umfangreichen Ausgrabungen erwachte das etruskisch / römische Populonia zu neuem Leben.

Auf dem höchsten Punkt ein Wachturm, von dem aus frühzeitig die Schiffe der feindlichen Sarazenen gemeldet werden konnten. Wenige Meter unterhalb blieben wir längere Zeit stehen. Der Ausblick war einfach großartig. Soweit das Auge reichte war die steil abfallende Küste von dichten Wäldern bedeckt. Einheitlich dunkelgrün, im Schatten bis zu schwarz. Tief unten das Meer, glitzernd durch das leicht gekräuselte Wasser. Vielleicht waren es auch gleichmäßige größere Wellen. Aus der Höhe geht das Gefühl für reale Proportionen verloren. Rechts warf sich als Begrenzung der Meerenge die Insel Elba auf. Im Dunst erkannte man dahinter die schneebedeckten Berge von Korsika. Es war still, absolut still. Nirgendwo ein Anzeichen menschlichen Lebens. Wir schwiegen. Beide hatten wir ähnliche Gedanken. Diese Natur ist sich selbst genug. Sie braucht den Menschen nicht. Es war, als stünde ein unsichtbares Schild vor uns: „Bitte nicht stören." In diesem Moment begriff ich, wie sehr menschliches Streben und die ruhige, überlegene Kraft der Natur auseinanderklaffen.

Das Jahr geht zu Ende. Rasend schnell, wie immer in meinen vergangenen 30 Toscana-Jahren. Viele Arbeiten werden sich wiederholen und doch anders sein. Das Leben auf dem Land wird immer spannend bleiben. Stillstand ist nicht vorgesehen. Älter werden wird, solange es geht, ignoriert. Die Natur wird weiterhin unseren Lebensrhythmus bestimmen.

Für Sylvester verabreden wir uns mit den Freunden, deren Einladung wir zwölf Monate vorher ausgeschlagen hatten. Ich hatte einen Tisch in einem kleinen Restaurant in San Vincenzo bestellt. Zu klein, um eines der unsäglichen Sylvester-Menüs zu veranstalten. Ein mächtiger Grill dominiert den gemütlichen Raum und verbreitet würzige, wohlige Wärme. (Wagner hätte an den letzten Worten seine helle Freude gehabt.) Es regnet in Strömen, als ich hinausgehe, um ein Cigarillo zu rauchen. Nach der Vorspeise gibt es eine zart gegrillte *tagliata* (im Ganzen zubereitetes Rindfleisch, das zuletzt in schmale rosige Streifen geschnitten wird). Dazu frischen, in Olivenöl geschwenkten Spinat, Wein. Vicky hat einen Korb mit eigenen Mandarinen und Orangen mitgebracht, die sie später reihum unter den übrigen Gästen anbietet.

Rechtzeitig vor Mitternacht sind wir am Yachthafen. Fröhlicher Lärm und röhrende Rockmusik empfangen uns. Rasch entkorke ich den mitgebrachten Sekt, Vicky verteilt vier Plastikbecher. Feuerwerkskörper werden gestartet, explodieren irgendwo am Himmel, um sich in tausenden bunten Sternchen ins Meer zu ergießen. Wir stoßen auf das neue Jahr an, dann beginnt es von Neuem zu regnen.

Unsere Hunde sind noch etwas verschreckt durch die vielen kleinen Explosionen am Himmel, der mittlerweile wieder sternenklar ist. An der Mauer über den Citrusbäumen trinken wir noch ein weiteres Glas Sekt. In der Ferne steigen vereinzelt verspätete Raketen mit buntem Inhalt auf. Genau wie im vergangenen Jahr. Genau wie in den Jahren zuvor. Diesmal jedoch ohne Frust und Gulaschsuppe.
„Hast du dir etwas vorgenommen fürs neue Jahr?"
„Nein. Ich wünsche mir nur, dass wir nochmal 30 Jahre hier leben dürfen. Und du?"
„Nein, auch nichts. Es kommt wie es kommt."

Ich habe mir doch etwas vorgenommen. Im nächsten Jahr will ich etwas weniger auf dem Land arbeiten, um mehr die Toscana zu genießen. (Hatte ich mir das nicht schon öfter vorgenommen?) Aber das braucht Vicky nicht zu wissen. Sie würde sagen: „Du wirst alt, mein Lieber." Wer möchte das schon über sich hören?

Epilog

Vor einigen Jahren statteten mir zwei *carabinieri* einen Besuch ab. Sie warteten ordentlich unten am Tor auf mich und übergaben mir ein gefaltetes Blatt Papier. Es war eine Vorladung. Ich hätte mich am nächsten Morgen um neun Uhr in der *caserma* zu melden. Warum, durften sie nicht sagen. Ich kramte in meinem Gedächtnis nach möglichen Gesetzesübertretungen. Mir fiel nichts ein. Außer vielleicht Geschwindigkeitsverletzungen. Aber dafür waren andere Polizeieinheiten zuständig. Gespannt war ich pünktlich zur Stelle und wurde sofort zum *maresciallo* gebracht. Wir stellten uns vor, er bot mir einen Stuhl an und blätterte in einem Bündel Papiere. Obenauf lag eine bläuliche Kopie der Titelseite meines ersten Toscanabuches (inzwischen vergriffen). Mir schwante etwas. Monate vorher war mir zu Ohren gekommen, jemand habe sich heftig über eine Stelle in dem Buch erbost. Da das Buch in deutscher Sprache geschrieben ist, musste es einen deutschsprachigen Zuträger gegeben haben. (Mittlerweile weiß ich auch, wer es war. Er war bei den Einheimischen unbeliebt, beschäftigte dauernd einen Anwalt, um mit allen möglichen Leuten Händel anzufangen. Auch mit mir. Vor kurzem hat er sein Haus verkauft und ist weggezogen.) Vermutlich hatte er sich auch die Mühe gemacht, das betreffende Kapitel ins Italienische zu übersetzen.

Der *maresciallo* las die Verleumdungsklage vor. Zusammengefasst klang das so: Ich hätte einen Signor Borghini (ich hörte den Namen zum ersten Mal) schwer beleidigt, weil ich in einer Erzählung seinen Spitznamen nannte. Dazu muss man wissen, dass es in Campiglia absolut üblich ist, dass die Männer Spitznamen tragen. Sie werden untereinander auch verwendet. Jedenfalls kannte ich ihn nur unter dem Namen *Sette Cervelli*, was soviel wie Siebengescheit heißt. Dass er allergisch auf diesen Namen reagieren könnte, ist im Nachhinein durchaus vorstellbar. Damals machte ich mir keine Gedanken.

„Mein Gott", entfuhr es mir spontan, „das ist aber eine alte Geschichte." – „Wie, alte Geschichte?", fragte der *maresciallo* und schob die Lesebrille auf die kantige Stirn. Ich berichtete, dass ich von der Sache schon vor längerer Zeit gehört, ihr aber keine Bedeutung beigemessen hatte. *Sette Cervelli* – „Signor Borghini!", wurde ich unterbrochen – wäre mir als leicht erregbar bekannt gewesen, um nicht zu sagen cholerisch.

„Haben Sie zufällig einen Zeugen?"

„Wofür?"

„Dafür, dass Signor Borghini bereits vor sechs Monaten seinem Ärger Luft machte?"

„Müsste ich nachdenken, warum?"

„Wenn Sie einen Zeugen beibringen können, der schriftlich bestätigt, dass Signor Borghini schon vor sechs Monaten beleidigt war, kann ich die Anzeige persönlich niederschlagen und es kommt nicht zum Prozess. Das Gesetz geht davon aus, dass eine Person, die sich beleidigt fühlt und erst nach sechs Monaten Anzeige erstattet, nicht wirklich tief gekränkt ist."

Mit dem Auftrag einen Zeugen zu finden verließ ich die Wache. Auf der *piazza* vor der *caserma* stand eine Gruppe Jäger in der Morgensonne. Einer von ihnen war Signor Borghini. Das ist doch alles albern, dachte ich. Man sollte über solche Probleme einfach miteinander reden und sie so aus der Welt schaffen. Geh hin, entschuldige dich und erkläre einfach alles. Schließlich hatte ich außer dem Spitznamen nichts Schlechtes über ihn geschrieben. Leider schlug mein Versuch fehl. Signor Borghini stieß mich derb mit dem Ellenbogen weg und verwies drohend auf seinen Anwalt. Na gut, dann eben nicht. Ich würde meinen Zeugen finden. Doch das erwies sich als recht schwierig. Mir war zwar inzwischen eingefallen, wer mir von Borghinis Zorn erzählt hatte. Leider konnte sich dieser Bekannte plötzlich nicht mehr erinnern. Schließlich war er mit Borghini befreundet. Bei den übrigen Befragten erging es mir nicht anders. Da alle alte Jagdkumpane waren und Borghini damals den Posten des *presidente* des Jagdclubs innehatte, mochte ihn keiner in Schwierigkeiten bringen. Dann kam mir doch noch das Glück zu Hilfe. In Gestalt von Tiziano, einem jungen Jäger. Offenbar mochte er Borghini nicht sonderlich, egal, er war jedenfalls bereit, die entscheidende Aussage zu machen. Wie der *maresciallo* versprochen hatte, wurde der Fall damit zu den Akten gelegt. Tiziano ist bald darauf gestorben. Woran, weiß ich nicht.

Um einer neuerlichen Klage vorzubeugen, erkläre ich deshalb, dass alle von mir genannten Personen, ihre Namen sowie die erzählten Geschichten frei erfunden sind. Ähnlichkeiten mit lebenden Personen oder Vorfällen sind rein zufällig.